回首暮雲平

盧秀菊回憶錄

盧秀菊 著

MY LIFE

A Memoir

by

Shiow-jyu Lu

給

親愛的兒女邵漢儀與邵梅儀

本書記錄

他們母親盧秀菊的學術生涯

他們成長與求學的過程

母親與他們一起渡過的時光

回看射鵰處，千里暮雲平。

（唐）王維《獵騎》

二○○○年盧秀菊致辭。

一九九八年盧秀菊在台灣大學文學院前。

二○○二年盧秀菊在台灣大學圖書資訊學系研究室。

一九九三年邵漢儀NMH高中畢業照於校長寓所。

一九九七年邵漢儀芝大學士畢業典禮後。

9

二〇一〇年馬英九總統召見邵漢儀談釣魚台論文。

一九九八年邵梅儀TAS高中畢業典禮後。

二〇〇一年邵梅儀KCJS京都日本研究中心結業式。

二〇〇二年邵梅儀賓大學士畢業典禮後，費城。

二〇一〇年邵梅儀哈佛博士畢業典禮後於哈佛燕京圖書館石獅子。

二〇一〇年邵梅儀哈佛博士畢業典禮後於創校人John Harvard銅像。

自序

大時代的小證言

二十世紀一九四九年，近代中國經歷一場政治大變動。執政的國民政府撤守台灣，二百萬軍民[1]遷徙來台。我的父母即是在這場大變局的浪潮中，攜帶稚齡的我和妹妹來到台灣。我五歲自大陸渡海來台，從幼稚園至大學，在台灣接受完整教育；其後到美國留學，結婚成家，投入職場；最後又回歸台灣，從事教育工作，服務鄉梓，迄於退休。

回顧一生，個人微不足道。但是個人經歷，代表在台灣成長的一個世代，即是出生於大陸，求學於台灣，留學於美國，最後又回歸台灣服務斯土一代人的一生經歷。我是來台的第二代，跨足海峽兩岸，及彼岸美國。我們這一代生於抗戰時期的大陸，長於艱苦時期的台灣，留學時亦欣逢一九六〇年代美國動盪年代[2]。我個人雖非天生英才，但亦非資質魯鈍，一生中所經歷的人、事、物，多有可感可念的，將其寫成回憶錄，作為二十世紀苦難中國命運中，大時代的小證言。如本書能引起同代人共鳴，下代人借鏡，則我亦不枉此生了。

註

1 一九四九年前後，大陸渡海來台人數，一般稱二百萬軍民。但據林桶法書，到一九五三年，大陸渡海來台外省人數，約一百二十萬軍民，一九五三年台灣人口總數八百餘萬人，外省人佔當時人口七分之一左右，約百分之十四點八九。見：《一九四九大撤退》，林桶法著。初版。台北市：聯經，二〇〇九。頁三三三。

2 一九六〇年代，被稱作"Swinging Sixties"，中文可譯為「動盪的六〇年代」或「狂飆的六〇年代」。本書用「動盪的六〇年代」。

見Wikipedia, http://en.wikipedia.org/wiki/1960s（Accessed 2011.05.13）

目次

美國篇

台灣篇

大陸與台灣篇

（一至二十四歲，一九四四至一九六八年）

我個人和家庭的命運，與二十世紀苦難中國，是相互緊密連結的。本書將我一生，依居住地分成三大篇：大陸與台灣、美國、台灣。「附錄六、時代背景史事簡述」中，擇要簡述當時歷史與時代背景，尤其是那些影響我個人和家庭的史實，將有助於瞭解我生活的全面，請參閱之。

從一歲至二十四歲（一九四四至一九六八年），我的生命中，中國大陸和台灣的時代背景深深的影響著我的家庭。抗日戰爭爆發之初，一九三八年，我父母親在漢口市結婚；一九四四年，我在抗戰的大後方陪都重慶出生；一九四七年，我大妹蘭菊在抗日戰爭勝利後的首都南京出生。一九四九年天翻地覆的政治大變動中，我家隨著政府播遷來台，在政府的安頓下，漸漸有了安定的生活。一九五〇年，小妹晚菊出生於台中市。從此我家成為一個包含父母雙親和三位女兒，一共五人成員的小家庭。因此，我的幼年、少年、青年是在大陸和台灣兩地渡過的。我在大陸渡過幼年；在台灣入學，從幼稚園讀到大學研究所，直到一九六八年出國，到美國留學。大陸是我家歷世祖先的根源，台灣是我家安身立命的所在。尤其台灣土與台灣水，哺育我；台灣教育與台灣社會，教養我；我終生感恩感念。而父母在歷經半生戰亂，輾轉流離的困苦環境中，將我撫育成人，更是親恩浩蕩，無敢忘懷。或許因為以上種種因緣，我日後在美國留學、工作、結婚、成家，經過長長十四年光陰，最後還是回歸台灣，渡過我的下半生。

第一章 家庭與童年（一至五歲，一九四四至一九四九年）

一、出生與家庭（一九四四年）

我祖籍江西省萬載縣，是贛西大縣。世居城北盧洲鄉張家山新田腦上新屋，先世自宋遷徙來此。先祖之中，盧昆鑾[1]為清道光二年（一八二二）進士，以州縣起家，官至廣西糧道。其後兩代先祖皆屢試不第，補縣學弟子員。到我祖父一代，有八位兄弟。我祖父盧用烋（一八八五至一九三五），字美慶，排行第四，改行經商。我祖父生子女四人，我父親排行次男，有長兄一人，妹二人。

我八叔祖盧志模（一八九六至一九二七），字倉慶，於一九二四年到廣州參加黃埔陸軍軍官學校（一九二四至一九二七），為第一期畢業生。[2]一九二七年四月十二日，蔣中正清黨反共，與俄絕交；八叔祖志模於一九二七年九月，在粵贛邊區江西會昌剿共戰役中陣亡，年僅三十二歲；因無子嗣，故由我父親過繼承祧，領受政府的遺族撫卹金。

我父親長兄盧建文（一九〇三至一九六二），長我父親十一歲，亦追隨我八叔祖志模，到廣州參加黃埔陸軍軍官學校，為第三期畢業生。[3]

我父親盧建國（一九一四至一九八七），在江西省城南昌市，讀完高中，投考中央陸軍軍官學校（一九二七至一九四六），為第十三期通信兵科畢業。自一九三八年起，曾在軍事委員會別動總隊、巡緝總隊及稅警總隊，擔任無線電台報務員、台長、主任等職務。一九四三年轉任國軍營產工作，直至一九六五年退役轉業為止。

我母親于起英（一九二二至二〇〇六），原籍河北省豐台鎮葦滏村。豐台鎮為北平郊區，平漢鐵路起點。一九三〇年代，外祖父于永寬，任職於平漢鐵路，派住在湖北省漢口市時，母親經人介紹相親，與我父親締結良緣。父母親於一九三八年六月十七日（農曆五月二十日）在漢口市結婚，留下這張珍貴的結婚照。時值抗日戰爭爆發，外祖父母一家返回原籍北平豐台。母親則隨父親進入四川省，居住於抗日戰爭大後方，國民政府陪都重慶市。

我於一九四四年農曆四月十一日（國曆五月三日）出生於重慶市。當時父親在軍方服務，因此我出生於歌樂山的中央醫

中國國民黨陸軍軍官學校畢業證書
茲有本校第一期步
兵科學生盧志模修
業期滿成績及格特
給證書
總理孫文
校長蔣中正
黨代表廖仲愷
中華民國十三年十一月三十日

作者八叔祖盧志模，廣州黃埔陸軍軍官學校第一期畢業證書（一九二四年十一月三十日）。

院，[4]由一位美籍主治醫生為我接生，平安呱呱落地。我出生序為長女，但在我之前，母親身體不好，已有一次流產和一次難產死胎。故我的出生，給父母帶來莫大喜悅，對我極為鍾愛。當時雖在戰時，物力艱難，但我家至少在大後方，未受戰火蹂躪，生活也相較於淪陷區安定。

一九四七年，我三歲時，因抗日戰爭勝利，國府復員，還都南京，我家也隨之遷居首都南京市。但母親身體素弱，又因搭乘輪船，由重慶返都南京時，船上太過疲累，到南京後即染上傷寒，幸已在戰後，有妥善醫護，得以康復。一九四七年農曆九月二十三日（國曆十一月五日），大妹蘭

一九三八年作者父親盧建國與母親于起英結婚照。

一九四七年作者三歲與父母親合照。

菊出生於南京市。母親當時羸弱，無奶汁，乃僱請奶媽哺乳。還都南京，父母因已結婚十年，一直顛沛流離，本以為從此定居南京，因此花費大部分積蓄，購置房屋一棟。據父母在世時敘述，喚回我幼時記憶，那是一棟雙拼左右兩邊的二層樓住宅，我家與大伯家各住一邊。

母親原籍北平市郊豐台鎮。一九三八年與父親結婚後，于家僅留母親一人在南方，外祖父母於抗戰爆發後，從漢口市遷回老家北平定居。抗戰勝利，母親本欲回北平省親，後因染傷寒病身體不佳，又生育大妹，一時耽擱下來。不料戰後四年，大陸政局不穩，國府軍事失利，於一九四九年撤守台灣，我家隨政府遷台，母親也隨著來到台灣，從此終生未能與外祖父母見面。

二、童年生活（一至五歲，一九四四至一九四九年）

一九四四至一九四九年，我三歲以前嬰幼兒時期，居住重慶，年紀太小，毫無印象。我出生前後，父親在軍方無線電台與國軍營產單位服務，曾在重慶、成都等處工作。是否母親與我一同到過成都，或一直住在重慶，因父母親已逝世，無從查問。一九四七至一九四九年，我三歲到五歲兒童時，居住南京，對舊居尚有一些印象。當時黃埔軍校三期出身的大伯，任職軍方中央職務，他除自購房屋，在我家隔壁外，在玄武湖畔尚租有一棟房舍。雖當時抗戰勝利，但東北戰爭一觸即發，華北亦將波及。大伯和父親重視家庭子女，在繁忙公餘，盡量與家人相聚。偶而週末，我們兩家大人小孩到上海遊玩。依稀記得總是搭京（寧）滬鐵路夜車，晚間上車，一覺醒來就到上海。一九四〇年代，戰後上海依然是東方之珠，上海又恢復了一九三〇年代戰前的繁華。所遊玩之處，最記得的是大世界，當年五歲的我，站在哈哈鏡前，看著變大、變小、變胖、變瘦，覺得這鏡子是世界上最神奇的魔鏡了。而當時百貨公司的電扶梯，對我而言，能直接將我從樓下滾捲至樓上，更覺得新奇有趣。大伯母趕時髦，大伯給她買一件當時最流行的海勃龍大衣，也給她弟妹，我母親買一件。那件深寶藍色的海勃龍大衣，在兵馬倥傯之際，母親還帶來了台灣。我童年看見，撫摩著那柔軟美麗的人造皮草，在當時台灣物質貧乏的日子裡，是母親對一段美好往日時光（good old days）的記憶。

住在南京的那二年多，我還記得冬日水缸結冰，我與住隔壁的堂妹福雲伸手挖冰；母親生傷寒病後，回家休養時，在家裡樓上臥房吊著點滴筒；繈褓中小妹由奶媽餵奶後純真憨厚的笑靨。夏日，在玄武湖裡，高如一人的荷葉叢中，大人划著小船，小孩擷取蓮蓬的情況，真是「江南可採蓮，蓮葉何田田」。那時，父親有一好友林叔叔，是蘇州人，我們在蘇州坐篷船的情景亦依稀在目。大伯和我們兩家同遊杭州，當時我年紀小，最不喜歡去寺廟，廟宇側殿所陳列十八層地獄，惡鬼猙獰的景象每每使我拒絕入內，站在廟

一九三八年作者父母親婚禮全體，武漢。

門外哭泣。到台灣後，我還常做惡夢，夢中我一個人走失了。來到一處高大房間，裡面有好多好多高大的巨人，我害怕極了，哭醒過來。母親安慰說，那是杭州靈隱寺十八羅漢殿，我將信將疑。直到二〇〇一年，我到杭州參加「海峽兩岸圖書資訊學交流會議」，會前參觀靈隱寺，一走進十八羅漢殿內，我猛然憶起童年的夢境；是了，這就是童年我來過的地方。而時光匆匆流逝，再訪杭州，竟在我五十七歲之年，整整離開大陸五十二年之後。

大伯和父親二位是盧氏家族，從年輕時便離開江西萬載原籍老家在外地謀生的，兩家唇齒相依。我們這兩家共八位堂兄弟姊妹，以大排行稱呼。大伯家有三男二女，我們家只有三姊妹。在我家排行是，秀菊（我，姊）、蘭菊（大妹）、晚菊（小妹）。但大排行時，我是二妹，蘭菊是小妹，晚菊是幼妹。我們盧氏兩家還頗守傳統，講究兄友弟恭姊妹親愛。因此，我雖是家中老大，我的個性卻不像老大有權威。我大排行是二妹，上面有一位堂哥和一位堂姐。我生性柔弱，個性害羞，小時候身體不是很好，自幼是有名的「愛哭妹」。八位堂兄弟姊妹，有五位出生在大陸上。父親的二位妹妹，一位早逝；唯一的大姑媽盧雪英亦住南京。姑媽的先生是空

一九六〇年全家照，台北，後中作者。

一九五一年全家照，台中，後中作者。

軍軍官，不幸在抗戰勝利後大陸淪陷前，因公飛機失事殉職。姑媽只有一獨子。住在南京時，我們這些堂表兄弟姊妹六人，相處融洽。一九四八年，連同其他從江西來南京探親的盧氏同宗堂兄弟二人，一共八人，留下了這張珍貴的照片，其中最大的是堂哥，最小的是我蘭菊大妹；至於大伯家的堂弟二人與我家的晚菊小妹未在大陸出生，不在此照片內。

一九四九年盧氏同宗堂表兄弟姊妹八人合照，二排右是作者，時年五歲。

一九四八年盧氏家族，南京，前左一作者。

一九六一年大伯盧建文六十大壽，桃園，後左二作者。

註

1 《清朝進士題名錄》，江慶柏編著。第一版。北京市：中華書局，二〇〇七。中冊，頁八一七、八一九記載：道光二年（一八二二）壬午恩科，賜進士出身第二甲一百名，〇五一，盧昆鑾，江西袁州府萬載縣人。

2 《黃埔軍校大傳》，羅國明著。北京：中國青年出版社，二〇〇四。三冊（上、中、下）。下冊，頁三六一，盧志模。

3 《黃埔軍校大傳》，羅國明著。北京：中國青年出版社，二〇〇四。三冊（上、中、下）。下冊，頁三七九，盧建文。

4 〈盆栽的蠟梅〉，張系國，《聯合報》，民國九九（二〇一〇）．一一．二二，D3版。重慶歌樂山，山頂有國民黨的中央醫院，解放後改名寬仁醫院，現已關閉，但是還留下一根石柱。歌樂山現為國家森林公園。

第二章 小學與中學（五至十八歲，一九五〇至一九六二年）

一九四九年是大陸政局逆轉，國民政府和共產黨的戰爭，節節敗退的一年。一月二十一日，北平淪陷；四月二十三日，南京淪陷；五月二十七日，上海淪陷。我家在上海淪陷前，從上海港口搭乘軍艦，隨父親的單位播遷來台。自基隆登陸後，先在台南市設籍，登記戶口。不久後遷往台中市居住。當時我年僅五歲，正值入學年齡，進入幼稚園就讀。總之，我生於抗日戰爭時的大陸重慶，勝利後，隨父母由重慶遷居南京，大陸淪陷，又隨國府到台灣，先到台南，次落腳台中。在台灣，我隨父親軍職調動，以後又遷居數次。幸運的是，我卻是在退守台灣的國民政府的教育體系下，接受最完整教育，自幼稚園至大學畢業的第一屆年齡層人士。我至今感恩，能在台灣的教育普及之下，憑藉公平的考試制度，而完成大學與研究所教育。中國古代科舉考試和民國以後的各種考試制度，實秉承中國自古以來重視讀書，布衣可致卿相的優良傳統與平等選拔人才的精神。雖然有批評台灣實施的聯考制度不盡理想，但其公平性是始終不容質疑的。

一、幼稚園與小學時期

（五至十二歲，一九四九至一九五六年）

（一）台中市

一九四九年秋，我時年五歲，設籍台中市。進入「台中市東區台糖代用國民學校」，就讀幼稚園。其後又升入小學一年級就讀。由於年紀小，對糖廠記憶模糊。幸而讀到《聯合報》一篇莊靈先生文章中，記載台糖小學，喚回我的部份記憶。該文中說：「台糖小學在糖廠西北角，教室是一排L形的平房，學生人數不多，每個年級只有一班，一班不過二十多人，幾乎全部是糖廠的員工子弟。」

除糖廠的員工子弟外，顯然也有像莊先生父親服務於故宮博物院的，和我父親服務於軍中的，我們這些由大陸來台人士的子女。一九四八年底、一九四九年初，遷台的故宮博物院、中央博物院籌備處、中央圖書館，以及北平圖書館和中華教育電影製片廠，幾個單位，一起被教育部合併成「國立中央博物圖書院館聯合管理處」（簡稱聯管處）一個機構。當時聯管處各單位原屬的文物都寄存在台中糖廠的倉庫。[1]一九五〇年四月，這批文物移存於新完成的台中縣霧峰鄉北溝倉庫。因緣際會，我童年時，居然和這些珍貴文物共同相會在台中糖廠一起有一年之久。

記憶中，糖廠很大，內部有高大樹木、小灌木叢，以及各種花草。我每天走路上學，無憂無慮，邊走邊玩。當時推行國語運動，我是外省子弟，母親又是北平人，因此我國語標準，成績也好，總在前三名內，很得老師疼愛。

（二）桃園鎮

一九五一年秋，父親軍職調遷，設籍桃園鎮。我轉學到桃園國民學校（桃園國小），在此讀二年級整學年和三年級上學期。當時台海局勢仍不穩定，全民備戰。學校中有防空戰壕和防空洞，時常舉行防空演習。有時學校亦有軍隊暫駐，借用教室，作夜間睡眠營房。我們學生就要自備一小塊長方形木板做桌面，坐小板凳上，天晴時在操場，天雨時在走廊，權充臨時教室上課。那時候，政府因大陸軍事失敗，丟了大片江山，在台灣整頓軍隊，非常重視軍紀。駐校官兵紀律不錯，不侵犯學生讀書學習。只因我自小個子高，長得還算白淨，單身的外省軍人叔叔伯伯們滿喜歡我這國語標準的外省小孩，會逗我叫我，我總是害羞的跑走開去。

桃園國小二年級暑假，返校日特別安排在清晨五點鐘，順便作防空演習。我記得天僅微亮，摸黑到校，在大操場上集合，蹲在地上，佯裝空襲將要來臨。當時年紀小，弄不清什麼國仇家恨，反攻大陸等大道理，只乖巧的聽從大人們的意思行事，而且也覺得平淡安靜的生活中，有些刺激。

在桃園時，我們居住的是日式房屋。由政府接收日本公家宿舍，分配給台灣電信局和國軍等單位。國軍的五大棟由工兵署署長和其他單位軍官眷屬分住。我家和大伯家住其中一棟，該棟中分為相連的二戶獨立單元，分配給陸府和盧府居住。我們盧家大伯和我家共大人小孩十幾人，其中堂兄弟姊妹共八人。大伯母為人嚴格，大人小孩都怕她，因此雖是日式榻榻米與木造地板，紙拉門隔間，大家都不敢喧鬧的亂走亂跳；大家必須輕聲走路，低聲說話，養成我們小孩不錯的生活常規與習慣。

（三）花蓮市

一九五二年秋，我小學三年級下學期時，父親又調職了。這次是去後山花蓮市，父親任職於國軍第四營產管理所，[2]我家設籍於花蓮市中正路。宿舍寓所南端有中正橋，跨越美崙溪上。[3]第四營產管理所，位於中正橋北端中正路左邊，宿舍寓所即在中正路右邊，其間以中正路相隔。第四營產管理所北面同一邊相鄰的是一所工兵學校。據民國九十八年（二〇〇九）報載：東台灣花蓮，美崙溪畔日式建築，原為日本高級軍官宿舍，共有八棟房舍，全區列入古蹟保存區。聚落中心最大的建築「將軍府」，曾是日軍花東軍事指揮官中村大佐的寓所，已列為「縣」（疑是「市」之誤）定古蹟，其餘七棟建築物則是歷史建築。當時我家即住其中一棟。[4]其後有一段時間，似乎住在明義國民學校附近的光復街，亦是日式房屋，由日據時代日本公務人員的宿舍接收而來。

一九五二年秋至一九五四年三月，我就讀花蓮市明禮國民學校，該校位於中正橋南的中正路左邊，明禮路交叉口。當時我就讀小三、小四、小五上。大妹蘭菊讀幼稚園、小一、小二上。小妹晚菊讀托兒所及幼稚園。我在明禮國小，遇到一位此生難忘的導師林秋霜老師。林老師父親是花蓮市有名的醫生，家中有三姊妹。她彈得一手好鋼琴。我小三與小四時候，功課好，因此各種課外活動，尤其是演講，都派我上場。我自小個性內向害羞，本不喜出風頭，登台表演和上台演講，總是惶恐萬分。可能只因為我是班上少數外省小孩，國語標準，就派上了用場。久之，我雖仍然緊張，倒也能上場應付。四年級時，我曾在中廣花蓮台演講播出，原有照片一張，存父母家，現不知下落。

林老師教唱遊課時，因她本是鋼琴高手，用學校較簡陋的風琴也把兒童歌曲教得活潑動聽，學生張大嘴認真唱，因為我們學生都喜歡她。台灣教育體系，小學時是男女同校同班，中學才男女分校。男同學小學時總比較好動頑皮，有時會很煩人。她處罰過分頑皮的學生也有一套特殊方法。她從不罵人，更不打人，她叫上課不乖或下課過分頑皮的同學，閉眼睛罰站十分鐘。對天真活潑好動的小學生來說，這閉眼睛罰站十分鐘的時間比一世紀還長，因此大家都儘量不犯規，以免受罰。

花蓮市明禮國小二年半的生活，是我國小六年中，記憶最美好的。母親是家庭主婦，全心照顧我們姊妹三人。父親公務單位就在住家宿舍對街，父親服務的單位和明禮國小隔著一條美崙溪，以中正橋相連接。美崙溪蜿蜒奔流入海。父親因公務出差，總攜回玉里羊羹和花蓮蕃薯，我三姊妹非常開心。後山花蓮氣候怡人，冬暖夏涼。三、四年級是剛懂事後，能鮮明的記憶且好奇心開始萌芽的時候。那時父母正當盛年，離開大陸的傷痛稍稍紓減，經濟穩定，尚無子女龐大教育費負擔的煩惱。

明禮國小對街，中正路與明禮路交叉口的右邊，為花蓮醫院。明禮路繞過花蓮醫院後面西南方向，可上花崗山。花蓮地鄰太平洋濱，花崗山上開闊，可眺望太平洋。在花崗山上大操場上，父親教會我騎腳踏車。在山麓有花崗國中，在日據時代是專為日人設置的小學，當時稱「小學校」；台人的小學，則稱「公學校」。花崗山北面半山坡有花蓮女中，我們常常造訪校園，去看大姊姊學生遊藝表演。當年花崗山靠海邊山下有民宅，民宅緊臨海岸線，海邊有潔白的沙灘，可撿拾滾圓可愛的小白圓石和晶瑩美麗的各樣貝殼，我選拾不少小白圓石和貝殼，視為珍貴收藏。週末父母帶我們去花蓮港著名的白色燈塔附近遊玩，或到忠烈祠（原日本神社改建），沿著石階而上踏青郊遊。[6] 夏日晚間去市區看電影，炎夏的一客芋頭霜淇淋，在回憶中，是我一生中，吃過最好的霜淇淋口味，是因為有親情加料的緣故吧。[7]

當時花蓮市有以明禮、明義、明廉、明恥命名的國民小學，校園都不大。明禮國小是日治時代留下的校舍，兩片連棟教室成L形排列，開口處朝向操場和升旗司令台，靠美崙溪這一街側有一大禮堂。大禮堂講台上有我國語演講比賽和表演大蘿蔔歌舞劇的蹤跡。學校亦如其他國小，有防空戰壕和防空洞。國小學生編入童子軍，我父親為人仔細，居然把我從小到大的學校胸前名字牌、臂章、肩章等留存下來了。在花蓮明禮國小時，我的編制全名是「中國童子軍台灣省花蓮縣第七團第〇六予分團第〇四二號隊員盧秀菊」。

我家在花蓮居住二年半。我每日課後回家，把功課做完，寫完父親規定的毛筆大小楷一篇後，即「自由玩耍」。我那幾年玩耍的範圍，遍及住家附近的地方。甚至沿著小路，下去到中正橋下的美崙溪畔。我自幼發育快，個子高，大概和居住在台中、桃園和花蓮等「鄉下」時，每天蹦蹦跳跳自由玩耍有關。（見附錄三隨筆一、二）

到小五上學期時，我在後山花蓮過著毫無升學壓力的悠遊歲月。此時，長我二歲，已考入台北一女中的堂姊秋菊寫信來，提醒我六年級畢業馬上面臨升初中聯考的關卡，應提早用功準備。父親也憂慮我在花蓮，將來投考中學和大學時，競爭力不夠。因此，父親請調回北部地區服務。

（四）桃園鎮

一九五五年春，父親調職回北部地區，我家又搬回桃園，遷入那一棟與大伯家同住的日式宿舍。而我又轉學回到小二時已經讀過的桃園國小。為因應初中聯考，桃園國小將五、六年級分成升學班及非升學班，我被編入五年級升學班。搬回不久，即面臨五下第一次月考，我毫無準備，考了全班五十人中約三十名吧。此次是我從小到大，第一次考試失利，大哭一場。從此知道，所謂「升學班」，不是「虛名」，目標是考取初中。我因此發憤用功，第二次月考湔雪前恥，又考回到前三名內。此時我班導師非常嚴格，對考試不達標準同學施以體罰，用藤條打手心或小腿肚。我才領悟到台灣國小教育，東部和北部的升學壓力還真有相當差距。好在我自小是「乖」小孩，一切按步就班，功課對我，從不是難事。

六年級時，班上轉來了一位傅同學，住我們這大片外省人眷區中的一棟，是電信局宿舍，與我們軍方宿舍連成一片。我們兩人都原籍江西，所以下課後也成了好朋友。傅同學算數很好，我們常一起做算數難題。我們都被各自父親要求每日練毛筆大小楷，重視國文，所以文筆也不錯。六年級快畢業時，我因有秋菊堂姊的榜樣，決定越區參加台北省中聯考。傅同學因身體較弱，決定留在本地投考桃園的中學。一九五六年秋天，我幸運考入台北一女中，成為人人稱羨的綠衣黑裙學生，開啟我日後六年在北一女接受初中和高中教育的歲月。

雖然桃園國小升學班有壓力，我因從小讀書基礎不錯，所以在桃園住時，還很輕鬆應付功課。課餘之暇，有很多時間，與堂兄弟姊妹一起，看電影、下象棋、去郊外、上館子。我們盧氏家族，只有大伯和父親二家來到台灣，其他親屬皆身陷大陸。由於大伯和父親兩兄弟感情好，個性溫和，因此我們大排行的八個堂兄弟姊妹，自幼感情也很好，從出生一直住得很近，此時住一棟房屋，如親兄弟姊妹一般。桃園鎮，那時很小，從火車站到大廟是當時的一條繁華大街。我們家離火車站或桃園國小，都只有十分鐘步行路程。此棟日式房屋，我小學二年級時（一九五一至一九五二年）曾住過，此時又搬回來住，從一九五五年春住到一九五九年冬。我們二家雖住一棟，但分別開伙吃飯，所以我還是得以享受小家庭我母親親手烹調的家常菜餚。

在我居住桃園鎮五年期間，我就讀小五下至高一上。桃園當時是純樸小鎮，我家居住的又是國防部的日式宿舍，和本省一般民居是分開的。但就讀的桃園國小，以本省同學居多，家境從富裕的醫生子女到鎮邊農家子女皆有。當時政府儘量消弭本省與外省的藩籬，提倡國語，對大人是否有心理上種種不同反應，我當年只是小學生，所以無從感受。我與班上同學都能和睦相處，相親相愛。所有老師都是本省籍，但他們都以國語教學，加上嚴謹的身教言教，對我們學生的品格，有很好的示範。小學時，同學來往，不因省籍而有不同。但回家裡，周遭皆是外省家庭，因此生活與飲食細節，習性的養成，還是受父母和周遭家庭的影響。我本生性柔弱、膽怯、溫馴，因每每被老師「硬推」上台演講與表演，倒也訓練我雖內向，卻並不「怯場」的個性。

小學時，桃園鎮上居民以本省籍為多，我們外省子弟是在較為隔離的環境中長大的，因此並不十分暸解一般民眾生活與娛樂。但電影是我們一家大大小小每個人都喜愛的休閒。回想起來，堂兄弟姊妹一起到大廟後電影院看電影，吃烤魷魚絲，嘻嘻哈哈走去走回，是我少年時永難忘懷的快樂時光。

大伯本人是一九四六年最早來台接收的一批國軍人員。後來大陸局勢逆轉，一九四九年，大伯家眷和我全家一起搭乘幾乎是最後一艘離開上海的軍艦來台。一九四九年前後，台灣局勢不穩，大伯工作單位怕共軍侵台，為安全故，將家眷安置桃園，而非台北市暫時的首都，也就是聯勤工兵署的這批日式宿舍。大伯母在大陸時，替大伯收集不少大陸的電影連環畫本書，與七俠五義、才子佳人等章回小說。在一九四六年大伯來台時攜帶過來，作為消遣閱讀。因此我們於一九四九年來台後，當時桃園家中有不少這類閒書。我們小孩課餘之暇，很喜歡翻看，我最喜歡看電影連環畫本，所以對上海一九四〇年代的電影知道不少。大伯母為人嚴格，堂兄弟姊妹八人，平時不准亂跑，因此靜態活動居多。課業之外，就是看閒書、下象棋、聽廣播。出去觀賞藝文活動，也以電影為主。其他的藝文活動，當時桃園小鎮非常少。而一般本省的酬神、廟會、拜拜等，因不與一般民宅聚居，我們也很少參加。如今想來，我的小學時代，真是在相當「保護」與「封閉」的環境下成長的。

二、中學時期

（十三至十八歲，一九五六至一九六二年）

（一）北一女教育與學習

一九五六年九月，台灣省立台北第一女子中學（北一女）開學，我被編入初一愛班。從桃園住家到台北學校，每日早晚二次搭火車走讀。當時台灣火車縱貫線，早上適合走讀而能在八時前抵達校園的慢車只有三班，六點零九分、六點二十五分、六點三十五分，行車車程一小時。其後，從台北火車站步行，抵達北一女，有二條路線，穿過重慶南路、總統府廣場；或穿過館前路、新公園、總統府廣場；皆需耗時十五至二十分鐘。因此我皆搭乘六點零九分那班火車，從桃園，經鷹歌、山子腳（今名山佳）、樹林、板橋，歷時一小時，於七點零五分抵達台北車站，再步行二十分鐘，於七點半抵達教室。當時以我只有十幾歲年紀的女孩而言，走讀是相當辛苦而須耐力的。幸而父母從小教育，培養我們女兒三人，吃苦耐勞，作息正常，三餐定量，才能使我堅持下去。我自小個子雖高，身體不是太好，走讀必須忍受身體不時的不適。堅持的結果，我不但初中三年從未遲到早退，也未請過假，畢業時還得了全勤獎。

我自台北市以外縣市的桃園國小，考入北一女，和當時班上大部分同學，來自台北市各有名的國小相較，自然是純樸的「鄉下」女孩。好在當時學校一律穿一套綠衣黑裙制服，外觀上分不出家境的貧富，心理上大家亦純潔單一，亦不分所謂本省外省，因此同學間皆能建立純潔的友誼。我本身一些相交終生的摯友，即是初中三年間結交的，因為少年訂交，友誼純潔。而我本身因學業優異，初一上，第一次月考即名列全班第一，其後亦維持佳績。三年初中，成績結算，得以獲得高中聯考免試，直升北一女高中部的殊榮。

一九六〇年元月，讀高一下，我家從桃園鎮遷至台北市大直，由婦聯總會興建的陸軍眷村「圓山二村」。大直是軍方數所高校及機關所在地，當時有三軍大學（後改名國防大學）、陸軍指揮參謀大學（一九五九至一九六九，簡稱陸參大）、軍官外語學校（後改名國防語文中心）、海軍總部等機關。那時大直的眷村有四：大直東村（東園）、大直西村（西園）、圓山二村、力行新村。除海軍總部後面的力行新村較大，其餘三眷村都很小，圓山二村一百二十五戶，大直東村（東園）九十三戶、大直西村（西園）五十八戶。[8]三眷村是陸軍尉級與校級軍官的眷舍。因大直治安良好，眷村風氣端正，所有的眷村

一九五七年作者北一女初中登記照。

子弟似乎未聽說混太保太妹、出流氓的情況。我本人在此居住將近八年多，至研究所二年級，一九六八年出國為止。唯一缺點是，房屋所在地勢低窪，每逢颱風大雨，有淹水之虞，因眷戶皆低矮平房之故。我出國後，一九七二年春，父母乃遷入永和自購之公寓，免去淹水之慮。

北一女在日治時代，是台北第一高女，只准日本籍女生就讀。位於總統府正面（面東）右側，重慶南路、貴陽路、公園路環繞。校內有教學和行政大樓、敬學堂、明德樓、光復樓、風雨操場等建築。校址近總統府、高等法院、介壽路（今凱達格蘭大道），為中央政府中樞所在，故治安嚴格。而學校因是女校，清一色女生，故校風嚴肅純正。我在校的六年（初中部三年、高中部三年），每日在校如清教徒或修行僧尼上課聽講，回家則做家庭作業，是一個為人稱道「品學兼優」的好學生。

我在北一女六年中，校長是江學珠女士，她治校嚴謹，以身作則，穿著樸素。北一女門禁森嚴，自早上八時至下午四時，學生不能自由出校，中午皆自備便當，由學校統一蒸熱，全班一起在教室內用餐。當時的訓導主任是蔡以悅女士，但是真正嚴格監督我們生活習慣和言行舉止的是幾位軍訓女教官。我印象最深刻的是孫教官。當時剛播遷來台不久，政府對治安特別重視，並為貫徹「反攻大陸」國策，所有學生自初中起受軍事管理和訓練，為備戰準備，初中是童子軍，高中是軍訓課。我們雖是女生，在當時「勿忘在莒」的氣氛下，亦感到國家興亡，匹夫有責，巾幗不讓鬚眉。校歌中有「齊家治國、一肩雙挑」的豪語。[9]

生活教育方面，每週星期一上午有週會，由校長、訓導主任、教務主任講話，耳提面命生活規範。每學期也總有幾次請校外知名學者或政府首長來校演講，講述各類勵志、修身、進德、立業的大題目，以期培養學生端正品行，努力課業，作為將來社會上的良好公民。北一女特色，是每人有一小記事本，週會講話要作摘記，養成我日後能聆聽演講，立即摘要記錄的能力。我因功課不錯，字體端正，曾遴選為週會記錄人，坐在禮堂左邊或右邊（每次二人），更養成我記錄快速，下筆一絲不苟的習慣。這對我日後大學以歷史系為第一志願，下筆為文迅速正確，有相當的幫助吧。

民國四〇（一九五〇）年代，台灣的教育，國小是義務教育，初中則否。中學分初中、高中二階段，各三年的「三三制」，與美國中學乃義務教育之二階段的「二四制」不同。中學又分普通中學和職業中學二種。普通中學是為通往高等教育大學的管道；職業中學則為就業作準備。北一女是普通中學，依教育部規範，六年課程設計包含德、智、體、群、美五育。北一女以教育嚴格，政策開明著稱。當時台灣中學教育課程設計，的確兼顧五育，尚無坊間補習班來扭曲正規教育的宗旨和施行。當時北一女的教師是政府播遷來台，一批優秀的教育人員隨之而來，來自大陸五湖四海、三山五嶽，其中真是臥虎藏龍，不乏碩學俊彥之士。以後的年代，台灣中學教育出現體罰，教師言語粗暴，在我們當年北一女教師中，更是聞所未聞。老師們皆嚴而不兇，威而不暴，使我們這批十三歲至十八歲的女孩子們，受到了一生中最好的師道身教，我個人終生感念不已。

青春年少的女生，當然秉性不同，有文靜的、調皮的、浪漫的、務實的、幻想的、活潑的，在北一女環境裡，都能充分的被尊重而得以發揮。北一女校規嚴格，但從未被師長濫用，皆在愛心與尊重的原則下執行。加上老師們的衣著、談吐、舉止、言行，皆以身作則，也使我們這群身心尚在塑造年歲的學生，有所儆儆，無形中潛移默化我們偶而出格或調皮的行為，使歸於正途。

我六年的北一女教育，以主要課程而論，國文、英文是每年都要上的；此外，初中上博物、理化、數學，高中上生物、化學、物理、數學；是健全的現代國家公民所應學習的全人教育的科目。我自幼生長在軍人家庭，父母生活作息嚴謹而規律，養成我從小功課從不拖誤的習慣。我的數理科目成績雖然一直很好，但我天性喜好文史。在北一女五育並重，數、理、文、史課程兼具的智育體系中，我學習順利，從小名列前茅。北一女初中畢業，以成績優異，直升高中。但高中升大學時，卻遇抉擇之難題。當時社會風氣，重理工醫農而輕文法商政；加上大學畢業後，赴美留學為當年時尚，理工醫農科系獎學金申請易，文法商政科系獎學金申請難。當時大專聯考，分甲、乙、丙三組，大致分為理工、文法商政、生醫農。我高中數理科目成績一向很好，有考甲組的實力，但我自己的興趣偏向文史，因此，幾經考慮，還是未能從俗，決定選自己的興趣，歷史為大專聯考的第一志願。

（二）中學課外活動與日常生活

北一女同學家長，來自社會各階層，尤其不乏來自上層的官宦、文教，或富裕的工商、企業家庭。我出身中階軍官的軍人家庭，家境堪稱「清寒」，但同學間不因家庭背景而有差等，大家都以純潔的赤子之心交往。在那樸素務實的年代，社會風氣淳厚單純，激發出每位同學的純潔與善良本性，當年建立的友誼奠定了日後在人生旅途上互相扶持的友朋基礎。

北一女於一九五七學年度下學期，即一九五八年春天，我讀初二下時，成立軍樂隊。當時挑選隊員的先決條件，是每班前三名同學才有被選資格。我因個子高（一六〇公分），被選吹奏伸縮喇叭，排在隊形中第一排。那時我家住桃園，為排練或表演，有不方便之處，但我還是盡力練習，不負北一女軍樂隊第一期的團隊榮譽。先此一年，一九五七年國防部示範樂隊成立，我校軍樂隊教官即來自該樂隊成員。總教官為余教官（忘其名），此外，尚有著名的薛耀武教官專長薩克斯風。一九五八年秋，我初三上學期起，軍樂隊每天清晨八點鐘之前的十五分鐘集合，吹奏預練，八點鐘朝會時演奏國歌和升旗歌。另外每週排固定訓練時間，包括吹奏軍樂樂曲和練習分列式隊伍行走步伐。

一九五八年十月十日國慶日，政府中樞決定不閱兵；下午舉行慶祝儀式，蔣中正總統出現在中山堂二樓陽台。其後舉行支援金馬（金門八二三砲戰）大遊行開始，全國各級學校軍樂隊，列隊於中山堂面向廣場之左側，北一女軍樂隊排在最前面，因此得以清楚瞻仰蔣中正總統，這是我第一次親見老蔣總統容顏。同年十月三十一日，值蔣中正總統華誕日舉辦慶祝會，我校軍樂隊受邀至北投復興崗政工幹校表演，演奏軍樂曲

一九五九年北一女軍樂隊參加國慶遊行前，作者排一最右。

一九五九年作者北一女軍樂隊。

及改編成軍樂演奏的原圓舞曲曲目「藍色多瑙河」。其後幾年，雙十節國慶或青年節慶祝大會，在總統府或中山堂前廣場舉行時，我校軍樂隊常被安排在司令台（總統府或中山堂二樓陽台）面對廣場的左側。我們穿上威風的綠呢上衣配以白色鑲綠條長褲的軍樂服，演奏雄偉的「雷神進行曲」等軍樂，腳下踏著整齊步伐表演分列式，引來讚譽的眼光，非常神氣。

一九五八年，我軍與共軍對峙，金門八二三砲戰後，雖建立兩岸單日打砲，雙日休息的默契，兩岸軍事情勢仍然嚴峻。我們這群初中學生，在政府的羽翼下，雖能感受時代的緊張氣氛，但並未特別感受時局的壓力，仍過我們緊湊、忙碌、又單純的日子。一九六〇年六月十八日，美國艾森豪總統訪台，代表中（台）美兩國邦誼鞏固，北一女軍樂隊也參加歡迎行列。當日盛暑，我們穿著呢質軍樂服裝，遊行完回學校，個個汗溼全身，但仍感興奮，覺得參與了一次很好的國民外交，頗引以為傲。

北一女六年初中與高中，奠定我以後主修歷史所需的文筆及閱讀基礎，一部份來自於我個人課外的自我摸索。在學校智育架構下所修習的科目是作為一個良好國民所必備的基礎知識，理工、人文、社會，各門科目皆具備。但我自小興趣偏向文史，喜好閱讀。當然所謂的閱讀，亦是個人興之所致，並未受有系統的閱讀導引。所閱讀的大多是輕鬆的文藝、小說、詩歌、戲曲之類，以休閒娛樂為主的「軟性」書籍。因北一女課業非常繁重，隨堂考、小考、大考是有名的多。每日完成份內的指定作業及預備各科考試，已幾乎耗盡了我所有的精力。所剩餘的殘餘時間，一部份和堂兄弟姊妹下象棋、看電影、參加家庭活動。單獨的時候就是捧書閱讀。小五下到高一上，住桃園時期，年紀尚幼，寒暑假大都消磨在家庭內的娛樂，閱讀的是一些家中所藏電影連環畫、報紙、雜誌等外，以小說為主。小五小六與初中時代，我已讀完中國小說部的各種演義，如七俠五義；才子佳人戀愛故事，如唐伯虎點秋香；以及《三國演義》、《西遊記》、《紅樓夢》等章回小說。

我初二及高一暑假，讀了二遍《紅樓夢》。初中時，好友同學亦曾在課餘辯論各人所喜愛的書中人物。我幼時羞澀內向，不愛言語，又受家庭時常隨父親調職輾轉遷居的影響，亦感受時局動盪和生活的不安，難免有些多愁善感。對《紅樓夢》中，一些傷春悲秋的詩詞，不能全然無感，相當喜愛。我初二即能背誦林黛玉的「葬花詩」：「花謝花飛花滿天，紅消香斷有誰憐？……桃李明年能再發，明年閨中知有誰？……一朝春盡紅顏老，花落人亡兩不知！」又值「少年強說愁」的年齡，舉凡詩詞中，詠嘆人生無常與宇宙亙存的語句特別喜愛，如唐代張若虛「春江花月夜」詩：「江畔何人初見月，江月何年初照人」；唐代劉希夷「白頭翁」詩：「年年歲歲花相似，歲歲年年人不同，……今年花落顏色改，明年花開復誰在？」等句。在高中時，《北一女青年》上，登過我一篇〈逝波〉短文，還真是「無病呻吟」。但如今臨老，回想起來，尚能感受那少時「怨嘆」的淡淡哀愁，或許是不捨那年少的青澀，才令我至今仍頻頻回首，低迴不已吧。

至於當時流行的西洋翻譯小說，有《蝴蝶夢》、《傲慢與偏見》、《咆哮山莊》、《安娜卡列尼娜》、《戰爭與和平》、《飄》等，以及中文當代作家的散文、小說、小品、雜文等，也列入平時閱讀的範圍。國文課本選讀的名家，其作品能找到的，如朱自清、張秀亞、蘇雪林、孟瑤、徐志摩等的小說、散文、新詩，也一一翻閱或背誦。當時除靜態的平面圖書閱讀外，有聲閱聽只有收音機的廣播。中國廣播公司每週日晚間的廣播劇，幾乎是家喻戶曉。我最喜愛的一部廣播劇「釵頭鳳」，至今仍然能哼唱其主題曲旋律，也還能背誦陸游和其表妹唐琬所唱和的二闕詞。一九五九年，中廣公司鉅製「紅樓夢」廣播劇，更是創下極高的收聽記錄，廣受歡迎。

升上高中，高一下，我家搬到台北大直後，雖升學壓力增大，但我還是儘量抽空閱讀課外書籍。如今尚覺有意義的，是當時讀了梁啟超的《飲冰室文集》大部分「新民叢報體」文章後，開始將閱讀範圍轉向時論或議論文，哲學及西洋翻譯作品等比較嚴肅的課外讀物了。可惜高中時期，高一還有自己閒暇的讀書空間，高二起，風聲鶴唳的升學氣氛，使得同學們都有一股低氣壓，放棄了所有的課外閱讀興趣與休閒活動，緊鑼密鼓的準備考大學了。大專聯考在當時，被認為是學生一生最大的一場戰役，尤其我這出身「清寒的」軍人子女，讀書是唯一出路，我更是嚴陣以待了。

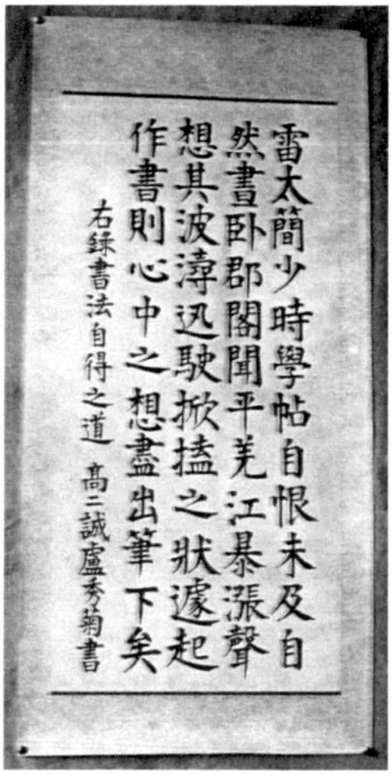

高二誠作者書法，攝於一九六〇年校慶日書法展。

初中時期，尚處於心智初開的階段；到高中時，則心智較成熟，此時我個人的性向明顯傾向文史。但在當時以通識為前提的，所有課程皆必修的設計下，與先進國家的高中有選修課情況有異。我因數理科目成績一向優異，高中時結算成績能夠名列前茅，總在班上前三名左右。但我特別喜愛文史，也特別喜歡教國文和歷史的老師。尤其高一上到高二上，國文老師陳鍈女士本身是名作家，筆名沉櫻，翻譯小說《一位陌生女子的來信》。她上課時，一進教室，總在黑板上寫上一首唐詩或宋詞，讓有興趣的同學課外背誦，但並不勉強每位同學一定要背。高二上，我因毛筆字寫得不錯，校慶書法展覽時，每班都選一位同學，書寫在學校提供的宣紙上，經學校統一裱褙後，懸掛在展覽廳。陳老師特別選了一段有關書法「自得之道」的文字：「雷太簡少時學帖，自恨未及自然，晝臥郡閣，聞平羌江暴漲聲，想其波濤迅駛，掀搕之狀，遽起作書，則心中之想，盡出筆下矣。」（宋雷簡夫《江聲帖》）描寫聽波濤聲而領悟書法要訣之心境，要我以正楷書寫。展覽後，我班英文老師林漢青先生替我拍照，送我一張照片，我至今珍藏存念，也算是我青年時的一點成績。我自幼被父親規定每天習字大小楷一篇，所以字尚端正。中學後習字課，我自選柳（公權）體練習，學得形似而無法神似，因我未正式拜師學習懸腕寫書法，所以終不能成氣候。高二下到高三下，國文老師黎澤霖先生，開始訓練我們寫論說文，以備大專聯考時有所發揮。我高中時課餘看閒書，開始朝向較「硬性」的哲學、議論文章發展。自從讀了大半部《飲冰室文集》後，議論文有明顯進步，有時作文會被選在課堂上朗讀，或佳句被老師劃上讚賞的紅圈，無形中對我是莫大的鼓勵。

歷史課一向是我所喜愛的。初中歷史老師楊靜嫻女士，人端麗、口才好，尤其正值「反共抗俄」時代，上一輩抗日戰爭的國仇家恨，反共抗俄同仇敵愾的情緒高漲，每當近代史講到鴉片戰爭以來的內憂外患，列強的瓜分蠶食，我生為軍人子女，特別感到氣憤填膺。因此我非常喜愛楊老師的歷史課。而初中時國文老師曾伯鴻小姐，當時剛從師範大學畢業，數次被我們班的調皮同學，捉弄得低首拭淚，都為單調平靜的生活，增添波瀾，今日想來，真是年少無知啊。曾老師為我們喜愛，因她那時不過二十幾歲的年紀，又生得文文靜靜，輕聲細語，尤其把初中國文課本中一些名家的白話文教得細緻而有韻味。

當時北一女老師，人才濟濟，名師輩出，數學和理科老師更是個個嚴厲，對學生步步緊逼。對我們這些女校女生，普遍數理不及男生，真是用盡了苦心，才能在日後大專聯考的科目上與男生一爭短長。

我自幼身體不是特別好，初一上至高一上，家住桃園，每日搭火車走讀，又被選為軍樂隊員，太過勞累。初二下，學校健康檢查時，X光片驗出左肺葉感染輕度肺結核，從此開始服藥，陸陸續續拖到高三下，尚未完全康復。因此我初中畢業能以全體初三學生第十二名成績畢業，得以免試直升高中（前二十四名得以直升）。高中時，受身體影響，我成績不如初中時，大約在班上第三名左右。因此未能在全體高三的十二班畢業生中，擠進前二十四名內，沒有資格被保送大學。

在此最值得感念的是高二下至高三下的導師姜家亭老師，對我特別愛護。因我身患肺結核，怕我營養不足，特別贈送雞蛋給我進補。姜老師教地理課，師丈是師範大學地理系教授，當時住龍泉街宿舍，曾請全班到府上開同學會。爾後我歷經人生長長的風雨，回想北一女六年，仍為當年那個民風純樸，物質艱難時代的人際關係和社會氣氛所感動。是父母和師長，他們那歷經變亂的一代，含辛茹苦的撫育我們、羽翼我們，養我肉體，育我心智，使我們得以在風雨中成長茁壯。

高三整年，全部同學進入備戰狀態，戰場便是大專聯考。一九六二年七月六日至七日，經過二天的溽暑考試，我考完乙組六科筆試：國文、數學、英文、三民主義、地理、歷史。當時國文題目是：「先天下之憂而憂，後天下之樂而樂」。考完大專聯考後，雖頗有自信，但每天仍患得患失，直到放榜，知道考進了台大，一顆不安的心才放了下來。

一九六二年八月六日下午，乙組放榜，正值歐伯颱風過境，我懷著不安的心情，在家中滂沱大雨聲中，守在收音機前。當報出我被錄取第一志願台大歷史系時，全家為之歡喜不已。我從未去過台大，考完，我自己搭公車，經過新生南路瑠公圳疏水道，進入台大校園。走在椰林大道上，我心中暗暗祝禱：感謝上天厚愛，終於不負六年的苦讀，如今我進了這全台第一學府。啊！我將懷抱著一個什麼樣的夢想進台大，又將如何在這裡渡過我一生中最年輕璀璨的日子，我多麼嚮往和期待我的大學旅程啊。

一九六二年七月作者大專聯考准考證照片。

註

1 《我的一九四九，在台中》，莊靈，《聯合報》，民國九八（二〇〇九）．一二．一二，D3版。

2 那時父親服務的第四營產管理所，以及隔鄰的工兵學校，位於日據時代的日本駐軍營地。見《花蓮講古》，林炬璧著。再版。花蓮市：花蓮市公所，民國九七（二〇〇八）。初版，民國九〇（二〇〇一）出版。頁一九二，第三五〇講。中正橋，日據時代原名陸軍橋，又名筑紫橋，民國二六年一二月竣工。是日人在花蓮市建造的第一所橋，因其北端是日本駐軍營地。《花蓮講古》一書，共三九六講，民國六八年一一月一八日至民國七〇年一月一六日，原載於花蓮《更生日報》副刊，無圖片。本書民國九七年再版，附圖片。

3 中正橋北，沿中正路向西北走，可上美崙山。美崙山斜坡上有中廣花蓮台。見前註，頁一九五，第三五五講。日據時代民國三三年五月一日成立的花蓮港放送局，為花蓮中廣電台的前身。

4 〈救眷村淪口號，竹籬笆如廢墟〉，《中國時報》，民國九八（二〇〇九）．四．三，A6版。

5 同註二，頁一二八，第二二六講。明禮國民小學是花蓮市最早一所小學。日據時代，清光緒三一年四月一日，是從其他名稱改制而來的花蓮港公學校，民國三〇年改為國民學校，即勝利後的明禮國民小學。此講林著附其大門於光復初期的圖片。林書編者張政勝，於民國八六年五月協助明禮國小建立鄉土館。民國四七年，明禮國小班級有四十二班。

6 同註二，頁二二，第二一講，宣統二年，颱風信號塔設於今花崗山上氣象所所在地，民國一一年，設游泳池。當年日本人住此花崗山上，其小學校，為今花崗國中，在山麓。頁二三，第二四講，日據時代小學，日人的稱「小學校」，台人的稱「公學校」。頁一二九，第二二八講，花蓮女中於民國一九年遷現址，其前身為廳立花蓮港高等女學校，民國一六年四月一日成立，地址在今之花崗國中。頁八一，一三六講，花蓮白燈塔（民國二八年一〇月至民國六九年七月），在原花蓮港西防波隄上，燈高於平均高潮水面一三公尺多，五等閃紅光瓦斯燈。頁八三，第一三九講，忠烈祠吊橋；頁三五，第四八講，忠烈祠前階舊貌圖：由中正橋南，沿中正路向西轉明禮路，右轉林森路，沿林森路北走，過尚志橋（原吊橋），亦可上美崙山，山上有忠烈祠。

7 當時花蓮市三條主要幹道是：中正路（東北、西南向）、中山路（東南、西北向）、中華路（東、西向）。三條主要幹道相交所圍成的三角地帶是花蓮市鬧區。我全家常於夏夜，去吃霜淇淋，我最喜愛芋頭口味。當時經濟拮据時，父母常去銀樓變賣從大陸帶來的積蓄金飾和銀圓，貼補家用。

8 秀菊家住：圓山二村。
參見《國軍眷村發展史：從竹籬笆到高樓大廈的故事》，郭冠麟主編。初版。台北市：史政編譯室。民國九四（二〇〇五），頁四三一。圓山二村，民四十九年五月（應是一月），婦聯會建，一二五戶。原址：北安路四〇七巷三七弄，後改：通北街六五巷一二弄。大直東村，民四十五年五月，國防大學建，九三戶。原址：北安路。大直西村，民四十七年一月，國防大學建，五八戶。原址：北安路。（後改：通北街一五九巷九弄）。國防大學，當時名三軍大學。

又見《想像台灣：當代小說中的族群書寫》。陳國偉著。台北：五南，二〇〇七年一月。頁二四九，一九四八至一九五六年，外省人，共五七〇八九六人。頁二五二，眷村興建單位，一九五〇年軍眷管理處；後，軍眷管理處，隸屬於聯勤總部；後，軍眷管理處，隸屬於國防部總政治作戰部。一九五六年後，大量興建，……另有婦聯會等單位。圓山二村，民四十九年一月，由婦聯會興建完成。頁二五三，到一九六七年，眷村興建共十期，三八一〇〇棟。

9 台灣省立台北第一女子中學（北一女）校歌，蕭而化曲，江學珠詞

維我女校　寶島名高　莘莘學子　志氣凌霄
修養健全人格　具備科學頭腦
力行三民主義　實踐國父遺教
為國家盡至忠　為民族盡大孝
公誠勤毅　校訓孔昭　齊家治國　一肩雙挑

第三章　大學與研究所（十八至二十四歲，一九六二至一九六八年）

一、台大大學部
（十八至二十二歲，一九六二至一九六六年）

一九六二年，我參加大專聯考，報考乙組，以高分進入台灣大學歷史系，為該系第一名，俗稱系狀元。我以歷史系為第一志願，曾引起北一女師長及我父母的關切，當時他們本希望我考甲組，因我有考甲組的實力；既然我決定考乙組，則希望我以外文系為第一志願。而我當時認為，讀外文系，台灣的大學，外文系畢業，恐怕只能掌握較好的英文語言程度，出國留學無法勝任英國文學進一步學位的攻讀。此外，我自幼對中國文史有興趣，捨中文系而就歷史系，乃希望能藉由讀歷史，改變我自幼柔弱和內向的個性，開拓宏觀的胸襟和視野。文、史難以取捨，因此我第一志願填歷史系，第二志願填中文系，聽天由命吧。結果是以高分成績進入自選的第一志願台大歷史系。那時，以我的分數，在乙組如想進外文系，也是無問題的。北一女依往例，為表揚大專聯考優良同學，頒發獎狀給三組狀元及各系的系狀元，邀請我們回校，在週會上領獎，算是給我們各位鼓勵，並給在校學妹一些榜樣。

國立台灣大學（台大）是抗戰勝利後，於一九四五年十一月十五日，接收自日治時期一九二八年成立的台北帝國大學。台大辦學理念是由第四任傅斯年校長所奠定的，他提出敦品、勵學、愛國、愛人為校訓；堅持學術自由與教育自主；強調不同院間，修習國文、英文、通史、邏輯、數學、物理、化學、動植物、地質、普通經濟學、法學通論等「通習科目」的重要。[1] 此辦學理念，在台大以系為主修單位的專才教育制度下，似乎未能完全實現；但他的辦學精神，迄今為台大所承襲。

台大歷史系在一九六二至一九六六年，我就讀大學部的四年中，課程安排大致如下：[2]

大一以必修課為主，有三民主義、國文、英文、中國通史、西洋通史、考古人類學導論、地學通論。大二必修課，有理則學、社會學、中國近代史、國際組織與國際現勢；我自己選修的課，有秦漢史、印度史、希臘史、羅馬史、遼金元史。大三以選修課為主，我自己選修的課，有中國上古史、明清史、中國史學史、西洋現代史、十六至十八世紀歐洲史、西洋史學選讀。大四亦以選修課為主，我自己選修的課，有中國上古史專題研究、中國現代史、十九世紀歐洲史、普通心理學。此外，大一和大二必修二年體育和軍訓。大三和大四必修二年第二外語，我選修法文。大四，我特別選修一年兩學期的畢業論文學分，撰寫一篇學士論文：「明代南北兩京建置之經過」。我大學四年，修習學分共計一百四十九學分。滿足當時歷史系，四年必須修滿一百四十二學分的規定，得以畢業，獲得文學士學位。

猶記進台大，大學一年級第一天註冊時，在體育館大禮堂排隊，依序辦理各項手續，到歷史系的長桌前，系主任劉崇鋐教授，看著我，和藹慈祥的笑笑說：「妳是一年級第一名，很好，很好。」我當時不好意思，羞澀的鞠躬道謝。那時台大學號是依據錄取該系的成績高下而排序的。我學號是：五一一三〇一，五一是學年度，一是文學院，三是歷史系，〇一是班內號碼。一九六〇年代，大專聯考全部學生錄取率是全部報考學生的十五分之一，台大的學生錄取率更是超低。以男女學生而言，台大當年全校的男女學生比例是七比一。文學院雖女生較多，但歷史系我們這一屆班上仍是男生比女生多。因此我們這些台大女生自然是「鳳」毛麟角，真有天之「嬌」女的態勢。

一九六二年，政府遷台剛過十年，物力民生仍十分艱難，因此民風淳樸，生活儉約。我們女生自初中起皆讀女校，六年苦讀，嚴格的軍事管理，一般都是校內上課穿制服，課後校外穿簡樸的便裝，頭髮亦是「清湯掛麵式」齊耳短髮。大專聯考一放榜，得知自己被錄取能上大學時，女生

一九六二年三月，歷史系大一全班合影，盧秀菊站第二排中間，穿黑色毛衣者。

心理都要經歷一番反覆思考，互相討論，將如何「改頭換面」進大學。第一件事是燙髮，當時女生流行的是非常蓬鬆，噴膠水固定的髮式，俗稱「雞窩頭」。第二件事是脫下穿了六年的白球鞋，換上時髦的平底皮鞋或高跟皮鞋。那時流行一種軟皮面薄鞋底的平底皮鞋，俗稱「太空鞋」。大一女生剛轉換鞋子，先選擇平底皮鞋，「太空鞋」正好，配上寬裙，走起路來頗有婀娜多姿的女孩味。稍後，女生慢慢改穿緊身的窄裙，配上低跟或高跟皮鞋，手捧洋裝書，夏天人手一把洋傘，五彩繽紛，在台大校園中，散發著青春活潑的氣息。

男生高中時理光頭或平頭，大專聯考放榜後，暑假中開始蓄髮，大學一開學，即改梳西裝頭，腳上換上皮鞋。當然也有比較時髦的極少數男生，油頭粉面的梳個貓王普理斯萊式的「大包頭」或稍低調的「小包頭」。大一和大二有二年必修的軍訓課。不分男女生，每人都要買一件米黃色卡其布上衣外套，規定上軍訓課或有校內及校際的公眾活動時必須穿著。當時大學生非但不覺外套土氣或寒傖，反而因其是大學生的專屬「招牌」外套，非常喜歡穿，男女同學都以穿此外套為傲。

當年考取大學，能讀大學，在親朋間是頗有面子的事，能進台大更為人所稱羨。一般而言，一進大學，正式開課後，便要收心用功了。大一課程，除本系必修外，便是全校共同必修課，國文、英文，三民主義。台大大一有自編的國文和英文統一教材。國文課上學期讀《史記》選文，下學期讀《左傳》選文。《史記》中，我印象最深刻的是〈項羽本紀〉，由本省籍資深漢學大師黃得時教授教我們歷史系大一班。司馬遷史筆文情並茂，敘述項羽武功蓋世，到英雄末路自刎悲情，在普通教室一樓教室中，虞姬劍舞悲歌聲，擴散到室外習習涼風與婆娑樹影間，我等十八歲青年皆為之悲歎唏噓，發懷古之幽情。又讀到荊軻刺秦王失敗，不由得使我想起辛棄疾詞：「易水蕭蕭西風冷，滿座衣冠似雪，正壯士悲歌未徹。」在當時「反共抗俄」的年代，我這弱齡女子也不免壯志填膺，神往於刺客義無反顧的悲壯。

英文課由外文系資深教授，翻譯莎士比亞十四行詩（Sonnet）名家，虞爾昌教授教課。大一英文教本[3]選文中，I“f I Were a Freshman Again”一文，是美國伊利諾大學修辭學教授Thomas Arkle Clark的講詞，先給我們這一批不知天高地厚的大一新鮮人當頭一記棒喝，再娓娓道出如果大一可以重來，將如何如何。英文教本的課文中還選了《聖經》（Bible）〈詩篇第二十三篇：耶和華是我的牧者〉（Psalm 23: The Lord is My Shepherd），是我有生以來第一次接觸到聖經，這優美的辭句，是在人生絕望時對上帝的依靠和仰望的禱詞。我迄今猶記得，每位同學被點名站起來背誦全篇時的緊張心情。美國詩人朗費羅（Henry W. Longfellow）在“A Psalm of Life”（生命的讚歌）一詩中謳歌生命：生命是真實的，是誠摯的；不管明日有多美好，不必太過期待；過去已逝，就將過去的埋葬吧；而行動，行動須在今朝；在上帝的俯瞰下，我人要全力以赴。此外，我自己選讀林肯總統（Abraham Lincoln, 1809-1965）於一八六三年的〈蓋茲堡演說〉（The Gettysburg Address），讀到：從八十七年前，我們先民在這塊土地上，建立了新國家；秉持自由的理想，致力達到人人皆平等之主張；到提出「民有、民治、民享」（of the people, by the people and for the people）的名言；其擲地有聲的鏗鏘正義之音，如今仍在我心中縈繞。

教三民主義的教授（忘其名），則認為大專聯考既已考了一門三民主義，分數佔六科總分之一，此時不必重覆，不如改教我們西洋政治、經濟與社會思潮，對我們歷史系學生將來修習西洋近代史時，必多有助益。因此，孟德斯鳩、邊沁、馬克斯等思想家的重要學說為我輩學子開一扇新的知識窗戶。中國通史由夏德儀教授教課，他亦一反初中與高中時期，中國歷史由夏商周至鴉片戰爭的平鋪直敘法，改以專題式講授，將中國歷史上重大事件和主要潮流等議題，依歷史年代先後分章講授。考古人類學則由陳奇祿教授為歷史系和考古系合開，開啟了我對考古方面，如尼安德塔人（Homo neanderthalensis）等的遠古人類溯源的興趣。地學通論由王洪文教授教課，厚厚一本教科書，是我花費相當多時間去理解研讀的一門課程。

一進大學，台大這座大觀園還真使我流連忘返。我當時家住大直，搭公車上學，每日往返二小時。白天上課，晚上兼做家庭教師（家教）。除開學時，新鮮了一陣子，我就訂下我四年生活的常規。課堂、圖書館、家教，是我每日足跡所到之處。自幼我性向接近文史，堅持以歷史作為大學的第一志願，我相當珍惜這得來不易的求學生涯。父母離鄉背井，從大陸來台，十多年間，當初攜來的一點金飾和銀圓積蓄已將花耗殆盡。我身為長女，下有二位妹妹仍在中小學就讀，父母經濟負擔猶重，因此大學四年，我皆同時兼二處家教，賺取自己的生活零用金。此外，當時政府及民間團體也普設各種獎助，我也幾乎每學期皆能申請到獎助學金。如此一來，我除全力讀書外，還能自食其力的賺取部份學費、書本費和零用錢，生活雖然忙碌，精神卻是充實而愉快的。

大二修習課程中，本系的中國近代史是必修的重要課目，由資深的吳相湘教授教課。吳教授教課嚴格，除須熟習史實和史料外，並訓練我們撰寫報告。大二課程，除必修外，我替自己訂下選修課表是以中國斷代史為主，選修了傅樂成教授的秦漢史，沈剛伯教授的希臘史與羅馬史，以及姚從吾教授的遼金元史。上述諸位教授皆一時之選，而授課內容更是權威而充實。我大三課業，以選修課為主，除中國斷代史的選修，如中國上古史、明清史之外；還選修了西洋斷代史，如西洋現代史、十六至十八世紀歐洲史、西洋史學選讀等課程。

台灣的大學，一進校即被分入個別院系，以期四年完成一種專業的學習，大學畢業後即可投入職場工作。學生事務，依大學校規，每系設系學會，每班設班代表，皆由選舉產生。班代表之職責，是為本班舉辦各種活動如郊遊等外，還聯繫並參與系方和校方的各項活動。我是我們班二年級時的班代表。歷史系系學會（簡稱史學會），依慣例，每年皆由大三班級擔任，主要是服務工作，辦理全系學生的刊物和聯誼。史學會有總幹事及各股幹事。我們班在大三主持史學會時，我被推選為總務股，管理史學會財務，亦即俗稱的系學會費。我們這屆史學會除辦理郊遊、聯誼活動，負責編輯出版史學會學生刊物《史繹》第二期（一九六五年五月出刊）外，當年的大事，是系主任余又蓀教授，不幸於一九六五年四月二十七日遭遇車禍去世，史學會協助辦理余主任喪事。在系裡悲傷氣氛裡，由許倬雲教授暫代。到下學年（一九六五學度）許倬雲教授正式接任系主任之職位。

天之嬌子的大學生活不知不覺過了三年。進到第四年時，畢業恐慌症來了。一方面將面臨人生另一項選擇，即是大學畢業後，繼續進修讀研究所、就業教書或任公職。而女生更面臨婚姻的抉擇。抗戰（一九四〇年代）出生，在台灣受小學、中學，至大學教育的女生，在民國史上，算是較多女生接受大學教育的一個世代吧。[4]但與男生相比，人數仍少。以當時台大男女生人數，七比一的情況，可見一斑。正因為如此，我們那一代的女生因有難得接受大學教育的機會，頗有使命感。我家無男孩，只三個女孩，父母對我們三個女兒一視同仁，談不上什麼重男輕女。而北一女校歌中「齊家治國，一肩雙挑」，男女平等的觀念早已深植我心。大學一開始，我個人即訂下大學四年不修戀愛學分（不談戀愛之意）的自我規範。當時流行的，大學女生「大一嬌，大二俏，大三拉警報，大四沒人要。」[5]的玩笑說法，臨到大四，我既使再瀟灑，毫不縈懷，此時也不能免俗的要為畢業的前程憂心起來。那時候，我北一女的一批好友，皆訂下了畢業後出國深造的計劃，因此大四時，便開始考托福（TOEFL），申請美國研究所獎學金，弄得「人心惶惶」。

大三暑假，我經過深思，自忖既然選擇讀文科歷史系，出國申請獎學金便不如理工醫農科系那麼容易。到國外求學，讀人文社會科系所需英文能力要求更高。因此，我決定大四不申請出國，而準備碩士班考試，繼續在國內讀研究所。如此既然訂下未來求學目標，即稍安心繼續選修課程。大四時，漸漸把我自己將來歷史方面的興趣放在近代與現代史，因此大四選修

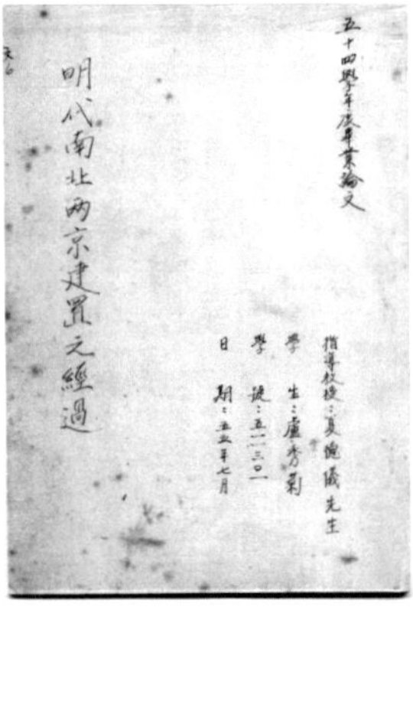
五十四學年度畢業論文
明代南北兩京建置之經過
指導教授：夏德儀先生
學　生：盧秀菊
學　號：五一二三〇一
日　期：五五年七月

一九六六年作者學士論文存藏台大圖書館之影本。

一九六六年，中國之友社，謝師宴。中左一夏德儀師，中左二劉翠溶，中左三作者。

了中國現代史、十九世紀歐洲史等課程，並選修一門畢業論文之撰寫課，請夏德儀教授指導，選定明史題目，撰寫一篇學士論文〈明代南北兩京建置之經過〉。大四在心情時而緊張時而紓緩的交替情況下，終於下學期也結束了。幸運的是考上了本系研究所碩士班，前途既定，在中國之友社舉行謝師宴後便歡歡喜喜的畢業了。

回顧大學四年，共修滿一百四十九學分，滿足本系一百四十二學分的畢業要求。畢業典禮時，我並不那麼因驪歌聲起而依依離情，因為我將還會在台大校園中開啟人生另一段旅程。我自己雖辛苦四年，父母卻辛苦半生，將我撫育成人，完成大學學業。研究所可領政府公費，每月有新台幣一千元獎學金，再加上我兼家教工作，父母總算把對我的教育擔子放下了。畢業典禮時，父母親都來了，並在台大文學院前留下一幅值得永遠紀念的照片。

在台大大學部四年，除了兢兢業業研讀歷史系本科的必修選修課程外，我仍然未忘記自己從小有關文學的興趣。當時文學院各系，教授陣容堅強，乃一九四九年大陸淪陷時，大陸全國各地菁英知識分子渡海來台，在此繼續學術的薪火傳承。台大自傅斯年校長倡導自由學風，頗有在田橫之島，遙承北京大學（北大）當年學風的壯志。文學院這座古樸的建築，一樓兩側是教室。除了大一時，在靠近新生南路簡陋的臨時教室，文學院後面的普通教室，以及靠近醉月湖的新生大樓上課外，其餘三年都在文學院的迴廊和一樓的教室穿梭。歷史系以外的課程，我旁聽過中文系台靜農教授的楚辭，鄭騫教授的詞選，葉嘉瑩教授的詩選等課。當時這些都是熱門課，除中文系本系同學外，教授們不禁止系外或院外同學旁聽。外文系，我則聽過吳炳鍾教授的英文寫作、余光中教授的英詩，聶華苓教授的現代文學。此外，因為歷史系必修課程有哲學概論、社會學、考古人類學、國際組織與國際現勢等非文史方面的課，使我對社會科學產生興趣，大四又修了理學院的心理學概論。文學院規定必修兩年第二外語，我選修了法文，教授是曾經駐法的段茂瀾大使。現在回想起來，當時在台大大學部讀書時，真有些不知天高地厚，興趣廣泛，野心不小，想一窺學術殿堂的高度與深度。但本科功課忙碌，我又為稻粱謀，夜間兼二處家教，因此讀書時間總覺不夠。在北一女六年，本已養成三更燈五更雞的苦讀習慣，到了大學，才真正感受到學問之廈既廣且深，時間更不夠用了。

進了大學，以當時台大的氣氛，「來來來，來台大，去去去，去美國」。我北一女學友們早已選讀理工醫農科系，為將來申請獎學金出國留學做準備。我獨鍾歷史，也瞭解到，中國近代史與現代史研究，在當時台灣，一則史料未盡開放，二則政治氣候嚴峻，有諸多不便之處。我也下定決心，將來去美國留學深造。

右：一九六六年六月大學畢業典禮日，作者與爸媽攝於文學院前。
下：作者學士照。

因此，除了充實我歷史專業訓練外，亦加緊自修英文。大三暑假開始，我到金門街本篤修女會，一位外籍羅素瑛修女處，補英文作文外，並收聽無線電廣播彭蒙惠女士的「空中英語教室」（Studio Classroom）。歷史記錄的撰寫，需要高深的中文底蘊，期望如司馬遷《史記》的史筆如椽外，還須筆力千鈞，妙筆生花，我旁聽中文系各課。歷史講求社會科學的方法，歸納、剖析，綜合，我修習了社會學、心理學、哲學、理則學等課程。為了磨練英文，我旁聽外文系課程。因此，大學四年，我漸漸能融合我歷史系本科必修選修、外系旁聽、課餘自習，而有自己的心得。初中高中時，我孤陋寡聞，頗為守舊，不喜歡中文新詩，其實是未經接觸。大學時我又被一些英文新詩所吸引，感到東方西方哲人聖人，其心同，其理同，而文學家更是心緒相通，中西方詩人亦有所見相同之處。

如今檢視當年讀過的隨記詩抄筆記，仍覺英詩中，有不少與中國詩詞意境相同的。如雪萊（Percy B. Shelley, 1792-1822）之〈奧茲曼迪亞斯〉（Ozmandias）一詩中，所描述的古埃及王拉默西斯二世（Ramesses II, 1303-1203 B.C.）陵墓，黑色花崗石坐像已傾倒，昔日榮耀不在，只剩一行殘文：「我名奧茲曼迪亞斯，萬王之王」，埋沒在荒涼寂寞的漠漠平沙之中；正如唐杜甫詠王昭君詩中云：「一去紫台連朔漠，獨留孤塚向黃昏。」那種千古沈默的死寂，中外皆同。赫立克（Robert Herrick, 1591-1674）〈致水仙〉（To Daffodils）詩中，說：「我們匆匆成長了就要凋謝，……像夏雨，又像那一顆顆珍珠似的朝露。」（Like to the summer's rain, Or as the pearls of morning's dew）；不也正如漢曹操〈短歌行〉詩中所說：「人生幾何，譬如朝露，去日無多。」

除中英詩意相同外，當年也讀到過十八世紀英國詩人布雷克（William Blake, 1257-1827），憤怒抗議社會不公不義的〈掃煙囪的孩子〉（The Chimney Sweeper）一詩，我那時年輕，閱世太淺，感受不到社會黑暗面，如今年歲已長，才能感受他憤怒指責上帝、教士和國王，把天堂建立在孩子的痛苦上的深意。大學女孩總難免對男女情愛好奇，讀到奧萊里（John B. O'Reilly, 1844-1890）的〈白玫瑰〉（A White Rose）時，著迷於他對紅玫瑰和白玫瑰的「情慾」（passion）和「情愛」（love）的詮釋和說法，但尚無戀愛經驗的我，實在弄不懂兩者區別何在，只覺他說情慾和情愛是不同的，應該有其道理，只有留待未來親自去印證了。

福洛斯特（Robert Frost, 1874-1963）那首深具哲理意味的名詩〈未走的路〉（The Road Not Taken）慨嘆，因選不同的路，而人生會有不同（I took the one less traveled by, And that has made all the different）。[6]在我日後出國留學，發現申請獎學金，人文社會科學較理工醫農科系機會較少時，也曾懷疑動搖，我自小一心選擇研讀歷史，這條路將引往何處？

大學四年，我生活的主軸：趕上課、坐圖書館、跑家教之外，也隨著年齡的推進，走入一生中最寶貴的黃金年月。高三暑假放榜時，我得知考入台大，自己獨自造訪我心目中久仰的學府，踽踽獨行於椰林大道上，望著遠處的青山，我心中想著，我將帶著一份什麼樣的心情走進台大，四年後，又將以什麼樣的步履走出台大。中學大學時代，同學間流行的兩部書，華嚴《智慧的燈》和鹿橋《未央歌》是我所喜愛的。兩書中所述，除了大學生主要職責，讀書之外，還有多采多姿的校園生活，純潔或溫馨的友情，甜蜜或淒美的愛情，都是十幾歲少女所嚮往的。如今真的身臨其境，在這全台第一學府，廣闊寬大的校園，自由寧靜學風；一時之間，我還真不知所措了。

一九六〇年代，台灣剛從大撤退的挫敗中，復甦清醒。父母師長輩承擔了一切苦難，我們在庇佑愛護下成長，雖物力艱難，生活困窘，我們這一代，除少數「流亡學生」外，一般同齡大學生是未受到戰爭蹂躪的。當時台大除提供上課與學習的優質環境外，也提供課外休閒、健身或社會服務等社團。我自己忙於課業和家教，並無時間另外參加社團。但各系學生組織系學會，全校及各院有學生代表聯合會（代聯會）等，訓練學生集會、結社等自治的能力。我曾擔任歷史系本班班代表、史學會幹事，文學院代聯會幹部等職務。那時民風淳厚，男女交往尚十分保守。大學生因才從初高中的男女分校中走出來，少男少女見面尚靦腆羞怯。因此男女同學交往都是集體行動，雖有不少的郊遊與舞會，也是男女同學集體相約一起參加，很少單獨成雙成對出現的。文學院女生較他學院多，大一女生一進學校，往往會被理工醫農科系以男生為多的高年級同學邀約，但多是班對班的郊遊或舞會，待彼此熟識後才有進一步發展成男女朋友或愛侶的。

我身為女孩子，也難免渴望浪漫的愛情。其間當然也曾有不少男孩子表示好感。可能是我個人太忙，或情竇未開，大學四年始終未交男友。我個人家庭保守，不喜活動，自小太過專注讀書，常想，愛情是可遇不可求的，得之我運，不得之我命，我並不太在意。或許也由於我自己太沈溺於書中的天地，「書中自有顏如玉，書中自有黃金屋」，「寄情何須桑梓地，人生無處不青山」，反而忽視了眼前的實景。我自幼個性內向，為人沈默，不愛多話，選讀歷史即想養我寬宏之氣。我有時頗為悲觀灰暗，常憂花不常好，月不常圓，或許是看多了文藝小說和電影之故。我們高中時所讀的小說和西洋電影中，悲劇結局常使我哀傷，久久不能自持。我個人最愛吟詠徐志摩的〈偶然〉，也愛唱「翠隄春曉」電影中那首"When We Were Young"（當我們年輕時）。這方面，是否受大陸變色，時局動盪的影響，隨父母輩遷徙流離，我小學六年即轉換了四所學校，無形中也感受到人生無常的氣氛吧。

但選讀歷史，對我而言，這條路是選對了。歷史可擴充我的視野，涵養我的胸襟，使我從柔軟陰暗走向剛強光明；我的個性慢慢的開朗而豁達了。一進大學，我們文學院院長沈剛伯教授即鼓勵歷史系學生，必須讀《史記》和《資治通鑑》二部史書。雖然我們這一代國學根底太差，讀完的為數寥寥，但取法乎上，僅得其中的教誨，我謹記在心。少年立志，不妨標的放高，即使日後不能達成，畢竟也是曾經胸懷鴻志，不負少年頭。我自初二至高中，不幸罹患肺結核，還是在進大學後，心情放輕鬆，壓力減輕的情況下，在大一結束時，才完全痊癒。此後，我身體好了，個性也慢慢開朗樂觀起來。

大學四年中，我們歷史系同學感情很好，經常舉辦各種活動，尤其是郊遊、登山等戶外活動，也辦舞會等室內交誼活動。大學四年，我們班及歷史系活動，足跡遍及台北近郊及北部海岸，如陽明山、觀音山、碧潭、野柳、金山、頭城、礁溪等地。舞會借了不少場地，如空軍新生社、中國之友社，自由之家，第十信用合作社等場所。大四畢業旅行的溪頭宿夜，鳳凰山迷路，大學池霧裡留影，大家都試圖留住青春，抓住年少輕狂的日子。我自己更在大三寒假，參加救國團舉辦的橫貫公路徒步旅行健行團，以七天時間走完全程一百四十七公里。從台中霧社入山，經大禹嶺、合歡山、松雪樓、太魯閣、天祥，到花蓮出山。猶記在合歡山第一次看見下雪時，打雪仗的興奮；在天祥營火晚會，穿著厚重軍袍蹣跚起舞，那永生難忘的青春火焰啊。[7]（詳細日程，見附錄五）。

當年大學生中，有不少同學非常喜愛舞會。那時流行國際標準舞（Ballroom Dance）。其實在北一女時，不少同學已開始參加他們家中讀大學的哥哥姊姊們舉辦的家庭舞會了。那時，流行穿大蓬裙，留聲機放著西洋流行歌曲，跳著三步、四步、森巴、吉力巴等一般舞步，或探戈等表演式舞步。我是大一下，才在同學慫恿下，惡補參加舞會。我本人不怎麼喜愛跳舞，很少參加舞會，但當年的西洋流行歌曲卻滿喜歡的。一九五〇年代至一九六〇年代，政府為扭轉日治時代影響台灣的日本風俗習尚，加上當時政府接受美援，美軍顧問團駐紮台灣，無形中台灣年輕人竟轉向「美國熱」，美國通俗文化的衣著時尚影響著我們那年代的中學生與大學生，尤其呈現在歌曲和舞蹈，休閒和娛樂方面。那時舞會中經常播放的那些曲子，如今只要聽著，仍然會把我帶回那年輕的歲月，心情為之激盪。其實當年大學生的日常生活也不完全是輕鬆寫意的。政治的沉悶，課業的壓力，經濟的艱難，前途的茫然，使得一些同學躲到舞會裡，暫時紓緩一下心情，暫時忘卻今夕何夕，至於明日憂煩，到明日再說。

如果有人問我，一生中最好的年歲是什麼時候，我會毫不遲疑的回答：大學歲月。大學時代把我從青澀羞怯女孩變成較為成熟自信的女子，無論在知識上或心靈上都有大幅的成長。而進入全台首學的台大，更是我中學六年努力的成果。台大寬廣的校園，自由的學風，碩學的師長、勤奮的同學，在在使我永生懷想，感謝上天的厚愛。以勤學而言，我大學四年立志不修戀愛學分，在學識領域中算是豐收，在感情的領域卻是一張白卷。但我從不後悔，在漫長的人生路上，學業是我個人努力即可獲致的，而情感和愛情卻是可遇不可求的。高中與大學時代，沈迷於小說電影，也在其中找尋自己認為理想愛侶的典範。[8]大學四年中，在男女比例七比一的台大校園，也有一些追求我的愛慕者，但一則自己太忙，二則心性未定，總是擦身而過。今日如要仔細追憶，大學四年中，也未嘗不曾動心過，但總是停留在意念中，而非行動中。那時我常想，茫茫人海中，求學問易，求愛侶難。而以我當時的不夠自信、內向與沈默的個性，我太相信人生緣份天定，聚散無常，又篤信人世間一切皆是「偶然」，沒什麼永恆的愛情。〈偶然〉詩中的片雲偶投，「你我相逢在黑夜的海上，你有你的，我有我的，方向」，使我從不願踏出那第一步，把自己生命的軌跡納入於他人的軌道上。換言之，我寧可做一個學問道上的獨行者，卻不輕易把春心託付杜鵑。大學裡，是否因此而錯過了美好的情緣，也只能俯首問蒼天，是一道無解之題了。

大學四年，學業修成正果，感情卻依然飄泊無依，內心是否有那麼點遺憾呢？因此，今日檢視當日畢業紀念冊上留言：「四年聚散太匆匆，嘆流光易逝，萍蹤難駐。奈何花謝、酒殘、夢醒。」[9]如今想來，不只是悲歎什麼時光流轉，也是自嘆一段青春年歲的逝去吧。然而，大學時代失落的只是青春和夢想，與以後長長人生中所遭遇的各種無情打擊及痛苦相比，真有天壤之別。雖說大學時代是「少年聽雨歌樓上」，強說愁的年歲，但到如今，仍使我感到當年青澀的愁緒與哀傷，在心中追念不已。

二、台大研究所

（二十二至二十四歲，一九六六至一九六八年）

一九六六年五月，大四下學期參加研究所考試，有幸被錄取進入台大歷史學研究所（簡稱史研所）碩士班。當時台灣的大學中，研究所人數遠比現在研究所人數少很多。史研所只有碩士班，還未開辦博士班，當年碩士班每年錄取五名。一旦入學，研究生全部公費，領國科會研究生獎學金，碩士生每月可獲補助新台幣一千元。此外，我仍如大學時，兼二處家教，月入六百元。以我當時一個小小研究生，月入一千六百元，也算是月入頗豐，自給自足，可以安心讀書了。那時史研所碩士生，每年錄取五名中，幾乎每年都只有一位女生得以考取。因仍處兩岸對峙，政治對立的時代，男生要服兵役。大學畢業男生考取研究所後，先去服一年兵役，任少尉軍官軍階，服完兵役再回校讀研究所。女生則直接入學。這樣一來，在研究所中，女生就和前一年考取的學長成為同屆的同班同學。

一九六六年，作者考台大歷史研究所之准考證照片。

從大學部進入研究所，算是踏入高深學術殿堂的門廊了。研究所課業的要求和大學部相比，明顯不同。研究所碩士班是高深學問的入門，欲探求學術殿堂的高廣深厚，此後將耗去我一生的精力。此時，我北一女學友，當初選讀理工醫農科系的，大部分都已赴美，我歷史系大學同班女同學也有不少隨其讀理工醫農的男友出國進修，或在國內披上婚紗進入婚姻。我此時在大部分是男生的史研所研究生中，真是稀有的萬綠叢中一點紅了。我個性自幼沈靜、羞澀，但並無女孩嬌弱心態。當時大學中男女同學交往皆以同窗友誼相待，因此在男生眾多的史研所中，我倒也不孤單，男女同學彼此一同上課、討論，並不涉及男女感情。此外，我自大學以來的生活常規仍然沒變，仍是讀書、上圖書館、兼家教。我此時設立目標，想以最快二年時間，完成台大的碩士學位，然後出國深造。

台大史研所於一九六六年八月，即我入學的第一年開始，分設中國近代史組和一般史組。[10]我選讀中國近代史組，因為我想以中國近代史作為我未來研究的重心。翻閱我史研所成績單，當時所修的課程如下：碩一必修的「作文研究」和

一九六七年，史研所男同學。作者在二排中間。其他男同學有：前排查時傑、趙雅書、花俊雄、吳劍雄。二排孫鐵鋼。三排阮芝生、張元。

「研究實習」二門課外，我專注自己的興趣，選修「中國近代史專題研究」和「中國近代現代史專題討論」二門課；碩二選修「西文中國近代史名著選讀」和「清史資料」二門課。

「作文研究」就是一般所謂的進階英文（Advanced English），是史研所為碩一學生特別開設一年的必修課，每週四小時零學分，希望加強學生的英文程度，以備日後出國進修之需。當時授課的是外文系朱立民教授，但碩一上學期快結束時，朱教授因事繁忙，並失望於我們班英文程度不如其預期，改換蕭廉任先生教完上學期，其後並繼續教我們下學期。「研究實習」亦是碩一必修課，由國外聘請來的客座副教授尤赫里（Stephen Uhalley, Jr.）授課。「研究實習」用英語上課，在課堂上我第一次學到歷史文獻的英文引註格式，即是如何寫英文論文的附註和參考書目。此外，老師也講到史學方法，特別強調如何辯明歷史內在考據（internal criticism），即史實之真偽；以及歷史外在考據（external criticism），即史料之真偽。這二項評鑑史實和史料的方法，我大學已學得，此時更加被強調。「研究實習」課還介紹基本的西文歷史書目和文獻；上課時，輪流由學

一九六七年，史研所女同學，左二、四：作者、呂光珠。

生自選有興趣的題目，收集資料，撰寫英文摘要，最後繳交一份中文報告；該課對我日後赴美，用英語上課和撰寫英文報告時大有助益。

「中國近代史專題研究」一課，涵蓋清季鴉片戰爭至清朝覆亡，特別請中央研究院近代史研究所的專家學者們，分週向學生講授他們研究的專題成果。當時該所研究學者傾巢而出，包括李恩涵、王萍、呂實強、張存武、張朋園、王樹槐、王爾敏等先生來校教課；期末，學生則交自選題目的報告一篇。「中國近代現代史專題討論」課，涵蓋清季鴉片戰爭至民國的歷史，由李守孔教授教課，亦是專題討論性質，學生期末須撰寫研究報告。

碩二時，「西文中國近代史名著選讀」一課，由旅美研讀歷史，獲哥倫比亞大學歷史學博士學位的李又寧教授教課，帶領我們熟讀重要英文寫作的中國近代史名著。「清史資料」課，由陳捷先教授教，將清代史料，從滿文資料、內閣大庫檔案與圖書、軍機處與內務府檔案，到清國史館所修史料、清史圖書、方志，以及清末太平天國等史料一一講述，使我日後在浩瀚的清史文獻中得以入手。碩二時，我還旁聽了一門美籍客座教授畢伯敦（Burton F. Beers）的「美國史」。在史研所二年碩士班修習的課程，因我尚留有當年筆記，故可一一查檢，做以上詳細的記錄。

我自進史研所，便已決定今後研究方向，以中國近代史為主修，即清季鴉片戰爭至清亡（一九四〇至一九一一年）為重心。經二年研習，我大致摸索出我碩士論文將朝向清季工業發展的議題去研究，美國學者Albert Feuerwerker（費維愷）的著作對我頗有啟發。台大文學院研究所碩士班，一般須讀三年畢業，即二年修課，一年寫論文。我在大學畢業時，考量直接出國或在國內讀研究所時，已決定在國內以最快二年時間完成碩士學業後出國。因此在碩一暑假後，即開始準備申請美國大學研究所獎學金。碩一時除家教外，全心全意讀書。到碩二時，曾為了準備托福考試，分出時間苦讀英文，又仍兼家教，非常忙碌。因此碩二時，選修課程忙完，已無暇撰寫碩士論文。碩二下學期，一九六八年四月，在申請的數所美國大學中，獲得通知，芝加哥大學將給我獎學金，到其遠東語言文明系繼續深造，攻讀碩士學位。我獲知消息，一則以喜，一則以憂。喜的是我總算得到獎學金，可以如願赴美，憂的是我台大史研所碩士學位無法在一九六八年六月獲得，因為我無法寫完碩士論文。幾經向師長請益並反覆與父母討論後，發現既然赴美仍須從碩士學位讀起，美國大學並不承認台大碩士學位，因此不拿台大的碩士學位也無妨。所以，毅然下定決心，放棄台大碩士學位，我直接於一九六八年秋天赴美深造。到了美國才發現，幸虧我在國內讀了二年研究所，做了不少研究，手邊累積不少研究心得和研究成果；因此在美國讀歷史學碩士時，因第一次用英文撰寫報告，花費較美國同學加倍的時間，而我之所以各門課程仍能應付，得利於我在國內碩士班讀書時的儲備，才能在一年半之內完成美國的歷史學碩士。在國內二年碩士班的研讀，雖沒獲得碩士學位，卻絕非白費時光。特別感恩的是國內碩士班公費，每月新台幣一千元，加上我兼二處家教六百元，二年積存下來，在我赴美時，才買得起台北赴芝加哥的機票美金三百八十五元（新台幣一萬五千四百元）。不然，以我軍人子女的經濟情況，機票也是一筆相當大的費用，又要拖累辛苦撫育我長大成人的父母了。

進入台大史研所，同班上課的是大學時高一屆的男同學，服完兵役回來，與我們這低一屆的女同學一起上課。一九六六年秋，由於兵役制度變革，暑假男生受訓時間延長，所有大專院校的上學期晚一個月開學，十月底註冊，十一月初上課。上下學期間的寒假縮短以彌補短缺的上課時日。

我因準備出國，為考托福，碩一時參加二處英語補習。一處是在羅斯福路近新生南路巷子中的「金陵英語實驗室」，由任課於大直軍官外語學校的張為麟先生成立，一期二個半月（一九六六年九至十二月），收學費五百五十元；引進美國密西根大學的英語會話錄音設備，戴上耳機，以訓練聽和說的能力為主。另一處是徐州路「英語中心」的英文班，其一般英語班，共分六級，考試編班，我一進去即進入第六級，為期二個月（一九六六年十二月至一九六七年二月），以閱讀和會話為主。結業後，我又繼續上英語進階班，為期二個月（一九六七年二月至四月），以較深的閱讀、聽、講、會話，以及寫作短文為課程內容。碩一時，同班男同學皆是以前大學部的學長，比較不熟；且我自己除忙碩士班功課外，又忙於補英文、考托福，更無暇與同學多來往，只有史研所內舉辦的各種郊遊和聯誼活動時參加。而此時似乎也突然不像在大學時代

一九六七年，作者於金門太武山。

那樣的有興趣並且無憂無慮的參加各項課外活動了，好像覺得年紀不小，該專心研究學問了。碩一暑假，為犒賞我自己，未特別邀約同學，我自己去報名，參加救國團舉辦的「金門戰鬥營」，一九六七年七月，到金門十天，體驗金門戰時生活，足跡踏遍金門全島。彼時金門是前線軍事重鎮，不開放給一般民眾遊歷，有此難得機會，身為軍人子女的我，一償夙願，到前線實際體驗一番戰地生活。（全部日程，見附錄五）

時光匆匆，當我於於碩二上時開始申請出國留學，於碩二下（一九六八年四月）獲知取得該年秋季班芝加哥大學獎學金，但無法寫完論文完成台大歷史碩士學位時，也曾猶豫是否在台多讀一年，寫完論文後再赴美國。但經與師長和父母商議，因恐芝大獎學金隔年有變的情況下，便毅然決定於一九六八年秋，離台赴美了。

在台大研究所二年，我仍與北一女學友和大學同窗好友密切聯絡。那個時代，面臨政治的未全開放，年輕人頗為苦悶，在時潮「來來來，來台大；去去去，去美國」的衝擊下，我也隨著北一女和台大學友們，一一登機赴美去了。[11]

一九四九年我五歲從大陸來台，自幼稚園讀到研究所碩二班，在台灣共住了十九年。這段期間，政府勵精圖治，人民奮發圖強，國民所得大幅成長。雖然政治上有些動盪、暗流與不安；但對我而言，我是由一個稚齡的兒童長大，並完成碩士學業的人，我對台灣的感恩多過其他。出國後，我仍抱著感謝政府、父母、師長的心情，也不能忘記一起長大的兄弟姊妹和同學朋友。或許，就是因為這份故園情份，我終於在留美十四年後，於一九八二年底，還是回到了這片養我育我的土地：台灣。

註

1 《台灣大學辦學理念與策略》，傅斯年著。台北：台大出版中心，二〇〇六。頁i-vii。

2 《國立台灣大學文學院史稿，一九二八至二〇〇八》。台北市：台大出版中心，二〇〇八。頁二八，在有名的第四任校長傅斯年先生號召下，延聘諸多名師到校任教。頁二八，歷史系課程規劃，奠基於傅斯年校長時代，主要分必修、必選與選修三類課程。歷史系的必修課有：中國通史、西洋通史、中國現代史、西洋現代史、史學導論、史學方法論。

3 台大大一英文課本（一九六二至一九六三），是藍紙封面，排印本。封面及title page:TAIWAN UNIVERSITY FRESHMAN ENGLISH READER。封底：July 31, 1962。204頁，選文三八篇。

4 一九〇一年七月，清廷下詔改科舉廢八股，改試中西政治藝學，並廢武科。一九〇六年八月四日，清廷學部議定「女學教育章程」，作為興辦女子學堂規範。

5 〈成露茜病逝〉，《聯合報》，民國九九（二〇一〇）．一．二八，A10版。至今坊間流傳的「大一嬌、大二俏、三拉警報、大四沒人要」，就出自成露茜學生時代刊登於大華晚報的一篇投稿。

6 這兩句直譯，大意是說：我選了一條較少人走過的路，所以我的人生與他人不同。

7 〈中橫健行團康趣、騰雲駕霧萌愛苗〉，《中國時報》，民國九九（二〇一〇）．一．一八，A4版。

中橫健行是民國六〇至七〇年代，救國團最熱門營隊。七天六夜，走一百公里路。每年八十梯次供不應求。短短幾天內，遍覽雪景、雲海、溪谷、大理石景觀，能從寒帶植被看到亞熱帶叢林，還能體驗住大通鋪、躲落石的克難生活。

8 民國五四年二月一二日，盧秀菊日記上發議論：我喜歡的男孩子，要書唸得好、談吐豪放、氣度寬宏、風度瀟灑，有起碼的文學、詩詞和音樂修養。

9 《國立台灣大學第五十四學年度畢業同學紀念冊》，台北市：台灣大學，民國五五年。頁七〇，盧秀菊畢業學士照：「應屆畢業同學通訊錄」，頁三五，盧秀菊留言。

10 同註二，頁九，歷史學研究所，於一九六六年八月分設中國近代史組和一般史組，於一九六七年秋增設博士班，於一九八八年二組合併。

11 留學前先參加政府舉辦的研習會。民國五七年八月二〇至二一日，我參加「教育部五十七年度出國留學生第八期研習班」，在台北南海路國立藝術館舉辦。

美國篇

（二十四至三十八歲，一九六八至一九八二年）

我個人和家庭的命運，受二十世紀苦難中國影響至深。而從一九六八至一九八二年，我短暫旅居美國留學和工作時期，又趕上美國多變的國內外情勢，如民權運動、經濟緊縮、越南戰爭等，可參閱「附錄六、時代背景史事簡述」所述的美國史事。然而，美國情勢，相較於大陸翻天覆地的文化大革命與台灣艱困的外交處境，是平順安穩得多了。因此，我在美國渡過了十四年求取學位、結婚生育、就業工作的平靜生活，也算是人生一幸了。

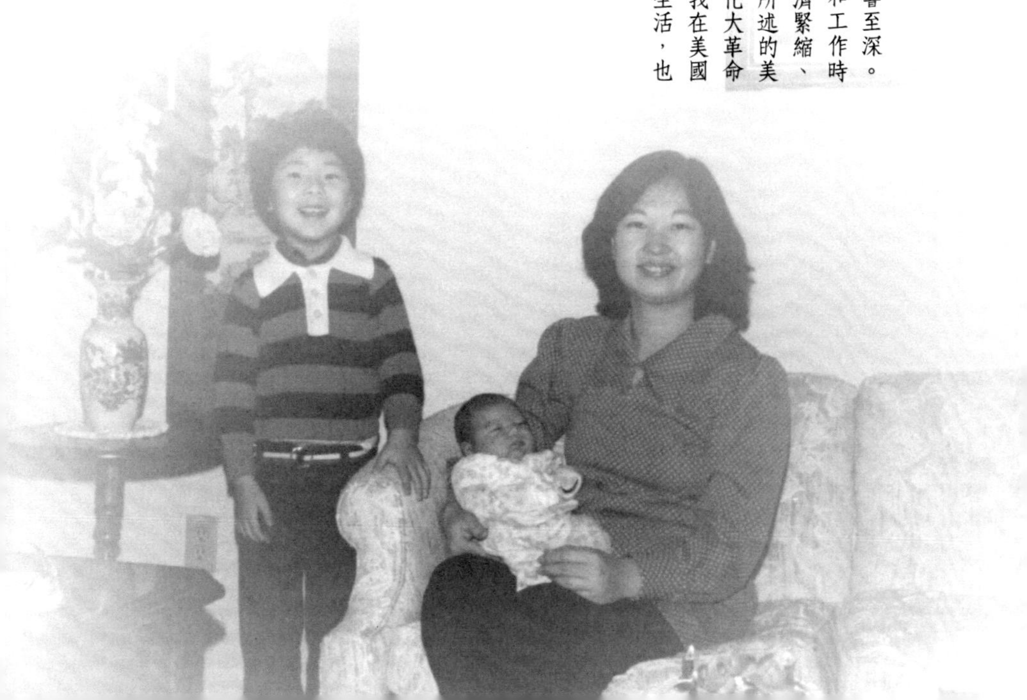

第四章　美國留學與生活（二十四至二十八歲，一九六八至一九七二年）

一、芝加哥大學歷史學位（二十四至二十六歲，一九六八至一九七〇年）

一九六八年九月十八日，我搭乘包機，乃由美國西部留學生組織，糾集當時欲由台灣赴美的留學生，向美國TWA航空公司包下一部飛機，從台北直飛舊金山，收費美金二百八十元，以當時匯率（一美元等於四十元新台幣）兌換，是新台幣一萬一千二百元。我到舊金山後，另轉搭美國國內航班，從舊金山到芝加哥，機票費用美金一百零五元，合新台幣四千二百元。故此行飛機旅費共美金三百八十五元，合新台幣一萬五千四百元。飛機於中午從台北市松山機場起飛，因時差之故，於同日（九月十八日）清晨抵達舊金山國際機場（Oakland International Airport）。抵達時，有美西加州中國同學會組團來接機。我則由台大化學系高班學長，也是我台北大直住家的鄰居，陳伯伯之子陳同學陪同，到他就讀的加州大學柏克萊分校（University of California at Berkeley）參觀，並遊覽在該校南面，以嬉皮（hippies）盛稱的電報街（Telegram Street），見到美國年輕人身披袈裟，坐地沈思，蔚為奇景。

同日深夜，我從舊金山轉接飛機，飛行四小時後，於九月十九日清晨六時左右，抵達芝加哥歐哈拉機場（O'Hara Airport）。一出機場，至今仍使我感謝不已的是，我日後的恩師錢存訓教授，親自開車來機場接我，將我送到預定的宿舍國際學舍，我萬分道謝後，便自去辦理住宿手續。

入住國際學舍（1414 E.59th Street）五樓單人房間五一四室，稍作休息並整理後，就有原台大校友，正就讀芝大同學數位陪我參觀校園。芝加哥大學於一八九二年建校，乃由美國著名的洛克斐勒家族（Rockefeller Family）出資興建，希冀日後成為中西部以研究院為主的大學，重視基礎科學；因此研究院與大學部學生比是三比一，亦無應用科技的農學院和工學院；倒是有非常著名的法學院、商學院及醫學院。果不負當初立校宗旨，日後在二十世紀，芝大名師輩出，尤其理學院之物理、化學、數學三系和社會科學院之經濟系是諾貝爾獎金得主的搖籃。芝大校園優美，以哥德式高聳尖塔建築著稱。此時初秋，校園碧草如茵，樹木高大挺立。我始恍然大悟，我竟來了一所美國「名校」，心中不勝惶恐，怕未來成績不盡理想。雖然我自幼唸書，按步就班，從小總是名列前茅。當年台大歷史系亦是以第一名考入。但如今到美國完全陌生的學校，要用英語上課，心中仍不免忐忑不安。

中午，回到國際學舍餐廳用餐。國際學舍是由洛克斐勒家族出資，在美國西岸加州大學柏克萊分校、中西部芝加哥大學、東部哥倫比亞大學三所名校，興建三棟宿舍專為來美的國際學生居住。

芝大國際學舍面對穿越校園，寬闊的中途公園大道（Midway Plaisance, 簡稱the Midway）。它是一棟座北朝南的長方形大樓，從南面正門入內後，門房櫃台迎面而來，有值班管理人員日夜負責收發信件、留言及各項雜務。大樓東邊數層樓是男生房間，大樓西邊數層樓是女生房間，一樓有交誼廳、餐廳、圖書室等公用空間。台灣來的芝大同學一部份住此，以第一年剛到的新生為主，亦有第二年以後繼續住此的。國際學舍因只有住房而無廚房，大部分中國同學選擇在外租賃民居，往往三、四人合租一戶公寓，其中客廳、廚房、浴室共用，各人有單獨臥房，房租較便宜，並可開伙做飯。

我們一行人進入國際學舍餐廳用餐，採自助餐方式。一入餐廳，迎面遇到亦於是日抵達，將在歷史系攻讀博士學位的邵玉銘同學，當時並未交談。次日，我至門房取信時，再次相遇，才彼此自我介紹。我在遠東語言文明學系（Department of Far Eastern Languages and Civilizations，簡稱遠東系）攻讀碩士學位，日後，因皆就讀人文學科，漸漸熟稔起來。那時在芝大就讀，來自台灣及香港的留學生，大都在理學院，以數學、

一九六八年十二月作者於芝大國際學舍。

物理、化學系人數最多；此外，政治系、社會系、心理系、商學院亦有台港學生，人文學院人數最少。我系上除我之外，還有一位今年台灣來的趙同學，以及從哈佛大學轉來的許同學，兩位都直攻博士學位。

芝大校園位於芝加哥市南端，海德公園（Hyde Park）區。南北從南五十五街到南六十一街，東西從南小屋林道（S. Cottage Grove）到南湖濱公園道（S. Lake Park）。一九六〇年代，黑人入住南六十三街，治安日益敗壞。南五十三街是商業街，有銀行、商店、電影院、餐館等，算是繁榮街道。芝大無校園圍牆，街道縱橫交錯，校內建築座落其間；晚間治安甚差，因此有校車免費搭載同學從圖書館、實驗室等處回宿舍。我抵達芝加哥之初數日，稍微熟悉校園環境，辦妥銀行開戶、領取支票等雜務後，就等新生訓練，秋季班開學了。

前已述及，芝加哥大學於一八九二年建校後，定位以研究院為主，研究院與大學部學生比是三比一。其發展有賴於二位卓越校長的領導，創校的哈波校長（William Rainey Harper, 1856-1906），任期是一八九二至一九〇六年，以及稍後全國著名的哈欽斯校長（Robert Maynard Hutchins, 1899-1977），任期是一九二九至一九五〇年。芝大自始即以研究卓越著稱，被稱為學術研究的修道院（Academic Monastery）。自創校以來，迄二〇〇一年，在全球約七百位諾貝爾獎金得主中，和芝大有淵源的教授、學生、研究員出身的佔七十三人，僅次於英國劍橋大學的七十七人。而諾貝爾經濟獎，自一九六九年設立以來，迄二〇〇一年，在總共四十九位得主中，已有二十二人來自芝大，僅一九九〇至二〇〇一年之十一年內，芝大即有六位經濟獎得主。[1] 我在攻讀二個碩士學位期間（一九六八至一九七四），校長是李維先生（Edward H. Levi, 1911-2000），任期亦是一九六八至一九七四年，其後他被福特總統（Gerald Rudolf Ford, 1913-2006）延攬，擔任美國聯邦政府司法部長。

美國大學學制，相當多元，有一年二學期（Semester），一年三學期（Tri-semester）一年四學季（Quarter）等不同制度。芝大採學季制，一年分秋、冬、春、夏四學季，一般以秋、冬、春三學季合稱為一學年。夏學季時間長短與其他三學季相同，每學季皆十週；唯一不同的是，夏學季開授課程很少，也算是芝大的暑期班。我在芝大參加完九月最後一週的新生「導引」（Orientation）後，第一學季，即於十月一日正式開學上課了。

我進入遠東語言文明學系，含中國、日本、韓國三個專業課程，該系後改名，為現今的東亞研究學系（Department of East Asian Studies，簡稱東亞系）。我在台灣申請獎學金，學費部份獲得全額，一學季九〇〇美元，一學年共二七〇〇美元。至於生活費，美國一年大學或研究生大約需要二〇〇〇美元。我在台灣填寫申請表時，因資訊貧乏，孤陋寡聞，又膽小心怯，只填寫申請九〇〇美元，其餘一一〇〇美元可由家中負擔。如此合計一年獎學金（學費和生活費），填寫申請三〇〇〇美元。芝大校方如數給予。當時我傻傻的以為，一年四一〇〇美元，我自動「降低」申請三〇〇〇美元，獲得機率較高。出國時，我父母和我自己積蓄，購買機票後，已無餘錢。因此，不足的一一〇〇美元是向一位初高中好友，亦於同年出國的張同學暫借的。一到美國，償還一一〇〇美元後，我立即面臨需要打工的困境。幸得芝大遠東圖書館館長錢存訓教授，給我在館裡擔任工讀生的機會，每週工作三個半天共十二小時，每小時工酬以當時最低工資一點七五美元計，每月可得工資九十美元左右，解決我第一學年三學季九個月的生活費，算來每月獎助金加上工讀工資，可有一百九十美元生活費。

我一到芝大，來自台灣的同學們獻策，我應嘗試再向遠東系申請生活補助。我去見當時系主任馬克科萊倫（Edwin McClellan）教授，他聽完我的請求，笑笑說：系上本年度獎助經費都已分配完畢，本年度沒有可能再給妳追加生活補助了。他又加一句：妳當初申請時，如果填足了申請一年生活費二〇〇〇美元，我們是會通過給妳的，因妳在台大大學部及研究所成績非常好。我聽了頗感失望，亦自責自己從來個性謹小慎微，不敢冒險，加上中國人「謙虛」的「美德」，此次是我自己誤了自己。好在，錢館長那兒我已謀得工讀生位置，打工所得可以撐過第一學年。

一九六八年十月一日，芝大秋季班正式開課後，我就開始了上課、坐圖書館和打工工讀的忙碌日子。而此時位於北美中西部的芝加哥城，已是秋季，天氣涼冷，早晚須穿風衣。每日忙完功課和工讀，當夕陽西下，在微冷薄暮中一個人從哈波紀念圖書館（Harper Memorial Library）獨自走回國際學舍時，思鄉情緒突然湧起，那是我一生中第一次感到茫茫人海的孤單和寂寞。我自幼住在家中，從未離開過父母身邊，一直到在台灣讀完兩年歷史研究所，年齡二十四歲時，才離家讀書。而這一次一離家就是萬重關山，千萬里外的異國，常常邊走邊落淚，感傷不已。在台灣時，少年不知愁，還愛詠嘆黃昏，什麼晚霞滿天，什麼夕陽無限好，但彼時心情雖惆悵卻是平靜的。而此時，卻是「落葉他鄉樹，寒燈獨夜人」。在高聳的哥德尖塔建築旁，挺立的榆樹與茂盛的灌木叢邊，一個人在寒燈下獨行，感覺上走了一世紀那麼長。因此，時至今日，我在秋季，一個人走在不管任何一所校園中，都會回想起當年那種初次離家，一人踽踽獨行的況味。好在一進入國際學舍，滿室溫馨，皆是負笈異鄉的外國學子，自助餐廳充滿了飯菜香味，我就立刻回神。是了，關山萬里，我是來此求取更高深知識學問的。又有幸進入此宏偉壯麗的知識殿堂，我應該感恩才是，感謝過去父母的撫育，師長的教誨，以及今日千難萬難爭取到就讀芝大的機會。晚餐後，回宿舍房間內，孤燈下，又開始另一段三更燈火五更雞的日子。日後回想，那真是我一生中，充實、辛苦，而永難忘懷的時光。

我在芝大遠東系讀書，第一學年讀了一九六八秋學季、一九六九冬學季、一九六九春學季。每學季全職學生須修三門課。第一學年九門課，我主要修的是一學年三學季連續課，「東亞文明史導論」（Introduction to Far Eastern Civilizations），由不同教授分別教課，分上古、中古、近代三段的中國、日本、韓國歷史與文明。修了一學季的「明清史」（Chinese History, 1368-1850），由何炳棣教授教課。此外，系上規定，每位同學要選一位教授為學術導師

芝大校園雪景。

（Advisor）。我自己在台大歷史研究所讀書時，已將未來研讀方向，放在中國近代史，即鴉片戰爭到清亡（一八四〇至一九一一年）之間的工業史方面。因此我請系上專研中國近代史的孔復禮（Philip Kuhn）教授為我的學術導師。在第一學年第三學季（一九六九春學季）時，我選了孔教授所開的「閱讀與研究」（Reading and Research），乃專題研究性質的課，為我將來撰寫碩士論文作準備。第一學年第四學季（一九六九夏學季）是暑假，我不必選課，但也沒閒著。為通過第二外語鑑定考試，我複習在大學時已修習過二年的法文，終於通過鑑定考試，完成碩士學位課業的另一項要求。

芝大遠東系，第二學年（一九六九秋學季、一九七〇冬學季、一九七〇春學季），我選了九門課。主要課有何炳棣教授開授的「明清史專題（一）」（Seminar of Ming and Ch'ing History, 1）一學季，孔復禮教授的「中國近代史專題（一）（二）」（Seminar of Modern Chinese History 1, 2）二學季。明史是我大學時代畢業論文的專長，清史和近代史是我台大史研所的專攻。

一九七二年作者於芝大已婚學生宿舍。

我在一九六八第一學年（一九六八至一九六九）結束時，成績不錯，系上又給了一年的獎學金，讀完一九六九第二學年（一九六九至一九七〇），可獲得歷史碩士學位。而一九六九年九月七日我與邵玉銘結婚後，面臨繼續攻讀歷史學博士學位，將來教書，或改讀其他專業，再拿一個碩士學位後，開始工作的抉擇。我先前塞翁失馬，第一學年因生活費獎助金之短缺而在遠東圖書館工讀，卻啟發了我對圖書館學這門專業的興趣。如果繼續攻讀歷史學博士學位，則須另花六年至八年時間。在芝大攻讀博士學位，其理學院之物理系，人文學院之各系，是有名的磨人科系，花費八年至十年時間，才能修成正果的大有人在。我反覆思量，決定放棄我自小堅持的歷史學專業，而轉到圖書館學專業，卻沒想到人生的轉折，機緣湊巧，或天意所定，卻開啟了我以後一生以圖書館學為事業的契機。

既已決定轉系，並在第二年第二學季（一九七〇冬學季），遠東系碩士學位課業要求已完成的情況下，利用剩下的一個學季（一九七〇春學季），選修遠東語言文明系和圖書館學研究院合開的「遠東圖書館學」學程（Far Eastern Librarianship）中，錢存訓教授所開授的二門課「中國目錄學」（Introduction to Chinese Bibliography）和「中國史學方法」（Chinese History and Bibliography）。同時撰寫遠東系碩士論文，在孔復禮教授指導下，完成「漠河金礦」（The Moho Gold Mines, 1885-1910），並於一九七〇春學季，從芝大遠東系畢業，獲得歷史學碩士學位。

總之，在遠東系所修課的心得與訓練，實有助我日後的研究與教學。美國大學自二十世紀初，即有漢學研究（Sinology）興起。迄一九五〇年代，中國大陸政局丕變，一批留學知識份子滯美不歸；其後，台灣又有赴美留學的文史學生於學成後僑居美國；故而人才濟濟，形成蓬勃的遠東研究風氣。一九六八年我去美國時，研究文史的中國學生（來自中共大陸以外地區，彼時大陸封閉，自外於世界民主國家，無留美學生）人數雖遠遜理工醫農科系同學，但人數亦蔚然可觀。此時一九五○年代留美的中國留學生皆已晉升至副教授或正教授。芝大當時著名的即有遠東語言文明學系錢存訓教授，歷史系何炳棣教授，以及政治系鄒讜教授。我自己即親炙錢、何二位教授的教導。

芝大遠東語言文明學系，美籍教授人才眾多，皆一時之選。美國於二次世界大戰後，因政治版圖之擴張與人文視野之增長，籌劃開辦諸所著名大學遠東學系。各大學遠東學系，原本目標在培育美國本國研究生對遠東各國語言與文明的瞭解，但為促進交流，亦招收中（台港等地）、日、韓留學生，共同學習，以提高學生互相觀摩、學習、研究二種以上語言和文明的機會。我在芝大遠東系第一學年，所修連續三學季的「東亞文明史導論」課，中國史部份，即聚集了美國老、中、青三代名師：顧立雅（Harrlee G. Creel, 1905-1994）、柯睿格（Edward A. Krack, Jr, 1908-1976）、孔復禮（Philip A. Kuhn, 1933-）三位。該課分三學季依序教東亞上古、中古、現代歷史和文明，涵蓋中、日、韓三國。所用教科書是費正清（John K. Fairbank, 1907-1991）與芮孝爾（Edwin O Reischauer, 1910-1990）二位教授編撰的《東亞文明：傳統與變革》（East Asia: Tradition and Transformation）。費正清曾任哈佛大學歷史系主任，早於一九六四年四月到台大歷史系二次舉辦座談會時，我都曾參加。我在台大大學部歷史系畢業，歷史研究所讀了二年，尚未完成碩士論文，即提前來美，因此以我歷史專業訓練，選修此課問題不大。最大困難還是語言問題。教科書以英文撰寫，中國史部份我無問題，但日、韓史部份對我則完全陌生。加以國內中國史教科書編寫和美國大學教科書編寫方式不盡相同。此教科書以東亞中、日、韓三國做為一個大歷史文明圈，並加入從人類學、考古學、社會學和經濟學角度對歷史做輔助的研究方法，呈現出來的史事、史觀和史論，與我之前所學並不相同；正因如此，選修此課補強了我研究歷史所欲採用輔助學科的研究方法。

第一學年一九六八秋學季，修習「明清史」，何炳棣教授教課。我在台大大學與研究所時，修習過明史和清史二門課，明清史基本史實，我已熟悉。但何教授的教課內容，卻使我受益良多。何教授從述說導言後，分別從政治制度、疆域變遷、經濟、社會、思想、文化方面分析討論，評析主要史料和近人著述，並重視學生上課發言討論。我第一學期上課，口說英語尚不流利，上課討論難免羞澀膽怯，幸虧我明清史的學術方面還有根底，因此得以在何教授有名的嚴格聲望下過關。不但幸運，也很感謝何教授替我開啟了探究歷史的新視野。因此，第二年，一九六九秋學季，我再選修何教授開授的「明清史專題」。我雖在台大歷史系學士論文〈明代南北兩京建置之經過〉撰寫過程中，翻讀過明太祖、成祖、宣宗三朝《實錄》，知道第一手史料的重要。而此次上課中，何教授特別強調第一手史料的重要，更使我相信，做歷史系學生，上天下地找資料，窮盡一切努力，並儘量追本溯源，找到史料源頭的重要。何教授在此課程中，訓練學生閱讀並運用明清史料，強調除了一般《明史》、《續文獻通考》、《清史稿》等史書外，必須核對上述諸書所引用的原始史料。他並舉例說明，上述書可供查檢核對者，明代歷史用歷朝《實錄》，明清人物傳記用《進士登科錄》、清代的《碑傳集》、晚明及清初的《進士三代履歷》、晚清的《進士同年齒錄》等最原始的史料；

同時，他也一再強調地方誌和家譜的重要性。[2]

在芝大遠東系時，已選定孔復禮教授為我的碩士論文指導教授，因此選了孔教授開授的一系列課程。第一年一九六八秋學季，選修「閱讀與研究」，一九六九冬學季及一九六九夏學季，選修「近代史專題研究（一）」及「近代史專題研究（二）」，目的皆在孔教授個別指導下，閱讀、收集資料、研探、討論近代史各方面議題，作為撰寫論文的準備。終於在一九七〇春學季，完成一篇英文論文 "The Moho Gold Mines, 1885-1910"（漠河金礦，一八八五至一九一〇）。[3]一九七〇年六月，戴上第一頂我追求已久的碩士帽，參加在芝大洛克斐洛教堂（Rockefeller Chapel）莊嚴的畢業典禮後，算是將我自小到大的歷史志業做一完美結束。此後即轉向另一專業：圖書館學，探索、追尋、發展去了。

二、芝加哥大學圖書館學位

（二十六至二十八歲，一九七〇至一九七二年）

前已述及，我於一九七〇年初，已決定一九七〇春學季獲得歷史學碩士學位後，不繼續攻讀歷史學博士學位。故於一九七〇春學季，提前修了錢存訓教授在遠東系和圖書館學研究院（Graduate Library School，GLS，簡稱圖研院）合開的二門課「中國目錄學」和「中國史學方法」，作為轉系的準備。一九七〇春學季一結束，我就在一九七〇夏學季，轉入圖研院，該學季即繼續修課，開始攻讀我第二個碩士學位了。錢存訓教授開授的「中國目錄學」，採用圖書館學的研究方法，結合中國目錄學的內容，分成十個講題授課。他的「中國史學方法」，著重在探討史部資料以及對傳統史部重要著作及參考工具書的介紹與研讀。[4]

一九七〇夏學季，我未休息，繼續在遠東圖書館工讀，並正式成為圖研院碩士班學生。我獲得一九七〇學年度一年（一九七〇至一九七一）免學費獎學金，但未獲生活費補助獎金。芝大圖研院很少給學生任何獎學金，我能獲得免學費獎學金，已屬非常幸運。因此我在遠東圖書館的工作時數由每週十二小時增至二十小時，薪資稍增，收入所得可以維持日常生活開銷了。

美國圖書館學開始在大學中設為專業學院（Professional School），始自一八七六年，設立於哥倫比亞學院（Columbia College）的「圖書館學校」（Library School），後轉變成哥倫比亞大學（Columbia University）圖書館學研究院。芝加哥大學則自一九二

一九七〇年六月作者於芝大歷史學碩士學位畢業典禮日。

一九七〇年六月作者於芝大教堂。

九年開始成立圖書館學研究院（GLS，圖研院），並開始成立博士班，是全美第一個圖書館學博士班。哥大圖書館學研究院以探討實務見長，芝大圖書館學研究院以研究理論著稱，兩研院各領風騷數十年，不幸於一九九〇年代，資訊科技衝擊下，兩校的圖書館學研究院都不願與校內其他科系整併，宣佈光榮退場。芝大圖書館學研究院於一九九三年停止招生，正式宣佈功成解散。

我從本校轉系進入圖研院，依規定承認先前遠東系某些課，可以抵免圖研院若干學分。我因恐一九七〇這一學年後無獎學金，故儘快修滿必修與必選學分。我必修課一共修了八門，包括「圖書館資料組織評估與應用」一系列（一般總論、人文學、社會科學、自然科學與技術）四門課；另外四門課是：「西洋圖書館史」、「西洋印刷史」、「圖書館與社會」、「電腦程式」。加上我選擇「遠東圖書館學程」作為我的專攻，已修過錢存訓教授在遠東系和圖研院合開的二門課「中國目錄學」和「中國史學方法」，可以算作圖研院的二門課。此後再加上選修錢存訓教授開授的「中國印刷史專題研究」（History of Chinese Printing Seminar）和「論文寫作」（Thesis Writing），一共十二門課，完成碩士學位三十六學分的修課要求。當時芝大圖研院經美國圖書館學會（ＡＬＡ）評等，在全美所有被認可的（accredited）圖書館學研究院中，排名第一，其碩士班的要求特別嚴格。除了比照其他大學圖研院，修滿三十六學分課程即完成學位要求外，另外學生要通過「綜合學科筆試」（Comprehensive Exam），並撰寫一篇碩士論文（M.A. Thesis）。我在一九七〇學年一年免學費獎學金用完前，一九七一春學季將十二門課三十六學分的修課要求完成了。

我因獎金獲得不易，儘速修畢圖研院選課要求。為準備範圍大而難度高的綜合學科筆試，自一九七一秋學季起，不再註冊，仍在圖書館工作二十小時。我因於一九七〇春學季獲得歷史學碩士學位，故自一九七〇夏學季起，工作身分已由工讀生成為圖書館助理，處理中文圖書分類編目，薪水稍豐，每週二十小時收入，可以維持最簡樸的學生生活。我一面工作，一面在圖研院旁聽。在獲得授課教授同意下，旁聽自修未選過的課，自己準備綜合學科筆試。通過筆試後，即開始撰寫論文。我因有歷史學訓練，清史是我專長，乃決定跟隨錢存訓教授寫論文。一九七四年秋學季結束時，完成並通過我碩士論文，名為"The Imperial Printing of Early Ch'ing China, 1644-1805"（清盛世皇室印刷，一六四四至一八〇五）。[5]一九七四年十二月，獲得我第二個碩士學位：圖書館學碩士。

三、芝加哥市生活

（二十四至二十八歲，一九六八至一九七二年）

芝加哥市位於美國伊利諾州庫克郡（Cook County, Illinois），密西根湖左岸，是一南北狹長濱湖城市，美國第三大城。建城於一八三三年，不幸於一八七一年一場大火，焚燬全城三分之一房屋。因禍得福，大火後重建的城市，建築各具特色，從此芝加哥市以街道整齊，建築現代著稱，不少棟名樓華廈，成為地標。一九七四年建成的威力斯塔樓（Willis Tower），樓高一一〇層，是當時西方世界第一高樓，著名百貨公司希爾斯（Sears）在此樓中。芝城最美的是沿著密西根湖的湖濱大道（Lake Shore Drive），縱貫芝城南北，春夏佳日馳車於湖濱大道上，一路可見青蔥翠綠的公園，更遠處是白帆點點的私人豪華遊艇。著名的博物館有費爾德自然科學博物館（Field Museum），芝加哥藝術學院博物館（Chicago Arts Institute Museum），科學與工藝博物館（Science and Technology Museum）。藝文表演有歌劇院（Opera House），管弦樂廳（Orchestra Hall），而芝加哥交響樂團（Chicago Symphony Orchestra）更是全國馳名。我在週休二日的週末，除了在宿舍及圖書館苦讀外，亦常與同學友人開車走訪上述博物館，湖濱公園，或觀賞電影、音樂、芭蕾舞劇。俄國波夏（Bolshoi）芭蕾舞團台柱魯道夫・紐瑞耶夫（Rudolf Nureyev, 1938-1993）當綱演出的「天鵝湖」舞劇，以及瓊安・貝絲（Joan Baez, 1941-）芝城的現場演唱，即是我觀賞的藝術表演中極為有名的。

芝加哥市中心區的伊州路（State Street）上，有從北向南一系列大型百貨公司。馬歇爾・費爾德公司（Marshall Field's），卡森・皮瑞・司考脫公司（Carson Pirie Scott），希爾斯公司（Sears），金布來公司（Goldblatt's），是當年的有名公司。而今有些已轉手歇業。這些百貨公司皆樓高十數層，當感恩節、聖誕節，或其他節慶時候，有相當好的折扣商品，對我們這些來自台灣的留學生，經濟不寬裕，但又相當喜愛穿著，不願落伍的女孩們而言，真是購物天堂。一九六八年九月，我出國時，台灣尚穿單衣，到芝城時，早晚已須穿風衣了。我從台灣帶去的冬大衣只能算是初秋大衣，因此我趁感恩節後，百貨公司大折扣促銷期間，買足了可以禦寒的厚重大衣、手套、圍巾、帽子，等待嚴冬酷寒的到來。芝城緯度與中國東北哈爾濱市相同。生長於亞熱帶的我，倒也能適應。因為冬天室內暖氣充足，只需穿著春秋薄衣，出外時才穿上厚重大衣禦寒即可。

至於食物，國際學舍有自助餐廳，提供每日三餐，久了，不免乏味。芝大所在海德公園區沒有什麼好的外國餐館，離芝大半小時車程的中國城（Chinatown）是清一色美式廣東餐館，只有少數其他四川、北方等口味的餐館，味道都不道地。比較好的一家餐館叫龍園，在芝城西南，要開車一小時左右，而價位亦高。我從不挑食，亦不嘴饞，因此每天吃美國食物，宿舍伙食，亦不在意。因為我清楚，我來此目的是為求更高學位和更深學問，必須抱著拼命的精神苦讀。

芝大附近並無小酒館之類的聊天場所，唯一所有芝大學生都知道的一家，位在東五十七街上的吉米酒館（Jimmy's），以賣啤酒為主。學生週末夜晚在此聚集，談天說地，議論學問，點的是德國式大杯啤酒，配上免費奉送的帶殼花生。我們來自台灣的留學生在此聚會，男男女女圍坐一大桌，好不熱鬧。我自己酒量不好，啤酒淺嚐即止，花生卻吃了不少。大家酒酣耳熱時，手足舞蹈；思鄉情緒時，悶聲不語；高談闊論時，興高采烈；還真能表現出留學學子的多種面貌。

一九六〇年代，美國國內外政局緊張。國內是民權運動年代，金恩牧師（Martin Luther King, Jr., 1929-1968）倡議黑人民權，黑白同校等議題，一九六三年八月發表〈我有一個夢〉（I have a dream）演講，強調人人生而平等。一九六三年底，十一月二十二日，美國總統甘迺迪（John F. Kennedy, 1917-1963）被暗殺，震驚了全世界。在國外，美國陷入越南戰爭泥沼，年輕世代反越戰、反傳統、反權威，蔚然成風。我於一九六八年九月十九日抵達芝城時，已被該年八月二十六至二十九日，美國民主黨全國大會（Democratic National Convention），於芝城國際圓形劇場（International Amphitheatre）舉行時，民眾運動在格蘭特公園（Grant Park）激烈狀況的報導所震懾，上了美式民主的第一課。秋季開學後，我上「東亞文明史導論」課，進行中國上古史講述，任課教授在秋學季季末考試，有一道考題是（考題是英文，大意如下）：「試以中國先秦諸子思想闡釋格蘭特公園民眾運動，並述評當時芝加哥市長戴利先生（Richard J. Daley）的因應處置是否得當。」幸虧我當時知道此一時事，並讀過相關新聞報導，不然，還真不知如何作答了。

一九六八秋學季，我忙於上課和工讀，焦頭爛額之際，又親身經歷芝大校園民主改革風潮。當時美國各大學校園內學生以各種不同學生運動方式進行民主改革，各校當局採取不同因應策略。有些大學採高壓手段，員警引進校園鎮壓；有些大學採懷柔安撫策略，與學生進行理性談判；有些大學採淡化處理方式，任學生運動自生自滅。從美國西海岸到東海岸，各大學所採取應付學生要求改革風潮的做法，不盡相同。芝大校園一向以民主開放著稱，一九六八年秋冬之際，倡議改革開放的激進學生，「進駐」（sit-in）學校行政大樓，芝大當局採淡化與理性談判兩種方法，並不驅散學生，任其進駐，但必須「靜坐」，採取維護校園秩序，繼續上課研究的作法。因芝大課業繁重，又值校園積雪，天寒地凍，「進駐」的學生終於自動撤離行政大樓。芝大學生運動在校方理性冷靜處理下，和平收場了。當然，事後校方還是依校規懲處了少數幾位激進份子。[6]

一九六〇年代，是嬉皮流行的年代，美國加州氣候暖和，亞洲文化影響又大，為嬉皮流行並聚集的大本營。他們嚮往東方宗教的禪修打坐，美國印地安原住民的風俗習尚，又受反越戰，倡議黑白種族平等民權運動的影響，頭戴花朵倡導愛與和平。當時興起一批民歌手，如瓊安•貝絲等，唱民歌和反越戰歌。我出國前，在國內時，雖非西洋流行歌迷，但因讀台大之大學部及研究所六年中，在舞會上和日常收音機中，亦熟知不少熱門歌曲或流行音樂。而一到美國，首先接觸到瓊安•

貝絲的，次又接觸到彼得、保羅與瑪麗（Peter, Paul and Mary）等歌手的民歌，深為喜愛。而瓊安・貝絲低沈嗓音唱出的歌聲，在我初次離家，獨自一人在芝大苦讀，困坐秋風蕭瑟和冰雪凍封的芝城，非常撫慰我孤寂、疲累、思鄉的異國遊子心靈。

一九六九年，尼克森（Richard Milhous Nixon, 1913-1994），就任美國總統，年輕人仍高舉反越戰與愛和平的旗幟。校園改革，進駐校舍仍在全美各地校園進行，連首屈一指的哈佛大學的校園，也捲進了進駐風潮。嬉皮們也繼續倡議他們的主張，一九六九年夏天八月十五至十七日，高喊愛與和平的音樂會在紐約州的烏茲塔克（Woodstock，或譯胡士托）地方舉行，這場大型戶外音樂會，事後被作風前衛的年輕人傳頌不已。

而我本人，至今仍存留瓊安・貝絲，以及彼得、保羅與瑪麗等人灌唱的黑膠唱片。每當瓊安・貝絲低沈渾厚又略帶滄桑的嗓音唱著「千萬哩長」（Ten Thousand Miles），「再見，安吉麗娜」（Farewell, Angelina），「我的試煉」（All My Trials），「野木花」（Wildwood Flower），「多娜，多娜」（Donna, Donna）等歌曲時，我的心即飛回那遙遠又冰冷的北國嚴冬，望著窗外厚厚積雪，坐在有暖氣的室內桌前，捧讀一本本厚重的教科書，那充實、忙亂又孤寂的留學生涯，我仍會情緒波動，思潮洶湧，心情激盪。

「多娜，多娜」歌曲，慨嘆一頭被農場主人載赴市場出售，面對被屠宰命運的牛犢，無助的哀鳴，途中羨慕燕子的自由飛翔。主人安慰牛犢而發出慨嘆話語，但牛犢仍至死不悟，因為沒有翅膀無法自由飛翔而遭屠宰命運，牠何罪之有？[7]

日後當我年歲日長，經歷或見聞人世間種種不平待遇，有時會感嘆，命運是多麼的不能掌握。而許多不公不義的事，也沒什麼道理可講。消極無奈的人將遺憾還諸天地，積極憤怒的人起而反抗。然而，人的力量畢竟渺小，與待出售和待屠宰的牛犢，命運又有何異？

瓊安・貝絲所唱「再見，安吉麗娜」是鮑伯・迪倫（Bob Dylan）所作反戰歌曲，描繪當時年輕人遠赴戰場與愛人訣別時心情，聽了真叫天下有情人為之淚流滿襟。[8] 而同時，彼得、保羅與瑪麗的反戰爭歌曲，如「殘酷的戰爭」（Cruel War），「花落何方」（Where Have All the Flowers Gone），「你的土地」（The Land is Your Land），「風中消息」（Blowing in the wind）等，亦深受我喜愛。「花落何方」，由彼特・席格（Pete Seeger, 1919- ）作詞並作曲，哀怨歌詞中道出年輕人要問當政者：戰爭目的何在？犧牲的寶貴生命換得了什麼？什麼時候當政者才能學得教訓？[9]

彼得、保羅與瑪麗的「離家五百哩」（Five Hundred Miles）歌聲響起，我總憶起遠在台灣的家人。我豈止是離家五百哩，我是橫跨了半個地球，才來到芝城求學。還真是「關山難越，誰悲失路之人。萍水相逢，盡是他鄉之客。」芝大的中國同學們，萬里關山，雖彼此關懷互助，渡過春花秋月，夏暑冬寒，但哪抵得上家鄉父母兄弟姊妹的親情。有時還真有放棄一切，不如歸去的衝動。

當然在大學時代，舞會所流行的一些西洋歌曲，如貓王艾維斯・普列斯來（Elvis Presley）的「鐵漢柔情」（Love Me Tender）；安迪・威廉斯（Andy Williams）的「月河」（Moon River）；佩姬・佩蒂（Page Patti）的「我參加了你的婚禮」（I Went to Your Wedding）；山姆・庫克（Sam Cooke）的「田納西華爾茲」（Tennessee Waltz）等曲，我仍深深喜愛。因為那些風花雪月的曲子，在台灣使我們這群天之嬌子嬌女的大學生，安定下長大的少男少女，皆對課業外的「戀愛學分」頗為嚮往。我本人一進大學至大四畢業，雖亦有追求的仰慕者，我一直以課業為重，只想做一個用功的文史學生。然而，在休閒、郊遊、舞會中，閒適浪漫的氣氛中，也未嘗沒有動心過。但理智蓋過感性，感動與激情總是如曇花一現，終未能花費時間修那「戀愛學分」。但是，那些歌曲，在鬱悶和辛苦的留學生涯中，卻成了逃避的樂園。當樂聲響起，心境會回到當年曾有的小小波瀾與情愫裡，也會為曾有的一些浪漫情緒，陷入回憶的甜蜜與惆悵中。

戰爭的悲劇，政治的紛擾，是人類永遠學不到教訓的課題。美國如此，而中國大陸此時正掀起一場文化大革命的血雨腥風。我自小在台灣生長，教科書或新聞媒體裡有不少反共抗俄的教條和消息。中學時北一女週會課也有關於公民與道德、國際時事、大陸「匪」情的演講報告。大學時也有軍訓課程講述大陸政治情況。記憶中，大陸各種運動，一九四九年解放後的整肅和清算鬥爭，其後一九五一年三反運動，反對貪汙、浪費和官僚主義。一九五五年清算胡風，一九五七年反右運動，在台大時候，亦由軍訓課教官講授過。我雖熟背教材，高分過關，但皆抱著應付功課的心態，未真正思考過這些政治課程的意義。直到出國，到了美國，在我認為學術自由而無政治干擾的情況下，才真正瞭解到，當年在台灣時，中學和大學課程所述及的大陸政情發展和運動，百分八十以上是真的事實。只不過在台灣高度政治氛圍，「反共抗俄」的口號包裝下，反而使我們中學生和大學生認為那些都是誇大的政治宣傳。

一九六八年秋天，我到美國，從媒體閱讀到有關大陸文化大革命的報導。我是歷史系專業出身，對歷史多少有比較正確的認知和判斷。但當時美國學界和中國留學生，不知是由於對中文的隔閡，或是希望中國強大的一廂情願，不少中美人士興奮的附和中共的宣傳。不少台灣出去的留學生，在台灣的黨國一元政治思維教育下，從一個政治框框跳進另一個政治框框中。他們認為中共文化大革命會給中國人民強大站起來的希望。《毛澤東語錄》紅小書表示東方昇起的太陽；「東方紅」歌曲，「白毛女」等樣板戲在美國大學中傳唱放映，蔚為一時風尚。以往，所謂「中國」留學生是指來自台灣、港澳、東南亞及其他地區的華人同學，尚無中共大陸來美的學生；也不分彼此。一九七一年，保衛釣魚台運動興起後，美國大學校園中的「中國」同學們才開始分成不同的政治信仰小群體。

在台灣，我來自一個，套句中共術語「根正苗紅」的國民黨軍人家庭。因我家只有三姊妹，沒有男孩，父親雖是科班出身的正統軍官，家中母親及我們三姊妹，只有傳統的四維八德與倫常觀念，卻無強烈的政治思維與政黨傾向。父親是忠貞的國民黨員，但我們三姊妹皆未曾入黨，對政治無濃厚興趣。我自小喜愛文史，只想做一個研究文史的讀書人，即使在台灣單一的黨國思想教育下，我也從未感到政治力量對我的影響。而此時，在芝大中國同學中，因中共文化大革命和台灣保釣運動的影響下，開始分成小群體時，我並未積極參加任何一方。我自然只是一個單純來自台灣的中國留學生。但由於研讀歷史，多少對中共文化大革命的面貌有較清晰而理性的認識，而未隨著那些開始研讀馬克斯主義，捧讀小紅書的同學起舞。

終於，在居住芝城四年中，我獲得了第一個碩士學位（一九七〇年春，歷史學碩士），並修完了第二個碩士學位（圖書館學）的必修課程（一九七〇至一九七二）。一九七二年秋至一九七三年春，我隨當時外子邵玉銘離開芝加哥大學，到美國南方南卡州一年，繼之於一九七三年秋，到印州南灣城長住，一九七四年冬，寫完論文，獲得芝加哥大學圖書館學碩士學位。

一九七二年作者於芝加哥市政廳Picasso雕塑。

一九七二年作者於芝大已婚學生宿舍。

註

1 《讀史閱世六十年》，何炳棣著。台北：允晨，民國九三（二〇〇四）。香港商務印書館，二〇〇四授權在台灣地區發行。頁三三八。

2 同前註，頁三六四至三六五。

3 我一九七〇年芝大遠東系碩士論文，一九八四年改寫潤色後，發表成期刊論文（英文）：Lu, Shiow-jyu, "The Moho Gold Mines, 1885-1910."《師大歷史學報》第一二期（台北：國立台灣師範大學歷史學系，民國七三年六月），頁三一五至三六一。

4 盧秀菊，「錢存訓先生的學術與事業成就——兼憶我的芝大求學歲月」，在《南山論學集——錢存訓先生九五生日紀念》（北京：北京圖書館出版社，二〇〇六年五月），頁一六三至一六四。

5 我一九七四年芝大圖書館研究院碩士論文，一九八三年改寫潤色後，出版成書（英文）：Shaw, Shiow-jyu Lu. *The Imperial Printing of Early Ch'ing China, 1644-1805* San Francisco, Taipei: Chinese Materials Center, 1983. 88 pages.

6 *The Core: College Magazine of the University of Chicago, Supplement to the January 2010 University of Chicago Magazine*, pp.22-27.

"Which Side Are You On?" In *The Maroon*, January 31,1969 issue, cover essay, "400 Students Occupy Ad Bldg!"

7 "Donna Donna" 歌詞如下（摘錄）：

"Stop complaining," said the farmer,
"Who told you a calf to be
Why don't you have wings to fly with
Like the swallow so proud and free?"
Calves are easily bound and slaughtered
Never knowing the reason why
But whoever treasures freedom
Like the swallow has learned to fly

8 "Farewell, Angelina" 歌詞如下（摘錄）：

Farewell, Angelina

The bells of the crown
Are being stolen by bandits
I must follow the sound.
The triangle tingles
and the trumpets play slow.
Farewell, Angelina
the sky is on fire
and I must go.

9 "Where have all the flowers gone?" 歌詞如下（摘錄）：

Where have all the soldiers gone?
Long time passing
Where have all the soldiers gone?
Long time ago
Where have all the soldiers gone?
Gone to graveyards every one

第五章　美國工作與生活（二十八至三十八歲，一九七二至一九八二年）

一、南卡州生活與工作
（二十八至二十九歲，一九七二至一九七三年）

一九七二年秋，我們夫妻二人獎學金都已用完，也都在撰寫論文階段，必須自己另謀生活費用。當時外子邵玉銘在一九六八年來芝加哥讀博士學位前，曾在南卡州（South Carolina）新伯理學院（Newberry College）教書一年，得校長之助申請到讀芝大的第一年教育貸款，有義務回去教書一年。一九七二學年度上下二學季，他全職教書，我則在該校圖書館工作了幾個月。

南卡州是美國最南（Deep South）五州之一。早年林肯總統（Abraham Lincoln, 1809-1965）解放黑奴的南北戰爭（1861-1865）時的反對州之一。南卡州氣候宜人，民風純樸保守，首府是哥倫比亞市（Columbia）。我們在一鄉村，名小山村（Little Mountain），租賃房屋，當年小山村居民僅二百四十二人，離學校所在新伯理市（Newberry）開車須三十分鐘車程。我們租屋是一處別墅式公寓，密得拉花園（Mii-Dera Garden），在一片茂密樹林中，環繞著兩個相連的小池塘。我們住其中一棟之一樓，落地門窗面對小池塘和樹林，風景美麗，屋內一客廳和一臥房外，廚房、浴廁俱全。住了四個月後，一九七三年一月搬到新伯理市一處拖車區（Trailer Lot），在一公園內，林木茂盛，離學校較近。我們租賃的拖車也是一客廳和一臥房外，廚房、浴廁俱全，與一般房屋無別，只是外型很像一個長方形的大貨櫃。南卡州政治和社會氣氛與芝加哥市迥異，我們住的新伯理小城乃純白人城市，很安靜和諧。我們除了教書做事寫論文外，因年輕又無子女，週末假期開車遊遍南卡州的大小城鎮。週末還備有魚竿，去各處湖邊釣魚。這樣緩慢的生活步調，真大大異於芝加哥城的忙碌、嘈雜和黑人犯罪問題下的緊張生活。一九七三年五月學校結束，我們又回到芝加哥城，繼續蒐集資料撰寫論文。

一九七三年一月，我們開車從南卡州到路易斯安那州（Louisiana）的新奧爾良城（New Orleans）參加美國歷史學會（AHA）年會。在學會中，學人聚集，已成名學者忙於討論、演講、發表論文；年輕學人則忙於拜見偶像學者，尋找研究或教書工作；還真是一場學術大拜拜。當時外子經半年申請，終於獲得位於印地安那州（Indiana）南灣市（South Bend）聖母大學（University of Notre Dame）的聘請。自一九七三年秋，到這有著美麗校園的天主教大學任教，一直到一九八二年底，回國服務為止。

一九七三年五月，離開南卡州新伯理學院，到九月赴聖母大學任教之前，我們又回到了芝加哥，兩人皆積極收集資料，撰寫論文。暑假中，因芝大錢存訓教授推薦，我到芝城著名的費爾德自然科學博物館打工。因該博物館雖以收藏恐龍化石、木乃伊等古代生物和古代文物著稱，卻因緣際會的受贈了一批民國初年一位美國富豪家族在中國大陸收集的碑文拓片，需人整理。我因有歷史和圖書館二學科訓練，便整理這批拓片。當時薪水非常豐厚，週薪二百五十美元，但一九七三年九月，為了家庭，辭去工作，到了聖母大學的南灣市定居。

Mii-dera Garden, Little Mountain, SC，一九七二年租屋。

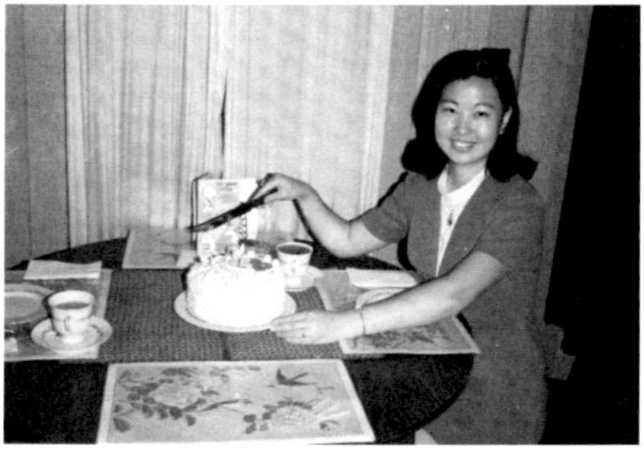

Trailer, Newberry, SC，一九七三年租屋。

二、印州南灣市生活與工作

（二十九至三十一歲，一九七二至一九七五年）

印州南灣市是大學城，非常典型的中產階級和專業人士聚集的美國中西部（Midwest）城市。工作機會較大都市芝加哥少得多，圖書館工作職缺更是少之又少。我一時之間傳閒在家，就專心寫我的碩士論文。一九七四年三月至六月，聖母大學圖書館出了一個臨時代理工作，是類似專業（paraprofessional）西文圖書編目員職位，我便做了四個月。後因此份工作期滿，我又懷孕，將於九月分娩，便安心在家寫論文。為寫論文，我有時通勤，從印州南灣市搭火車（South Shore Rail）回芝大圖書館收集資料，來回四小時車程，因有孕在身，非常勞累辛苦。

一九七四年九月五日，小兒邵漢儀出生。初為人母，忙得人仰馬翻。當時論文尚未寫完，又忙著寫論文，就在奶瓶及尿片，成堆的圖書及筆記之間，終於寫完我的論文。一九七四年十二月秋學季，獲得我第二個碩士學位：芝大圖書館學碩士。回顧來美六年（一九六八至一九七四），獲得了二個碩士學位，一個家庭，一個愛兒，雖可堪告慰，未浪費光陰。然而，我自小執意追求的歷史專業，博士學位卻永遠放棄了。這個遺憾，一方面是我自己未能堅持，另一方面也出於當時個人際遇，不得不有的妥協。幸而，我以後在圖書館專業的發展尚佳，這人生小小缺憾，沒有博士學位，我也就釋懷了。

印州南灣市，當時人口僅十三萬。風景美麗，民風淳厚。聖母大學校園內有二個很美麗的小湖，校園碧草如茵，綠樹聳天。但南灣城緯度高，位在密西根湖東邊，冬季自西北方吹來的寒風挾帶充沛積雪覆蓋整個大地，從銀色聖誕節後一直到翌年四月初，地上冰雪才會解凍融化。在這緯度和東北哈爾濱相同，四季分明的南灣城一住九年半，也算是人生一段特別經驗吧。

由於當時外子的芝大博士論文尚未寫完，聖母大學雖以助理教授起聘任教，但薪水微薄，支撐一家三口生活，捉襟見肘。我乃於漢兒出生後次（一九七五）年，在聖母大學註冊組謀得一份職員（staff）工作。此時我雖已有圖書館學碩士，奈何南灣小鎮，圖書館工作有限，暫無正式職缺。職員工作做了一年，薪水微薄，還要付漢兒整天保姆費用，所餘不多。但我不以為苦，希望暫時騎馬找馬。終於在一九七六年以碩士學位找到了正式圖書館員工作。而前一年，一九七五春學季，外子終於在漢兒出生後第二年，利用教書之餘，寫完論文，獲得他芝加哥大學歷史學博士學位。

回顧來美，當時外子歷經十年歲月（一九六五至一九七五）才獲得博士學位。我自己一九六八年來美，到一九七四年，歷經六年才獲得二個碩士學位（歷史學與圖書館學）。這其中過往，真是經歷豐富，一言難盡，備嘗艱難。這也是我們那個世代，讀文科的留美學生的一般情況。

當我在美國忙於撰寫論文，並懷孕生漢兒時，台灣父母也漸漸身體衰弱，步入老年了。母親於一九七四年得直腸癌開刀，幸得割除，但仍須做化療，預後如何，是否能完全康復，醫生亦不敢十分肯定。一九七五年春學季，因外子論文已經完成，博士學位已拿到手，我乃於參加他畢業典禮後，於六月中旬，回台灣探望母親，攜帶九個月大的漢兒同行。為了節省機票旅費，選用最便宜的大韓航空，從南灣市經韓國首都漢城（今改名首爾）返回台灣。

一九七五年六月中旬到八月底，在台灣住了兩個半月。此次離我上次返台已有三年之久。一九七五年回國前不久，值老蔣總統中正先生於四月逝世，我回台灣從電視中看到了許多相關報導。那時，政府與百姓皆追念他將台灣從大陸撤退的挫折中走出，帶領人民邁向欣欣向榮與經濟起飛的前景。我因漢兒才九個月大，時值台灣溽暑，他水土不服，總在生病，在台倍感辛苦。但能與父母與二位妹妹相聚，心中感到欣慰。然而，母親剛動大手術後，將來預後，誰也不能肯定，與父母相聚，心中總百感交集，不能安心。自幼我被父母呵護備至，如今父母年邁，我卻身居海外，無法親自侍奉，才真正感到，人生有時真是身如飄萍，不能自主。此時已做人母，更感受到撫育子女不易，親恩深厚。在台灣停留二個半月，在惆悵中，又攜帶漢兒回美國僑居去了。

一九七五年，邵玉銘獲芝加哥大學博士學位。

三、印州南灣市圖書館工作

（三十二至三十八歲，一九七六至一九八二年）

我自一九七六年進入印州南灣市公共圖書館（SouthBend Public Library, SBPL，簡稱南灣市圖），迄一九八二年底回台灣，自公眾服務部參考服務員做到技術服務部副主任，擔任正式圖書館員工作六年多。

南灣市是一大學城。除著名的聖母大學外，尚有聖馬利女子學院（St Mary's College），印州大學南灣分校（Indiana University at South Bend, IUSB）等大專院校，皆有其圖書館。南灣市圖（SBPL）隸屬印州公共圖書館系統，由州圖書館（State Library）統轄。南灣市圖，當時有總館一所，分館五所，服務全市約十三萬市民。印州公共圖書館系統，與其他各州相同，有一州圖書館，受州憲法規制，統轄其下所有的郡（county）、市（city）、鎮（town）、鄉（rural town）各行政層級的圖書館。美國公共圖書館規章，各州不盡相同，由各州教育法規規範之。因此南灣市圖與南灣市學校系統關係密切，薪資福利比照公家單位，退休時亦可享受公務人員退休基金（Public Employee's Retirement Fund, PERF）的退休金與福利。

我於一九七六年九月受聘任起，即以專業（Professional）圖書館員三級（Librarian III）資格起聘。因當時南灣市圖尚無全職（full-time）缺額，以半職（part-time）職位聘用。我此時已有一子漢兒，年僅二歲，做半職每週三天二十小時，頗合乎我的需求。依規定，我將芝加哥大學圖書館學碩士畢業證書，寄到印州圖書館證照所（Indiana Library Certificate Board），經審核查驗，不須經任何考試，即獲得圖書館員三級的證照；有此證照，公共圖書館才能聘用我。南灣市各圖書館職位很少出缺，我能獲得圖書館專業工作，雖是半職，亦屬不易，我個人很感幸運。我以參考服務員職位受聘，任職位在市中心總館的參考服務部門下之歷史旅遊及族譜組。美國圖書館專業參考服務員之任用資格，包含一個圖書館學碩士學位，外加一門學科的學士學位或碩士學位。我因有二個碩士學位，符合上述要求。

南灣市圖總館（Main Library）最早於一八九六年成立開館，是一棟古樸城堡式建築。一九六〇年遷新址改建，是一棟長方形地上三層地下一層的新建築物。我於一九七六年至一九八二年工作，即在此一棟建築中。我離職回台灣後，到一九八九年，因館舍不敷使用，在原址改建新館，並改制升級為聖約瑟郡公共圖書館（St. Joseph County Public Library），於一九九

SBPL南灣市公共圖書館。

〇年重新開館，服務十七萬聖約瑟郡民眾。據網上資料（二〇一〇年查），改制升級後的新圖書館擴增至一總館九分館。過去十一年間（一九九八至二〇〇九），在全美十萬至二十五萬人口轄區的公共圖書館中，有九年排名在前十名之內（Top Ten），可見其營運績效卓著。在一九七六年九月我受聘任時，館長是法藍西斯（Roger B. Francis）先生，是一年長勤奮的謙謙君子，年屆退休。一九七七年十一月由年輕企圖心旺盛的拿坡理（Donald J. Napoli）先生接任館長。拿坡理館長在來館之前，服務於馬利蘭州巴爾的摩郡公共圖書館（Baltimore County Public Library, Maryland，簡稱BCPL，巴郡公圖），擔任分館主任。一九七〇年代以來，在美國公共圖書館中，巴郡公圖赫赫有名。乃因一九七三年全球石油危機後，美國許多州政府財政困難，公共圖書館經費受到衝擊，告別一九六〇年代美國公共圖書館館藏和經費充裕的黃金歲月。為求在財政困難中，維持良好服務，巴郡公圖羅賓遜（Charles W. Robinson）館長提出公共圖書館館藏要積極配合民眾需要（Give them what they want）的主張。前此一九六〇年代，經費充裕時，公共

LIBRARY GIVEN CHURCH HISTORY — Rev. George Stewart, pastor of the First A.M.E. Zion Church, donates a copy of "Through the Years" to Shirley Shaw, left, of the South Bend Public Library's history and travel department, while authors Charles and Alberta Dempsey look on. The book describes the growth of the church from 1907-78 and includes photographs and biographies of members such as B.F. Gordon, who wrote "The Negro in South Bend." The Dempseys used oral accounts, newspaper clippings and written accounts in the book.

Tribune Staff Photo by Dale Murphy

一九七九年三月二十二日作者於SPBL受贈圖書（South Bend Tribune）。

South Bend Tribune
February 1, 1979 p. 23

Shirley Shaw, SBPL,
AM Michiana TV, 10 am, Friday, February 2, 1979

BT 2-1-79:23

Local TV

FRIDAY
All times are EST

Dorothy Frisk Show 9 a.m. (22). Michelle Williams from Syndey, Australia; Nils Wie from Aker, Norway, and Juan Cantera from Madrid, Spain, exchange students on the Youth for Understanding program. Richard Timmons, field representative, will introduce the group. Phones open for viewer questions.

AM Michiana 10 a.m. (28). Shirley Shaw, representing the South Bend Public Library, discusses books on Chinese culture and history in connection with the Year of the Goat. Phones open for questions. 2-2-79 Friday

Afternoon Show 1 p.m. (22). Dan and Janella of the Dan O'Day Dance Studio demonstrate the newest disco steps.

Straight Talk 6:30 p.m. (34). Anna Smelser, a leader in local and national anti-abortion groups, talks about how feminism and electoral politics relate to the pro-life cause. Repeats at 11 p.m.

一九七九年二月二日作者上電視談中國羊年（South Bend Tribune）。

圖書館館藏乃依循館藏均衡的理念，兼顧教育、文化、資訊、休閒等功能建構。如今羅賓遜館長主張各館應該因地因時制宜，以滿足讀者最迫切的需要為主。此種主張，引起一陣辯論，反對者恐館藏從此失衡，贊同者則認為先滿足讀者當下的需要，再求館藏均衡是可採行之權宜方法。除此主張外，拿坡理館長還帶來不少管理學理念，領導南灣市圖在營運方面作大幅變革。

美國公共圖書館自一八五〇年開始興起，一九二〇年代以後蓬勃發展，迄一九四〇年代二次世界大戰前後，領先歐洲；公共圖書館的參考服務尤為典範。一般中大型公共圖書館將參考服務大分成為四組，即語言及文學組、科技及商學組、社會科學組、歷史旅遊及族譜組。南灣市圖總館的參考服務亦依此大分。每組參考桌有二個，置於各組館藏閱覽區中，每組有全職參考服務員二位，半職參考服務員一位，從早上八時至下午五時同時值班，晚間班則從下午五時至九時，每組留一人值班。換言之，成人參考服務區四組，白天同時有十二位參考服務員，晚間同時有四位參考服務員在工作崗位上服務讀者。參考服務員的工作內容，主要在回答電話或親自來館讀者的參考問題；其次在無問題時，則閱讀有關新書書評，勾選該組涵蓋學門的新書，輪流參加每二週一次的選書會議。此外，參考服務員還要撰寫各主題書目評介的小摺頁，撰寫介紹新書的廣播稿或電視稿；參加館內各種會議與活動。四組參考服務員另有各組特別的工作項目，如我組（歷史旅遊及族譜組），尚須勾選當日報紙有關南灣市政及圖書館相關新聞，再由工讀生剪貼歸檔。我組富藏族譜資料，不少退休年長讀者來做個人家族歷史研究，須協助他們找尋資料。由上所述，可見美國公共圖書館的參考服務員工作是非常專業而沉重的。我雖作半工，每週三天，一週二十小時，每次下班後也是精疲力竭。好在我當時年輕，學習心又旺盛，並且喜愛我的工作，因此我不但勝任愉快，還贏得不少讀者的友誼和尊敬。

一九八〇年，南灣市圖拿坡理館長想改換當時圖書館分類編目和採購自動化系統。在原先技術服務部舊主任退休時，聘任一位新主任歐尼爾（Sharon O'Neil）女士主持其事。同時技術服務部出一副主任（Assistant Head）職缺。因我在進入南灣市圖之前，曾在其他圖書館擔任過分類編目工作，而此時南灣市圖所用分類編目之OCLC系統，我也熟悉。在多方角逐下，我被選中接受聘任。此職位是全職。實際上，此時我又添一女兒，邵梅儀於一九七九年十一月四日出生，而小兒漢儀剛滿五歲。在一般美國人家庭，母親會於兒女進入小學前，暫時在家做全職母親，其後再回職場。但我自大學時代即身兼學生和家教二職，來美讀書之外，也陸續兼做不少工作，吃苦耐勞已是我的習慣，我也有事業企圖心，因此我毅然接下這份全職工作。這份工作主要是轉換南灣市圖的自動化系統，從OCLC轉向另一全盤性自動化系統（Turn-key system），將分類編目和採購業務轉換成CLSI公司的PLUS系統。一九八〇年三月從我接任，到一九八二年十二月辭職回國，總算完成此一系統的轉換書目檔工作。

南灣市圖編制，館長及副館長之下，有三大部門，即讀者服務、技術服務、兒童服務。讀者服務以參考服務和流通業務為主。我自一九七六年九月至一九八〇年二月在讀者服務部門，參考服務下，歷史旅遊及族譜組擔任參考服務員。自一九八〇年三月至一九八二年十二月擔任技術服務部副主任。技術服務部下有分類編目組和採購組，分別負責所有館內圖書資料（圖書、視聽資料、兒童圖書資料）的分類編目和採購作業。而圖書選擇則由參考服務館員負責，因其有專業學科背景，各自負責各學科圖書資料選擇工作。採購組只負責經由選書會議所擬定的採購書單，包括發訂單、收書、登錄等工作，是由不具圖書館學碩士的非專業人員擔任。分類編目組則由具備圖書館學碩士學位的專業館員（professional），選滿二十學分碩士課程而尚未獲圖書館學碩士的類似專業館員（paraprofessional），以及負責打字等的庶務員（clerk）組成。技術服務部人員，全職員額約十五人左右。在轉換自動化的（一九八〇至一九八二）年間，尚額外僱用分類編目的類似專業館員數人，在晚間五時至九時加班趕工，作全館館藏回溯建檔工作。

　　南灣市圖拿坡理館長，正當盛年，企圖心強，其對外溝通協調能力也強。南灣市圖一如美國公共圖書館，由地方政府財稅支持，因此館長之上有一理事會（Board of Trustees），向地方議會負責。理事會成員為三、五、七、九等奇數人數（投票時不會出現正反兩方同票的情況），由地方各類人士組成，舉凡圖書館營運方針，財物計畫等，皆須由館長向其陳報，理事會通過才能施行。此方面，拿坡理館長擅長公關，獲理事會強力支持。在館內方面，拿坡理館長展開一系列有關營運管理、人事管理、業務執行等的訓練課程。在拿坡理館長來館擔任館長後，我任職南灣市圖期間（一九七七至一九八二），在其領導下，參加過各種館內和館外舉辦的研討會和會議，使我受益良多，不斷在職場中成長。

　　在南灣市圖服務期間，我參加的館內和館外舉辦的研討會和會議，以下舉其大者概述之。館內方面，與館員事務相關的委員會，我參加了「圖書資料選擇政策會議」，有半年之久，每二週開會一次，於一九七八年九月一日完成一份〈圖書資料選擇政策〉（Materials Selection Policy）。此文件參考當時美國二份相關文獻：〈圖書館權利法案〉（Library Bill of Rights, 1948 ; 1961 Amend）與〈智識自由〉（ALA, Intellectual Freedom, 1977）。美國為多種族國家，傲稱「種族大熔爐」，對種族平等的重視，在憲法中早有昭示。但在實際生活和職場方面，尤其黑白問題，頗引起爭議。為確保職場聘用公平，美國有種族平權的法律規定。南灣市圖內亦有「平權行動研究委員會」（Affirmative Action Study Committee），自一九七九年三月至八月定期開會；我身為館內亞洲人士，亦是少數民族之一，因此義不容辭的關注此一議題。並於一九七九年三月二十六日參加南灣市政府在市府的世紀會議中心（Century Center）舉辦的「平權僱用機會：地方優先事項」（Equal Employment Opportunity: A Local Priority）會議。館內於一九七九年七月完成〈平權行動計畫〉（Affirmative Action Plan）草稿，修正後於八月通過實施。館內營運管理訓練課程，我亦參加不少。其中最值得一提的是，一九八〇年七月十五日至十一月一日，隔一週的每週二，舉辦的「目標管理」（Management by Objectives, MOB）課程，我全程參與研習。

館外會議及研討會，我參加的包括以下諸項。一九八〇年接任技術服務部副主任後，經常參加由印州圖書館聯盟（INCOLSA）舉辦的圖書館服務相關研習會，皆在印州首府印地那不勒斯市（Indianapolis）的州圖書館（State Library）舉行。也參加印州圖書館聯盟在南灣市市府世紀會議中心舉辦的各項會議，如一九八二年九月十二至十三日的「優良督導新技術」（New Techniques for Better Supervision）研討會。此外，印州區域圖書館組織（ALSA2）所舉辦的各項研討會，我亦參加，如一九七九年二月九日的「視聽研習會」（Video Workshop），以及一九八〇年七月十七日的「人事管理研討會」（Personnel Management Seminar）。後者由圖書館管理知名學者懷特（Herbert White）教授擔任主講者。後來我回國服務，一九八五年十一月底，台大圖書館學系舉辦「圖書館學與資訊科學教育國際研討會」，懷特教授應邀來台與會，我時為系上講師，負責接待海外學者，與其有更多接觸。

一九七九年九月「美國總統白宮圖書館與資訊服務會議」（President's White House Conference on Library and Information Services）的召開，是圖書館界的大事和總統重視的表徵。先此，印州也召開會前會議，集思廣益，向白宮會議建言。印州會議名稱是「印州州長圖書館與資訊服務會議」（Governor's Conference on Library and Information Services），在印州首府印地那不勒斯市，於一九七八年八月十一至十三日舉行。當時我也與南灣市圖同仁們一同驅車前往與會。可見美國聯邦及各州政府重視圖書館與資訊服務之一斑。

南灣市圖工作經驗對我日後回國服務影響很大的，是因為當時拿坡理館長非常重視圖書館經營管理，已將管理學理論引進公共圖書館實務中。他領導我們館內同仁參加各種會議和研討會，以精進圖書館服務及業務技能。在美國公共圖書館界，他更是積極。他參與美國公共圖書館學會（Public Library Association, PLA）績效評估方面的委員會，一九八二年出版的《公共圖書館服務成效評估》（Output Measures for Public Libraries）手冊，含十二項評量法的，即是他擔任委員會主席時編輯完成的。此手冊，日後我回台灣曾撰文介紹。[1]同時也因為擔任南灣市圖技術服務部副主任期間，實際參與主管業務，對於作為一位圖書館中層管理者（Middle manager）有不少心得；又參加不少圖書館管理方面的會議和研討會，在理論上亦有所涉獵；故回國後，我以圖書館管理與評鑑為我撰文和寫書的重要主題之一，也實源自於我在南灣市圖工作時的啟發和歷練。

因當時我服務的南灣市圖，在美國是典型的中型市立公共圖書館（city public library）。服務轄區人口十三萬人，但藏書在一九八一年底，即有三十五萬冊件之多。該圖書館組織健全，館長強力領導，館員敬業工作，圖書館業務績效卓著。我在該館服務六年多，學到很多寶貴經驗，在我日後回國，參與實務工作或大學教書，都獲益良多，是我一生事業，收穫極為豐碩的年代。我至今仍感念之。我於一九八八年暑假回美旅遊，回去南灣市圖拜望舊時同僚，相聚談話，極為愉快。而今（二〇一〇年）上網查資料，見該館已於一九九〇年升級為郡（縣）級圖書館：聖約瑟郡公共圖書館，拿坡理館長仍在任上。而在過去十一年間，九年皆排名在全美同級公共圖書館中前十名（Top Ten），亦使我感到與有榮焉。同時也追念感恩當年在南灣市圖，我專業上的學習成長和技能精進的日子。不禁祝禱我的舊時工作機構，業務蒸蒸日上，舊時工作同僚，服務更上層樓。

四、印州南灣市生活

（二十九至三十八歲，一九七三至一九八二年）

自一九七三年九月至一九八二年十二月，在印州南灣市住了九年多。這九年算是我「成家始業」的時期。我雖於一九六九年結婚，但因學業未完成，故未生育子女。一九七四年底完成我圖書館學碩士學位，先此，小兒邵漢儀於一九七四年九月出生，（見附錄三隨筆三）。其後小女邵梅儀於一九七九年十一月出生，（見附錄三隨筆四）。算是完成生兒育女的天職。一九七六年至一九八二年在南灣市圖擔任專業館員，算是開始此後我在圖書館專業服務之始，及至回台灣後，繼續服務與教書；這樣的專業生涯，迄於二〇〇四年退休，共長達二十八年。

南灣市位於印州北部，在美國東西橫貫州際八〇號幹道公路和南北三一號州公路交接處。位於密西根湖東南大平原上，西與伊利諾州，北與密西根州，東與俄亥俄州，南與肯塔基州接壤。南灣

邵漢儀一九七四年九月出生於南灣市寓所一。

邵梅儀一九七九年十一月出生於南灣市寓所三，瓶花。

市因位於聖約瑟河（St. Joseph River）畔，名為South Bend，中文應譯作南彎，因傍著河流，如譯作南灣，中文譯名較為優美。[2]南灣市隸屬印州聖約瑟郡（St. Joseph County），為印州第五大城；一九七〇年代，十三萬多人口。南灣市是典型大學城，以私立的聖母大學全國馳名。聖大學生約七千人，其圖書總館建築非常有名，正面外牆上有一幅以耶穌為主題的鑲嵌大壁畫。南灣市尚有小型的聖馬利女子學院，學生約一千人。此外，州立大學系統則有印州大學南灣分校（IUSB），人數近萬人，其夜間部為成人教育部。南灣城充滿學術氣氛，民風純樸。惟一的大企業是司徒得貝克汽車製造公司（Studebaker, 1852-1967）。印州南北狹長，縱長約六百英里，南灣市位於西北端，因此和接壤的密西根州西南端相接，形成密切的生活圈，此跨二州的生活區域稱作密印區（Michiana）。從南灣市開車，往北邊密西根州，或往西邊伊利諾州，都比向南至印州南邊州界還近捷方便。而西距芝加哥約一百英里，不到二小時單程車程，是最近的大都會城市。芝加哥是我求學地，住了四年，又有各類博物館、歌劇院、動物園、水族館，是居住南灣市九年多中，我們家最喜愛的大城，經常開車全家前往，朝發暮歸。

當時外子邵玉銘任教的聖母大學，是以純白種人學生為多的大學，教授群亦以白種人為多。中國教授大多任教於工學院電機、機械等系，人文社會學科的教授人數很少，總計中國教授約共十家左右。絕大部分聖母大學中國教授們皆是一九四九年以後，在台灣讀完大學，然後赴美讀得博士學位，在美定居的，夫人們也都是由台來美求學，婚後有繼續做事，也有全職家庭主婦。因此，中國教授背景都十分相同，因緣際會，來此南灣小城，大家都本著故鄉人的緣份和情感，相處極為融洽。

平時聚餐約會，互相幫助，相處如同家人。南灣市是大學城，中國人能定居於此的，都是從事專業工作的，沒有純打工或違法居留的可能。在一九七九年大陸改革開放前，南灣市中國人社群極為單純，都是非共產黨區來的華人，台灣、香港和澳門為主。等到一九八〇年代以後，中國大陸學生和學人大批來美，在美國的華人社區變得多元時，我家已揮別美國回台灣了。因此，每當我回憶起南灣種種，那一份安靜、純樸、恬適的氣氛便會湧上心頭。而我的一雙兒女，便是在如此單純安靜的「學術城市」出生，渡過他們部份的童年。

在全美無數大城市中，南灣市真是名不見經傳，但因聖母大學是天主教大學中排名第一，加上其他幾所大專院校，全城可說是「往來無白丁」了。印州首府印地那不勒斯市地處偏南，反不及南灣市位在美國東西橫貫州際八〇號幹道公路上，交通來得四通八達了。聖母大學校長赫斯伯格神父（Rev. Theodore M. Hesburgh, 1917-）和台灣關係不錯，因此台灣「中華民國青年友好訪問團」，以及「中華

右：一九七七年作者與邵漢儀於南灣市寓所二。
下：一九七六年美國印州南灣市寓所二，室內。

國劇團」等以「中華民國」為名稱的，都來此訪問表演。「宣慰僑胞」在中（台）美一九七九年一月一日斷交前，是不以為忤，而且非常受歡迎的。聖母大學中國學生以研習工科為多，中國同學會（以台灣及港澳生為主）經常在學校大禮堂放映電影，尤其以當時台港流行的文藝片及武俠片最受歡迎。我個人有工作，又有二個幼兒，本身對武俠或言情小說不感興趣，所以很少去看電影。但有一次拗不過友人遊說，才去看了一場李小龍的武打片。直到一九八二年回到台灣，才開始看金庸的武俠小說和香港拍攝的武俠劇。倒是「中華國劇團」某一次訪美，路過南灣市，在本地的歡迎茶會中，見到了當時尚未成名的日後京劇名演員郭小莊、高蕙蘭、胡台鳳、葉玉潤等人，看見了他們青春年少的容顏。

南灣市有大學教授及學生們，因此藝文活動亦相當活絡。南灣市交響樂團在全美雖非十分有名，但時常有青年音樂家或著名音樂家受邀來此表演。如今已譽滿全球的華裔大提琴家馬友友，在一九七〇年代即受邀來表演過一次，我至今猶記得他年輕的面貌。此外，聖母大學邀請來的著名表演團體，如冰上花式溜冰，巴布•賀伯（Bob Hope）詼諧的脫口秀（talk show）是其中著名的。聖母大學足球隊（football）隊名「戰鬥的愛爾蘭」（Fighting Irish），是全美大學足球賽冠軍的常勝軍。每年大學足球季，在聖母大學可容四萬人的足球場賽球時，全城為之狂熱觀賽。

聖母大學中國教授夫人們很多出身台港的名門或官宦之後，文學及藝術素養不凡，有時結伴去芝加哥聽音樂、看展覽或看表演。而平時夫人們來往非常熱絡，我因工作羈絆，算是參加最少的一位。週末假期，家庭邀宴，經常為之。因此這些夫人們，在台港時雖都是嬌嬌大小姐，來美後鍛鍊下來，個個廚藝了得，全桌筵席菜餚不在話下，更有每家出名的拿手甜點。我是當年教授夫人群中年紀最輕的。來南灣市前，一直做學生，也沒機會練習廚藝。在台灣時，我出國前，一直住在家中，未曾住過學校宿舍。我在家亦是飯來張口的小姐習性人物。初到芝大留學，做菜一竅不通。幸而結婚後，也練習做得幾樣家常菜餚。到了南灣市，開始「見賢思齊」，初不希望在吃了許多「盛筵」後，回請時菜色太過陽春。不料，熟能生巧，幾年練習下來，在我一九八二年回台灣前，也已練就做一整桌菜的工夫。在美國，做中國菜，因食材限制，必須因地制宜，「美」材「中」用。因此，我的甜醬鴨、白切雞、糖醋明蝦、蒜瓣黃魚、魚香肉絲，也算小有名氣。感恩節烤隻美式火雞，也不是難事。至於平時，因為工作忙碌，菜飯以簡單營養為主。但烘焙甜點，我是經常做的。因一雙兒女年幼，每當我烘烤蛋糕點心時，他們圍繞身邊，用小手指沾食未烘烤前的漿汁，是他們童年美好的回憶，而當香氣四溢的蛋糕與餅乾出爐時，則是我展現烘焙佳績及母愛的最好時機。

在南灣市，我自已忙於工作，白天一對兒女托給保姆時間頗長，晚間則是我修補親子關係的時段。週末則帶他們去各地遊玩。芝加哥開車來回三至四小時，偶而去一次，平時則在南灣市公園、動物園、購物中心、聖大校園，陪他們渡過閒散的童年。回想起來，一對兒女真幸運，童年時能在美國中西部，四季分明、空氣清新、風景美麗、寧靜恬適的小城渡過。在南灣市我們住過三處房舍，兩處是租賃的公寓，一處是自購的獨棟房屋。兩處租賃住處，皆為二層連棟式公寓，所謂的town house，室內有二層，樓下客廳、餐廳、廚房；樓上臥房，一處二臥房，另一處三臥房。兩處租賃住處，皆由公司經營，專為出租的，每戶有自家前後小庭院，另有公用大草坪，兒童遊樂場及游泳池。自購的獨棟房屋乃單門獨院的房屋，所謂的house，室內二層，加地下室與車庫外，尚有非常大草坪的前後院，全部面積100x150平方英尺。屋後的大草坪即是漢兒小時候（四至八歲）踢英式足球（soccer）和奔跑遊玩的地方，鄰居孩童時相過從相約遊戲。梅兒小時候（一至三歲）保姆家即是中間隔一家的鄰居。保姆媽媽珍妮・爾凡（Janet Irvine）女士非常耐煩和有愛心，家中有子女二人外，還養一隻狗和三隻貓。但她管教子女和梅兒卻是非常嚴正有原則，教導日常生活常規禮節，賞罰分明。漢兒上學的小學在我們住居小區內，走路來回；每天下午三點半下課後，走路去保姆家，與其他課後受托兒童一起玩耍吃點心。待我下午五點下班，開車回家，五點半將他兄妹二人接回家。

漢儀是我第一個小孩，他的撫育，我是依照當時最流行的育兒書本，史巴克博士（Dr. Benjamin Spock）的書，步步遵循的。他出生後四個月，我才完成芝大圖書館碩士學位。一九七五年我在聖母大學註冊組擔任非專業的職員（staff）全天工作時，他白天托給鄰居，一位美國太太波特女士（Kathy Porter），她尚無子女，但喜愛小孩。一九七六年，我轉任南灣市圖擔任專業參考服務員，因係半職，每週上班三天二十小時，則將他托給新搬來的鄰居，一位日本女士嫁給美國先生的帕帕奇太太（Eiko Papach），她有一位與漢兒同年齡的小女孩蕾娜（Leyna），因是美日混血兒，長得非常可愛。帕帕奇夫婦皆是南灣市交響樂團的音樂家團員，帕帕奇太太是長笛樂手。這小女孩蕾娜被訓練得四歲即能登台表演小提琴，真是「家學淵源」。週間（weekday）我不上班時，常開車帶漢兒去聖母大學美麗湖邊看鴨子，或南灣市小動物園看各種小動物。漢兒啟蒙很早，很小就由我每晚讀「床邊故事」（Bedtime story）給他聽。三歲能上托兒所（Nursery）時，我上班的日子，每週三天，就把他托在「恩慈園」（Circle of Mercy），是一所市政府辦的公立托兒所，位在市中心區，我上班時開車先送了他，再去上班。（見附錄三隨筆五）南灣市圖有很好的兒童服務部，我常帶他去借書，常常厚厚一疊兒童繪本書抱回家，慢慢的他能閱讀簡單的兒童故事。在美國長大的男孩，最喜歡恐龍（dinosaur）和當時（一九七七年）流行的電影「星際大戰」（Star Wars）及其續出的三部曲。他有一本厚厚的恐龍書，其中有各種恐龍的圖片，那些長長的恐龍學名，他五歲時，雖不能拼出，大都能唸出其名，如暴龍是Tyrannosaurus，三角龍是Triceratops，劍龍是Stegosaurus，雷龍是Brontosaurus等。週末假日開車去芝加哥費爾德自然科學博物館，那些恐龍標本，是一定要去報到觀賞的。所以我們戲稱漢兒是「漢儀龍」（Hanyi-saurus），他小時候第一志願是要做一個古生物學家（Paleontologist），當然是研究恐龍囉。其後，「星際大戰」三部曲電影（一九七七至一九八三）流行時，市面上有各種電影裡人物及物件的熱門商品，他幾乎都有收藏。他八歲隨全家回台灣時，所有珍藏小玩偶都打包帶回來，大型船艦及飛機模型成品則送給鄰居好友。在二十年後，「星際大戰」電影（一九九九），又重新發行其續集時，漢兒還很興奮的去看了一次，重溫兒時舊夢。一九九〇年，漢兒回美國，在麻州一所私立學校，北原荷夢山學校（Northfield Mount Hermon School）讀高中時，他老師訝異於這個台灣來的學生，怎麼能將各種恐龍的學名，唸得如此朗朗上口，漢兒才告知，他八歲以前在美國讀到小學三年上學期才回台灣的因由。漢儀「母語」之一是英語，因此他在台灣讀國中三年級（一九八九至一九九〇）時，代表仁愛國中，獲得全台北市國中英語演講比賽第一名。賽後，他告捷回家，高高興興的吹著口哨進家門時，我和妹妹恭賀他，他笑笑說：「媽媽，我勝之不武。」還頗懂得謙虛呢。

小女梅儀出生時，漢儀已五歲多，就讀幼稚園（kindergarten）。美國義務教育自幼稚園至高中，共十三年。公私立六年制（G1-G6）小學皆須附設幼稚園（K），孩童五歲必須入學，履行國民受教育的義務。我們於一九七八年秋自購住宅，位在相當不錯的社區，小學史旺森小學（Swanson School）即設在社區（Swanson Highland）內。我自己是專業圖書館員，在芝加哥大學圖書館研究院讀書時，旁聽過「兒童文學」（Children Literature）課，知道為幼兒唸「床邊故事」的重要。所以漢兒幼時，我就買了不少兒童書，為他唸故事。那時視聽教材尚未如今日般普及，即使有錄音機播放兒童故事，其效果仍不及父母親自唸故事，可增進親子感情。我的「母語」是華語而非英語，所學皆教科書上充滿學術語（jargon）的專業英文，也正好乘此機會學習兒童英語。我大學時旁聽過外文系的英詩，此時也正好乘機熟悉兒童詩歌與童謠。因此為兒女唸故事，對我而言是新學習經驗而非苦差事，我有時比孩子們還興高采烈。我在圖書館工作，有時白天漢兒去兒童部門聽專業館員「說故事」，但睡前唸「床邊故事」，則我責無旁貸。梅儀出生次（一九八〇）年，我接了全職工作，白天送她托嬰給鄰居保姆媽媽珍妮・爾凡女士。爾凡女士有「聽障兒童教育」碩士學位，因南灣小城，一時不易有專業教師空缺，她自己二個孩子也小，就暫時在家照顧自家子女，並替鄰居看顧嬰幼兒，賺取保姆費。一至三歲時，梅兒白天跟她保姆媽媽牙牙學英語，晚上聽我自己給她唸英語「床邊故事」。漢兒最喜歡的故事是《三隻小豬》（Three Little Pigs），梅兒最喜歡《貝絲的生日會》（Beth's Birthday Party）；那二本小書，迄今我仍珍藏。此外，我迄今珍藏一本羅伯・史蒂文生（Robert Louis Stevenson, 1850-1894）所寫的《兒童童詩》[3]，由日籍插畫家Gyu Fujikawa繪圖，此書詩

圖二者皆美。這些都是他們和我一段最甜蜜的童年記憶。

漢儀讀小學時，或許由於從小閱讀故事的啟蒙和準備都不錯，他在分班時，英語都能分到最高程度班。漢兒自小與美國孩子一同上課，到八歲回台，因此他英語發音純正，毫無華語口音。梅兒回台時才三歲，所學的一點童言童語及童謠，可能也植根於腦中。回國後，我家繼續為二個孩子聘請美籍來台留學生為家庭英語教師，因此兩人的英語發音都還純正。梅儀自三歲回國，進入純中文的幼稚園、國民小學及國民中學，居然她幼時那點英語根底還留在記憶中。日後，梅兒高中時，就讀台北美國學校（Taipei American School, TAS），經短暫的九年級ESL（English as Secondary Language）課程過渡，就慢慢跟上高中課業，也算難為她了。漢儀因有八年旅居美國的生活，讀了二年半美國小學，所以他英語一直很強，才能在讀完台灣國中三年級，回美國後，在四年制美國高中（G9-12），他可以從十年級（G10）唸起，也算不容易了。以上所述我一對兒女幼年啟蒙即接觸英語，到其後在台灣接受小學和中學的中文教育，再到高中時才回到英語學校學制，還能銜接，也算是一種特別的子女教育經歷。幸而銜接不錯，兩人中文和英文都很好，我這為人母的，也可堪告慰了。

當時外子雖身在美國，但始終抱有回國服務夙願。當他拿到聖母大學終生教職（tenor）後，常常回國開會或客座。直到漢儀八歲、梅儀三歲時，他認為回國服務時機成熟了。他擔心再晚回國，梅儀雖不會有問題，但漢儀改讀中文學校，轉換語文學習如果發生困難，將對全家造成困擾。因此，我們夫妻反覆討論思考，在一九八二年十一月七日終於下定決心，舉家回台，十一月九日我因感懷而寫隨筆「回去的時候」。（見附錄三隨筆六）決心既定，馬上採取一連串行動。首先找房屋仲介公司，將現有住屋上市出售；另將二輛轎車出售。接著整理家中所有書籍、衣物、傢具、電器等，準備托運回台。消息一出，聖母大學中國教授家庭一一設筵餞行，大家皆表依依不捨情緒。十二月七日，一輛大貨櫃停在屋前車庫外車道上，是跨國搬家公司，將我們托運物品經由海運運送回台。

我於十二月二日告知南灣市圖，並遞出辭呈。十二月三十一日是我南灣市圖正式辭職日，但我累積的休假日抵免結果，我只需上班到十二月十七日。先此，南灣市圖已替我舉辦了溫馨的惜別會，即將告別這得來不易，工作了六年，使我專業精進的職場，還真令我心中黯然不捨。家人的工作單位和學校，也都舉辦了惜別會。一雙兒女在似懂非懂之間，不瞭解為什麼要離開他們自小生長的地方。忙亂中，終於在十二月二十二日寒冬清晨薄霧中，全家離開這住了四年的房屋，到南灣市小機場登機，取道

一九八二年芝加哥機場揮別美國。

芝加哥和舊金山，轉搭中華航空飛機，回到台灣。次日，十二月二十三日回到我已離開十四年的台灣。離美時，正值聖誕節假期，到處一片喜氣，一對兒女非常高興，以為如往年般出外渡假。在芝加哥機場航廈內，五彩繽紛裝飾的高大聖誕樹下照了一張照片，算是揮別美國吧。

左：一九八〇年美國印州南灣市寓所三，客廳。
下：一九七九年美國印州南灣市寓所三，前院。

註

1 盧秀菊，〈公共圖書館服務成效評估之方法與應用〉，《中國圖書館學會會報》三九期（台北：中國圖書館學會，民國七四年一一月），頁一七至三四。
盧秀菊，〈簡介《公共圖書館服務成效評估》手冊〉，《書府》第七期（台北：國立台灣大學圖書館學系學會，民國七五年六月），頁二八至三三。

2 《成就的喜悅》，楊弘農著。台北：星閣文化公司，台灣英文雜誌社總經銷，民國七八初版。頁二五七。

3 *A Child's Garden of Verses*, by Robert Louis Stevenson, ill. by Gyo Fujakawa. New York: Grosset & Dunlap, 1957, 1981 printing. 77 pages.

第六章　美國旅遊（一九六八至一九八二年）

在一九七九年一月九日，中華民國台灣地區開放觀光之前，國人出國只有公務及留學二途。我在台灣就讀大學的時期，一般台灣民眾是被管制出入境的。高中時期，我非常嚮往歐美國家之風土人情，因此旅遊、遊記之類書籍，我讀了不少。

大學時，上沈剛伯教授「希臘史」與「羅馬史」兩門課時，就企盼有朝一日身履斯土，親身體驗其文化、歷史、政治、風土、民情。尤其希臘乃西方文化的搖籃，城邦式民主制度的發軔，更心嚮往之。大學畢業後赴美，在美國住了十四年，倒也旅行了不少地方。以下就居住美國十四年中，重要的旅行，加以簡單的敘述，算是伴隨我旅居美國讀書求學之外，「行萬里路」的收穫吧。

一、美國本土

（一）美國首都華府之旅（一九六九年三月）

我於一九六八年九月抵達美國，在美國求學地芝加哥住了半年，第一次出外旅行，是一九六九年冬學季結束，春學季開課前。國際學舍外國學生顧問（Foreign Student Advisor）通知我，我有幸被選參加芝加哥大學舉辦的「國際學生訪問首都華府」（International Students visit Wash.D.C.）活動，為期五天（三月二四日至二八日），一切費用包括旅費和食宿皆由主辦單位提供。

此次活動目的，是芝加哥大學希望國際學生透過訪問華府，對美國政府組織和功能，以及對美國一般民眾家庭生活有深一層瞭解。華府訪問部門包括美國三權分立制度下的總統府白宮、國會山莊和司法部大廈。各政府部門由專人接待、解說、餐敘。國會山莊參訪時，是由當時參議員愛德華・甘迺迪（Edward Kennedy）接待的，那時他政治生命正如日之中天，是明日之星。

除政府部門外，另安排遊覽華府有名景點。當時正值春季，華府林肯紀念堂和傑佛遜紀念堂一帶櫻花盛開，美景無限。在華盛頓紀念塔（華表）遊覽時，景仰這開國元勳的寬闊胸懷，也見識了泱泱大國首府的雄偉壯闊。在阿靈頓國家公墓見到了一九六三年遭暗殺的約翰・甘迺迪總統墓前的長明火焰，默思他的名言：「不要問國家能為你做什麼，而要問你自己能為國家做什麼。」，寄上我無限的追思。

我們這批學生被安排住在不同的接待家庭（host family）中，目的在瞭解美國一般百姓的居家生活。我的接待家庭，住址在國家大教堂（National Cathedral）後面街道中，我因此得見這座壯麗雄偉的大教堂。而那時正巧美國前總統艾克・艾森豪（Dwight David "Ike" Eisenhower, 1890-1969）於三月二十八日逝世，其喪禮是三月三十一日於此大教堂舉行的。喪禮日，我已回到了芝加哥，在全國電視轉播觀賞這場盛大喪禮時，我還興奮的告訴同學，那大教堂外觀壯麗，是多麼令人肅然起敬，更能感受轉播喪禮的肅穆氣氛。說起來，我還親眼見過這位第二次大戰盟軍領袖的英雄總統，那是在一九六〇年六月十八日，他訪問台灣時，我身為北一女軍樂隊員，在歡迎行列中，一面吹奏樂曲，一面親眼目睹他在行駛中禮車上的英姿。

一九六九年三月作者於華府林肯紀念堂。

短短幾天的華府之旅，使我視野大開。也開啟了我日後在美國，只要有空即安排旅遊，立下無法見我中華錦繡河山，也要將他鄉做故鄉，看遍美國的大湖大山，以及遂行我自幼欣羨「行萬里路勝讀萬卷書」的雄心壯懷。

（二）美國西部之旅（一九六九年九月）

一九六九年九月七日，我與邵玉銘舉行婚禮。婚後第三日，九月九日，即從芝加哥出發，開車循著美國東西橫貫州際八〇號幹道公路，到舊金山市。中間經過威斯康辛州、愛荷華州、內布拉斯加州、南達科塔州、懷俄明州、亞里桑那州、內華達州，最後到加州。回程開車到科羅拉多州丹佛市，再搭飛機，於九月二十一日回到芝加哥。

這趟旅程為時三週左右，一路上見到美國大西部的廣闊大地。經過的風景區，著名者如後。黃石公園（Yellowstone National Park），位於美國的蒙大拿（Montana），懷俄明（Wyoming）與愛達荷（Idaho）三州交界，佔地二二〇萬英畝（約八三萬公頃）。拉希莫山（Mount Rushmore），位在南達科塔州，一九二三年刻在高崖上四位總統石雕像，真是鬼斧神工。住在台灣，除了橫貫公路外的崇山峻嶺外，我沒見過這一路上的高山、沙漠、噴泉、瀑布。也從沒開車走過一條畢直大道，不限車速，看不見盡頭，兩旁盡是砂礫的高速州際公路。

加州太浩湖（Lake Tahoe），是北加州舊金山灣區居民渡假的首選，有名的夏天避暑勝地；也是許多中國學子暑假打工賺取學費的辛苦地。猶他州鹽湖城的摩門教堂（The Church of Jesus Christ of

Latter-day Saints, or Mormon Church），使我知曉西方基督教的多元教派，也見識到摩門教著名大合唱會堂的壯偉。

到舊金山市後，不能錯過的，是「十七哩路」（17 miles Drive）公路。由一〇一號州際公路，轉一號公路，到蒙特里郡（Monterey）的卡梅爾（Carmel）小鎮。行經這十七哩路，轎車行駛在加州濱臨太平洋海岸線的高崖上，道路曲折，遙見海浪起伏，黃昏時晚霞滿天，天地無限寬廣。這條公路的蜿蜒曲折，和台灣東部的蘇花公路差可比擬。憶當年大三，走完橫貫公路健行隊全程，到達花蓮時，遙想太平洋彼岸美國，希望有朝一日踏斯土一圓留學美夢。如今身在美國加州海岸，卻又憶起故鄉的蘇花公路，真如古人云：身在曹營心在漢。人的想法真是奇怪啊。

這次三週旅行，跑遍了美國中西部及西部。回到芝加哥，芝大秋學季就要開學了，必須即刻收心，苦讀未完成的碩士學位了。

（三）美國東部之旅（一九七一年冬）

一九七一秋學季一結束，我們夫妻利用聖誕節假期，到美國東部旅行。因是窮學生，沒錢坐飛機，只能選擇開車。循著美國東西橫貫州際八〇號幹道公路，經印州和俄亥俄州，先到華府，參加一項中國學生活動後，直奔紐約市而去。在紐約，瞻仰著名的自由女神像（Statue of Liberty），此像乃一九〇三年豎立，上雋刻著愛瑪・拉薩蘿斯（Emma Lazarus）的〈新的巨像〉（The New Colossus）詩句，「在金色的大門前，我舉起火炬。」（I lift my lamp beside the golden door）。一九七一年與一一九七二年跨年，我們是擠在「時報廣場」（Times Square）萬頭攢動的人群中，跟著大夥一起倒數一九七一年最後一天的時間秒數。當倒數時間跨過了一九七二年元旦午夜零時，大家又叫又跳，向空中拋擲帽子手套，互道新年快樂。我們一則高興，一則也感慨，又長一歲了，我們還是窮學生，一九七二春學季獎學金用完，我們將另謀生計了。當晚夜宿紐約市曼哈頓七大道與五十五街交界的威靈頓（Wellington）旅館。

過了元旦，再轉向北去，開車到波士頓市。因外子於一九六五至一九六七年在波士頓市的佛萊契爾外交學院讀得國際關係碩士學位，想尋訪舊地。我因來美國尚未拜訪過久仰的哈佛大學，也想順便訪友。到哈佛大學校園逛了一圈，友人因寒假渡假去了外地。我們就去哈佛廣場（Harvard Square）一家猶太老闆開的酒吧喝酒。時值嚴冬，我們穿著厚重大衣，手套帽子靴子一應俱全，包裹得密不透風。訪問哈佛燕京圖書館時，我在滿地積雪的石獅子前留下了這張照片。

因長途開車，過於勞累，外子染上感冒。我們本欲取道北邊的東西橫貫州際九〇號幹道公路回芝加哥。此公路橫越廣

一九七二年元月作者於波士頓哈佛燕京圖書館。

闊的紐約州，途經麻州春田市，外子拜望他佛萊契爾外交學院同學父母家，雖友人並未回家過年，但他父母仍熱情款待我們，讓我見識到美國一般民眾的重視友情，不亞於中國人士。休息了二天，又繼續開車，到紐約州與加拿大交界的水牛城。此處以尼加拉大瀑布（Niagara Falls）著名，春夏秋三季為熱門觀光景點，車水馬龍不在話下。此時嚴冬，冰封大地，遊人甚少，我們到瀑布區觀景一番，白茫茫一片，感受不到瀑布的瀟灑奔騰之狀，只得匆匆照相留念，聊表到此一遊。

過了水牛城，我們加速歸程，直奔芝加哥而去，一月五日回到芝大宿舍，馬上又去迎接忙碌的一九七二春學季了。

（四）美國南部之旅（一九七二至一九七三年）

一九七二年秋季至一九七三年春季，當時外子在南卡州新伯理學院教書並撰寫芝大歷史學博士論文，我則在學院圖書館兼職並撰寫我的芝大圖書館學碩士論文。因二人尚無子女羈絆，常趁週末二日，開車四處遊覽。曾到過美南歷史名城查理斯頓（Charleston）。其間並北征北卡州（North Carolina）阿希維爾市（Asheville）的富豪華邸畢特摩爾花園（Biltmore Garden）；維吉尼亞州（Virginia）美麗的雪納度國家公園（Shenandoah National Park）之天際線公路（Skyline Drive）；南征佛羅裏達州（Florida）的大城哈瓦那（Havana）。

美國南部是鄉村音樂的發源地和大本營，聽著一九七一年剛出爐的，約翰・丹佛（John Denver）唱的「鄉村小路帶我回家」（Take me home, country road）歌曲，「就像是天堂，西維吉尼亞州，有藍色山脊的群山，和雪納杜河。」（Almost heaven, West Virginia, Blue ridge mountains, Shenandoah River.）。我們馳車於藍色山脊群山的天際線公路上，還真貼近歌詞內的描繪；可惜，我們羈旅於此間，鄉村小路是無法帶我們回到遙遠太平洋彼岸台灣的家。

一九七三年一月，我們開車從南卡州到路易斯安那州（Louisiana）的新奧爾良城（New Orleans）參加美國歷史學會（AHA）年會，主要目的是找來年的教書工作。途經喬治亞州（Georgia）的名城亞特蘭大（Atlanta），參訪其地標馬利諾大旅館（Marriot Hotel）及小說《飄》（Gone With the Wind）中的桃樹街（Peachtree Street），緬想小說改拍電影「亂世佳人」女主角郝思嘉（Scarlet O'Hara，費雯麗Vivian Lee飾）在南北戰爭，亞特蘭大城大火中，驅車逃出城的驚險情況。到阿拉巴馬（Alabama）州的莫比爾（Mobile）市，參觀二次世界大戰時遺留的艦艇，和陳納德將軍（Claire Lee Chennault, 1893-1958）二次大戰時在中國作戰的美國志願航空隊「飛虎隊」戰機「中美姑娘號」，我們皆一一留影存念。我研讀歷史，對戰爭遺跡，總不辭辛勞的，不管多遠，都想親身到訪。

在新奧爾良城，參加年會會議之餘，晚上去法國區（French Quarter）喝酒吃海鮮，聽黑人歌手唱爵士樂，暫時忘卻來年是否有工作的煩惱。

這一年，我們遊玩時，看似輕鬆，實則撰寫論文和打工工作壓力無時不在，只不是窮苦留學生的偶而休閒罷了。

（五）美國中西部平日之旅（一九七三至一九八二年）

一九七三年秋，當時外子受聘任教於印地安那州南灣市聖母大學，自一九七三年九月至一九八二年十二月，在印州南灣市住了九年多。期間，我們生了二位兒女，二人都有工作，非常忙碌。又初就業，經濟拮据。平日休閒，以南灣市附近公園綠地為主；旅遊則以芝加哥為首選，旁及印州相鄰城鎮。

在南灣市，平日週間，我常開車帶兒女去附近的市立小動物園（Pottawatomie Zoo），看可愛的小動物，與之嬉戲；週末則全家開車去稍遠的州立Angola State Park，躺在大草坪上看天上浮雲，或更遠的印州沙灘公園（Indiana Dunes State Park），在海灘嬉戲，看落日餘暉。

芝城離南灣市僅一個半小時車程，而芝城的自然科學博物館、科技博物館、動物園，天文館、水族館，非常適合孩童遊玩。此外，印州北邊與密西根州接壤，西邊與威斯康辛州接壤，我們經常週末開車去兩州勝景或

一九七六年七月作者與邵漢儀於密州荷蘭小鎮風車。

長假時全家出遊。

密西根州，我們去過荷蘭（Holland, MI）小鎮，看風車與鬱金香花；去鑽石湖（Dimond Lake），觀賞湖濱渡假小屋風情；去密州北邊小鎮，與加拿大接壤的麥金那克島（Mackinac Island），享受夏日渡假小島的湖水與微風。威斯康辛州去過米瓦基市（Milwakee），觀賞熱帶植物園溫室館（Mitchell Park Horticultural Conservatory）的奇花異卉；去日內瓦湖（Lake Geneva），參加美國中部華人家庭露營渡假聚會。

一九七〇年代，美國中西部，大學城及各城鎮，都純樸寧靜，當時我家正值立業初期，是大人工作，小兒女成長的優質環境，如今回憶，仍令我懷念。

（六）美國洛杉磯與夏威夷之旅（一九八一年六月）

一九八一年六月，我全家自旅居地美國，回台灣省親二個月，途經洛杉磯城和夏威夷，因而有機會遊覽二地。

一九八一年十月作者與子女於威州米瓦基市熱帶植物園溫室館。

遊覽洛城狄斯奈樂園，是小兒漢儀七歲與小女梅儀二歲幼年生命中最高興的事。這座兒童心目中的天堂遊樂場，自一九五五年開放以來，不知風靡了多少兒童和他們的父母。樂園中主題區，有鬼魅探險，有仙女童話，有太空體驗，有密西西比河遊輪等。最令孩童喜愛的當然是樂園內街道上的花車遊行，各式卡通人物造型，皆由真人扮演，可和沿街守候觀看的孩童一起拍照留影。

夏威夷，一九五九年加入美國，成為第五十州後，在美國軍事上具舉足輕重的戰略地位，二次世界大戰珍珠港事變，震驚世界。戰爭遺跡，在登上美國海軍亞里桑那號紀念艦（The USS Arizona Memorial）時，尚能遙想當年日軍偷襲珍珠港時的慘烈戰況。而今時夏威夷卻是美國度假勝地，其熱帶風情，是和美國本土截然不同的風貌。我們參加環島旅行，看夏威夷舞蹈、品嚐熱帶食物芋頭，享用熱帶水果果汁，坐小船在蜿蜒的波利尼遜文化中心（Polynesian Cultural Center）熱帶村內，觀賞小河道兩岸的熱帶植物。

此時是承平盛世，戰爭已遠，我祝禱並希望人類記取教訓，永遠都不要發生征戰紛爭。

（七）美國首都華府之旅（一九八二年四月）

我旅居美國十四年中，四訪美京華府，在一九六九年春、一九七一年冬、一九七七年夏和一九八二年春。華府是我最喜愛的美國城市之一。前已述及一九六九年春與一九七一年冬兩次旅行，此不重述。

一九七七年春，因事訪友於華府，乃開車全家三人前往。途中經匹茲堡訪友後，又繞道去看蓋茲堡古戰場，因我讀台大大一時背誦過林肯總統那篇著名的蓋茲堡演說，對他心心念念維護「民治、民有、民享政府」的崇高政治人格萬分景仰。事實上，我早已於前些年，因在芝大讀書，地利之便，已拜訪過林肯總統寒微時，在伊利諾州春田小鎮（Springfiled, IL）住過的小木屋。此次，親臨古戰場，對他堅持解放黑奴，不惜一戰的堅強意志，更加敬佩。

一九八二年四月，因外子參加American University一項會議，兩位子女沒有到過華府，我們為樽節開支，全家四人開車前往華府。此乃我第四次到訪華府，帶著八歲漢儀與三歲梅儀，走訪了白宮、林肯紀念堂、傑佛遜總統紀念堂、動物園、史密斯遜博物館群廣場（Smithsonian Mall）等地。同時和我旅居華府的幾位初中好友見面。

白宮是總統府邸，總統辦公與第一家庭居所，質樸無華，和雄峨的國會山莊相較，是美國平民總統理念的體現。沿著二座紀念堂，湖邊櫻花怒放，一片花團錦

一九八一年六月作者與子女於洛城狄斯奈樂園。

簇，是美日兩國友誼的展現。動物園，當然是去看貓熊了，懶懶的睡姿，圓滾滾的身軀，昭告世人，美中兩國建交後的柔性外交。史密斯遜博物館群廣場兩端，華盛頓紀念碑與林肯紀念堂遙相對望，美國開國元勳與解放黑奴的鬥士，為美國這民主共和國樹立了典範。華盛頓憲法公園，由美國華裔藝術家，民初才女林徽因姪女林瓔設計的越戰紀念碑，「V」或「人」字型黑色石碑，上刻越戰陣亡將士姓名，平躺在地上，謙卑的默默紀念這場美國失敗戰爭中犧牲的英靈，讓他們回歸大地，天「人」合一。

史密斯遜博物館群廣場廣闊的草地上，一雙兒女高興的跑跳。看著他倆，我陷入沈思，這藍天白雲覆蓋下的美國，是二十世紀多少世人想望實踐他們美國夢的樂土；我來此十四年了，雖個人學業、事業、家庭一應皆俱全，而我故鄉的父老和子弟們，似乎在遙處向我招手呼喚。忽的一聲「媽咪」，梅儀的稚嫩叫聲把我拉回了現時。去看博物館吧，史密斯遜博物館群廣場兩邊，十幾座享譽世界的博物館，一時是看不完的。我以前已看過有關藝術方面的國家畫廊等處，此次專挑兒女們有

一九八二年四月作者與子女於華府白宮。

興趣的看。航太博物館，漢儀最愛那些真飛機，比他的模型飛機令人興奮多了。三歲梅儀是女孩，博物館都太嚴肅了，好在她坐在兒童推車上，乖乖跟著我們逛，在美國殖民歷史博物館內，看到室內裝飾，及一些假人娃娃時，她也是很高興。

一九八二年四月華府之旅，是我在美國羈旅十四年中，最後一次到訪。奇異的是，我在草地上不經意的的遐想，到一九八二年底居然成真，十二月年底，我全家揮別美國，回台灣服務。

（八）普渡大學之旅（一九八二年七月）

一九八二年七月，外子應邀到「美中西部大學中國同學夏令營」演講，營地設在印州西拉法葉城（West Lafayett）的普渡（Purdue）大學。普渡大學一八六九年成立，以理工農科系著名，當時來自台灣留學生很多。既是「夏令營」，又離我們所居南灣市不遠，所以全家開車前往。「夏令營」認識很多美國中西部大學中國同學及他們的家眷子女，是全家的夏季聯誼活動。此行，我另一收穫是和我北一女初中即出國的好友宣女士見面，是我們在美國第一次會面，距離她於一九五八年出國，已是二十四年之後。分別時是愛做夢的初中女生，此時彼此都完成婚嫁兒女成行，感嘆時光匆匆，不與人留。

二、歐洲大陸

英國與法國之旅（一九八二年八月）

在美國十四年，除了美國西北華盛頓州和南部德克薩斯州外，算是遍遊全美。由於讀書、工作、家庭和子女，沒有時間、精力和財力遠遊歐洲。然而卻舉家在回台灣前，一九八二年八月下旬，我安排出一段時間，到歐洲大陸之英國與法國一遊。其根由乃源自當時外子於一九八二年七月至八月間在台灣擔任客座，八月二十三日至二十七日，代表台灣在西德薩布魯肯市（Saarbruken）開會，會後與我相約在巴黎相會作幾日旅遊，再回僑居地印州南灣市。說來此行還真不容易，我首先得向工作單位請假，其次得將二位兒女托保姆代管，再次得擠出一筆旅行預算。費了一翻周折，才能成行，有了此次難得的十天歐洲英法之旅。

十天中，前五日去倫敦，後五日去巴黎。為樽節旅費，搭乘當時所能訂到的最低價，冰島航空公司飛機特意停留半日，讓旅客出境隨意走走。因盧森堡乃歐洲彈丸小國，半日遊覽時間已夠。（Icelander Airline）。第一日，從僑居地南灣市出發，經芝加哥和冰島轉機，第二日飛抵盧森堡，航盧森堡是一美麗花園城堡，街市小巧，每家皆在陽台上蒔花種草，商店主人親切有禮。我自己一人，暫時擺脫了工作和兒女羈絆，走走看看，感到從來未有的輕鬆悠閒。

從盧森堡登機，直飛倫敦，第三日清晨抵達機場，我自行搭車到預定的旅社，放下行囊後，即刻展開我緊湊的遊覽行程。我參加大旅館經營，所提供的一日倫敦市內遊覽專車，去了倫敦塔、西敏寺（Westminister）和聖保羅大教堂（St. Paul）。倫敦塔內，充滿了英國宮廷鬥爭的血淚斑斑，冤死幽魂的鬼影幢幢。西敏寺內最引我注目的是英國歷來詩人、文豪、英雄等的安骨角落。聖保羅大教堂的高大宏偉，是倫敦遊的必須。隨車導遊乃一中年男士，說著一口英國腔英語，每到一處，口若懸河滔滔不絕，英國歷史掌故和文物源流，皆如數家珍，使我這大學主修歷史的學生，重新複習了我久已忘記的英國歷史。遊覽專車當然是市區繞行一圈，雖未下車，也看到了倫敦橋、倫敦大鐘、上下議會大廈等地標。

旅遊第四日，上午，我未參加遊覽專車，自己去參觀英國國家畫廊（National Gallery）和大英博物館（British Museum），幾乎是跑百米速度，走馬看花一番。下午，參加遊覽專車，去溫莎堡（Windsor Castle）參訪這座英國王室的別宮，驚艷於它廣闊的外觀和華麗的巴洛克內部裝潢。英倫之行遂了我多年讀英詩、英史、英童話、英童謠的實境觀賞。我多年後，還念念不忘此行，於是仿英國歌謠 L“ondon Bridge is Falling Down” 寫了一首打油詩〈倫敦頌〉將大英王國與英王室消遣了一番。（見盧秀菊個人網頁，http://www.lis.ntu.edu.tw/~sjlu/persoanl/）

但是，我始終不解的是，英國曾於十九世紀海權稱霸，殖民地遍及全球，這「日不落國」卻未發展出精美的飲食文化，到底原因如何，迄今我仍找不到答案。因此，在英國五日，我完全不講究飲食。我下榻的旅館，地點極好，就在海德公園（Hyde Park）旁邊，每日我在附近的中華料理店打發餐飲。但離倫敦前晚，我為犒賞自己，特意去公園內湖上飯店用晚餐，花了我十幾英鎊，點了一條魚為主食，結果魚一上桌，我就後悔。魚未調味，原味烤過而已，帶有腥味，我自己撒上鹽和胡椒，胡亂吃了。但這湖上飯店景色真美，情調亦佳，望著夜晚中，海德公園的樹影婆娑，湖面水光粼粼，我一個人旅行，對此佳景，心中還是為明日即將離去，對倫敦依依不捨。

第五日，中午班機飛往巴黎，自己入住預定的旅館後，傍晚，就在旅館附近隨意走走看看。在英國，我語言通，覺得自在。到了巴黎，我開始惶恐。法國人為「國格」，不願說英語。我想了一招，把大學時修過二年的有限法語，複習了一句，逢人只說這一句法語：「我不會說法語，我只會說英語」，然後就開始說英語。由於我是東方面孔，對法國人而言，沒什麼「國格」問題。只要他們會說英語，就很友善的回答我英語。因此，我在法國，開始如魚得水，又自在起來。

第六日，邵玉銘到巴黎，與我會合，我倆同遊羅浮宮（Louver），寶藏太多，只能擇要看看，蒙娜麗莎名畫當然不能錯過。晚間上艾菲爾鐵塔（Effel Tower）塔半腰間的餐廳，眺望巴黎全景。晚餐時巧遇台灣友人吳先生夫婦，寒暄一番。晚餐後，坐船夜遊塞納河（Seine Cruise），燈船穿過各式各樣不同的橋洞，夾岸各式各樣不同的建築緩緩倒退，真是詩情畫意，無限浪漫。因此我日後追憶之隨筆中有以下的句子：「燈船載著滿天的星斗，伴著一彎弦月，在清冷的夜空下靜靜地駛過，滑向過去，滑向未來，在廿四橋明月夜裡，向遊客展示著千年古都的燦爛輝煌。」（全文，見盧秀菊個人網頁，http://www.lis.ntu.edu.tw/~sjlu/persoanl/）

第七日，參加當地旅遊團，出城到巴黎城近郊遊歷。先看小三農（Petit Trianon）別墅，這原是法王路易十五為其情婦所建，是一座從洛可可派到新古典主義派過渡期的代表建築作品。次到凡爾賽宮（Versailles）。眾所周知，這所十七世紀興建，宏偉壯觀的宮殿及其美麗的皇家庭園，是法國王室極盛時期的遺產，也是第一次世界大戰巴黎和會和約簽署地，其鏡廳尤其遠近馳名。鏡廳中，整排大鏡及璀璨的水晶吊燈，金碧輝煌，令人嘆為觀止。然而，回顧歷史，法王路易十四和路易十五的好大喜功與窮極奢侈，終於導致法國大革命的爆發。歷史的反諷，當年民不聊生，君王失德，卻給後人留下一座令人讚賞的「世界文化遺產」。

第八日，在巴黎市內遊覽，途經協和廣場、凱旋大道，我不禁盛讚巴黎城市規劃之宏大氣派。到奧賽博物館（Ossay），觀賞我最喜愛的印象派繪畫大師的畫作。遊歷聖母大教堂（Notre Dame），在其著名的玫瑰花彩繪玻璃窗下留影。參觀龐比度中心（Pompedou），為其鋼管氣筒的前衛造型所折服。再到蒙馬特爾坡地（Montmartre）看街頭藝術家表演，並瞻仰附近宏偉的聖心大教堂（Sacre-Coeur），此地稍高，可以遠眺巴黎市景。

第九日，邵玉銘先回美國。我自己參加當地遊覽專車，出城去參訪楓丹白露行宮（Fontainebleau），此宮四周是一片茂密森林，景色優美，過去是法王狩獵的行宮，一八一四年，拿破崙在此簽下法王退位書。巴比松村（Barbizon）是巴比松畫派大本營，這裡是許多未成名畫家的棲身之地，全村皆是藝廊與畫室，是落魄藝術家天堂，其中臥虎藏龍，暫時蟄伏待他日成名。我一個人走走看看，享受「孤身旅行者」（lone traveller）的樂趣。

第十日，經過九天旅遊，心滿意足之餘，不禁想起家中的兒女，托付給保姆家照顧，我自己也如倦鳥般，迫不及待的，搭乘飛機經冰島回到美國的家。

此行遂我多年想望，一圓我自幼愛讀旅遊傳記，及長研修歐洲歷史，得以親臨兩國之夙願。在忙忙碌碌的人生中，暫別塵囂和工作，尋得十日心靈安歇與生活知識充電，是非常難得的。

三、回台省親

我在美國十四年，三次回台省親。

（一）第一次（一九七二年一月二十八日至三月三日）

一九七二年春天二月間，第一次回國探望雙親，是一溫馨快樂之行。

我自一九六八年九月，赴美留學，倏忽間有三年半時間。一九七〇年六月，我獲得第一個芝大遠東史學碩士，迄一九七一年冬學季，我修完第二個碩士學位之圖書館學研究院課程，正準備學科考試，稍有一些空檔時間，乃趁空回台一趟。當時，雙親剛從台北市大直搬到永和鎮永貞路，離開了居住的大直軍方眷舍。

永和在一九七二年時，尚是一個小鎮。當時父母親所居乃新建的四樓公寓，在永和鎮公所附近，四週都是稻田。雙親辛苦一生，自一九四九年丟棄了南京房屋，隨政府來台，在台灣一直隨服務單位調遷，住公家宿舍。此次是第一次在台灣購屋。我家三姊妹，大妹蘭菊已嫁，與公婆同住。

現只有小妹晚菊住家中，已開始工作。我回家期間，似乎又回到出國前，闔家的溫馨氣氛。我看望舊同學，採買衣物外，心中還免不了的記掛著美國芝大圖書館學碩士的學科考試，所以心中實際上還有負擔。

此外，二月二十一日至二十八日，美國總統尼克森訪華，發表上海聯合公報，台灣政治氣氛低迷，一般民眾也有不安情緒。[1]我父親服務軍旅，對國家一向意志堅定，來到台灣，隨著時光流逝，也知此生恐終老此間。但父親個性一向恬靜穩定，從不對工作或生活，發出怨言。父親遇事，總是沈穩應對，寬厚待人。這是我一直未能學到的長處。

（二）第二次（一九七五年六月十四日至八月二十八日）

第二次一九七五年夏天回國省親，是一焦慮不安之行。

前一年五月，母親得直腸癌，在榮總開刀，我懷有身孕，家中一直不讓我知道。九月漢儀出生時，我自己圖書館碩士論文尚未寫完，產後，我在美國，自己一面作月子，一面寫我的碩士論文。一九七四年十二月，我交出論文，獲得我芝大圖書館碩士學位。而當時外子還未寫完他的博士論文，所以家中仍然保密，沒讓我知道母親開刀之事。直到一九七五年春天，外子確定寫完論文，六月可以畢業時，家中才告知此事。我在參加完外子芝大畢業典禮（六月十三日）後，第二天便攜帶小兒漢儀啟程回台灣探望母親，回國住父母家永和鎮永貞路寓所。

母親直腸癌，所幸發現稍早，得以切除，但預後不能確保，必須作化療。母親一生體弱多病，在南京時，還得過傷寒。到台灣時，風雨飄搖時局中，心情時常鬱悶，多虧父親多方呵護，得以渡過多次身體大病難關。榮民總醫院，是早年台灣，在台大醫院之外的首選。母親開刀後，榮總一直追蹤後續，母親得到很好的照護。母親自己對飲食也很小心，因此還能在開刀後，存活三十餘年，於二〇〇六年，高齡八十六歲仙逝。

但一九七五年回台探望母親時，並不能預知日後病情發展，所以心中焦慮不安。再加上漢儀小兒才九個月大，台灣炎熱潮溼，漢兒一直生病，是所謂水土不服。我住在父母家，真是非常辛苦。然而，我趁此次回台難得機會，整理我自己留在台灣父母家中舊物，將從小到大，書籍、教科書和筆記，部份打包郵寄美國家中。至於舊友信件則選擇極少數留存外，全數燒燬。衣服雜物請母親處理捐贈。父親前一年，自草〈六十自述〉一篇，我將其增訂，托大妹蘭菊同事打字成篇，因而詳知我家的家世背景。

此次台灣之行，心中始終惶惶不踏實。如今我在美國已完成二個碩士學位，又生育了一個小兒，回美後將開始尋找圖書館專業工作，可能回台不是那麼容易了。而母親病情雖已暫時控制，但無人能保證不再發病。

在台灣二個月，說時間也算匆匆，到八月時，只得收實行囊，著帶漢儀，依依不捨的和父母親道別，回美國去了。

（三）第三次（一九八一年六月二十一日至八月十八日）

第三次一九八一年夏天回台省親，是一趟愉快之行。

前一年（一九八〇）秋天，母親因我太久沒有回台，乃於九月一日安排來訪我於美國南灣市寓所。我自上次一九七五年台灣省親回美後，即開始圖書館工作；一九七九年冬，又生了小女梅儀，無法分身回台。母親九月來美，住到十二月聖誕節大雪季節來臨之前，十二月十六日回去台灣。母親身體自一九七四年癌症開刀後，一直安好未再發病。在美時，我們夫妻二人都上班，只在週末，開車在南灣市及芝城各處玩玩。但芝城十幾家中國教授家庭，輪流宴請母親作客，他們家家推出拿手佳餚，母親很是高興。

一九八一年六月，外子申請到台灣中央研究院美國研究所客座半年之機會，我們全家又安排一趟回台之旅。我動用我休假和留職停薪二名目，向服務的南灣市公共圖書館取得八星期假期。此旅，在美國，我們先順道遊覽了洛杉磯狄斯奈樂園和夏威夷熱帶園林和海灘，已如前述。

回到台灣後，邵玉銘租房屋半年，準備作客座之居。因所租套房太小，並且他要上班。我們母子女三人是來渡假，就住在我父母永和家。此時，父母已遷居到另一所位於永和鎮國中路的公寓。

回台灣時，小兒漢儀六歲半，梅儀一歲半。我們一向重視子女的中文教育，因這次回國時間長，便將漢儀送入父母家旁邊的私立育才小學，註冊一年級暑假班，做旁聽生，學會國語注音符號。回美國時，我買了國立編譯館的小學國語課本，準備回美後自己教中文。梅儀還小，就留在家讓我父母親含飴弄孫。至於祖父母家在屏東，我們也安排南下省親，讓他們二老高興。

因當時外子客座，我也會見不少他的長官、同事與友人。此外，我會見我的舊友、親戚，也與我父母、妹妹們、妹妹子女們，同遊故宮博物院、國父紀念館與植物園等處。因自幼，我家成員感情好，所以如今兒女成行，也相處愉快。一雙兒女也享受到長輩們呵護的天倫之樂。

八星期很快過去，我於八月中，獨自一人攜帶一對兒女回美國僑居地印州南灣市，我銷假上班，漢儀也回去讀小學二年級了。邵玉銘則須留在台灣客座，經體驗半年，因此得以下定決心，於次年（一九八二）底，毅然決定辭去美國工作，全家回國服務。

註

1 一九七二年二月二一至二八日，美國總統尼克森（Richard Milhous Nixon，1913-1994）訪問中國大陸，中美雙方在上海發表聯合公報，拉開美國與中共正式外交的序幕。

台灣篇

（三十九至六十八歲，一九八三至二〇一二年）

在「附錄六、時代背景史事簡述」之「美國篇」的時代背景中，我簡述我不曾參與的台灣十年。總括一九七〇年代，對台灣而言，是好壞參半的十年。大陸則綿亙十年（一九六六至一九七六）的文化大革命結束。一九七九年，中共與美國建交，美國國會通過台灣關係法，台美斷交；大陸實行改革開放。

一九七〇年代，台灣局勢被認為不甚穩定。台灣雖退出聯合國，並與美國斷交，但國府當局處變不驚，仍然奮力建設台灣。在這樣局勢下，留學生學成回台服務的人數不多，大多滯留海外。然而一九八二年底，我們舉家回國，算是較少事例。我家在小兒漢儀年滿八歲，小女梅儀年滿三歲之時，回到國內。一則希望兒女能受正規中文教育，二則也希望我們自己研習歷史及圖書館學的，能服務自己的國家，三則父母年邁，希望能就近照顧。終於揮別了羈旅十四載的美國。

本篇以下三章，將敘述回台灣後，我的專業工作、兒女求學教育，以及我生活今昔對照的回顧。

第七章　台灣教職與生活（三十九至六十八歲，一九八三至二〇一二年）

一、舉家回台定居
（三十九歲，一九八三年）

一九八二年底，我在美國已住滿十四年，邵玉銘在美國已住滿十七年。我們雖身在美國，但始終抱有回國服務夙願。終於在一九八二年十一月七日下定決心，舉家回台灣服務。十二月七日，委託跨國搬家公司，由海運將我們托運物品運送回台。十二月二十二日寒冬清晨，全家到南灣市小機場登機，取道芝加哥和舊金山，轉搭中華航空飛機，於次日，十二月二十三日回到台灣。離美時，正值聖誕節假期，到處聖誕樹聳立，喜氣洋溢，一對兒女非常高興，以為如往年般出外渡假，孰不知卻到了一個他們完全陌生的國度。十二月二十三日晚間，飛機抵達桃園中正機場，在美國托運貨櫃還未運到台北，我家亦尚未覓妥新居前，暫借住我永和鎮國中路父母家。

回到台灣後，千頭萬緒。在我的工作和二位子女就學安排的同時，我們要尋覓新居。一九八三年一月二十八日到基隆海關，報關領出在美國印州南灣市送走托運來台的貨櫃一台，內有原美國家中所有傢具、電器、衣物、書籍等物。於一月二十九日搬入租賃的新居，設籍台北市敦化南路一棟大廈。

決定舉家回國服務，是一件大事。一九八二年十一月決定，到一九八三年二月在台灣安定下來，整整四個月，全家動盪不安。一九八三年三月一日，辦妥戶口名簿，算是正式定居。而美國的房屋一時尚無法脫手，直到七月二十一日美國房屋賣掉，我家才真正安定下來，從此在台灣安居樂業，直到今天。

一九八二年底，當時外子因已受聘一國內教職，並兼一外交基金會工作，故毅然決定回國。然而，我的工作尚無著落，因此回國後第一件事，便是積極尋找工作。

一九八二年十二月二十八日，我面見國立台灣大學（簡稱台大）圖書館館長陳興夏先生，緣自於聽聞有一編目主任缺額；但見陳館長後，方被告知並無此職缺。一九八三年一月五日，我又面見台大文學院院長侯健先生，亦承告知台大圖書館學系現暫無職缺；並委婉提及，我無「那張紙」（博士學位證書），恐不符合申請台大需求，我失望而歸。事實上，那時台大文學院各系，專任教職者，無博士學位的，所在多有，因此我當時頗為訝異有此規定。但我並不氣餒，秉持在國外十四年的經驗，到處求職，並不怯場。

我再接再厲，於一月十一日，面見國立台灣師範大學（簡稱師大）校長郭為藩先生與圖書館館長楊國賜先生。出乎我意料之外，他們並未要求博士學位，反而因我有二個碩士學位，被獲優先考慮聘用。當時歷史系因將進入一九八二學年度下學期，不便於學年中途聘用。因此以我圖書館學碩士學位，師大先「派任」我為圖書館系統分析師，兼採錄組主任；我於一月二十日接受此職位。一月三十一日人事室報到，二月一日起上班，是為一九八二學年度下學期。到一九八三學年度時，師大改「聘任」我為歷史系講師，兼圖書館採錄組主任，於一九八三年八月一日起聘任教。回國後，經過一番努力，我的工作也算塵埃落定，自此開啟了我在台灣的長期工作，直到二〇〇四年七月三十一日，我年屆六十歲，因肺部發生問題，提前退休為止。

回顧細數，我回台灣後，專任教書生涯二十一年（一九八三至二〇〇四），退休後轉為兼任教書生涯以來（二〇〇四至二〇一二），也有七、八年之久。

二、台灣師範大學教職

（三十九至四十一歲，一九八三至一九八五年）

一九八三年二月一日，我就職師大圖書館系統分析師兼採錄組主任後，不久即放寒假，到二月十八日恢復全天班，從此開始我朝八晚五的上班生涯。首先被分配的第一項額外工作是撰寫一篇英文論文：On-line Bibliographic Retrieval Service: National Taiwan Normal University's Experience”[1]，介紹當時剛由我國國際電信局引進的「國際百科資料庫服務」（Universal Database Services, 簡稱UDAS），署名師大圖書館（NTNU Library）為著者，由楊國賜館長宣讀於「亞太第一屆圖書館學會議」（The First Asian-Pacific Conference on Library Science）。一九八三年三月十三至十九在台北舉行。其次，是由師大主辦一項研習會，邀請加拿大兒童圖書館學專家費思克（Adele M. Fasick）教授來台演講；社教系張鼎鍾教授要我為其現場做同步翻譯。會後，我將該演講文譯成中文「資訊時代的兒童圖書館服務」，刊載於《台灣教育》期刊上。（見附錄二，盧秀菊著作目錄）

回國前，我在美國印州南灣市圖，擔任技術服務部副主任，轄下含分類編目和採購二項業務，純屬技術服務範圍。圖書資料採訪，南灣市圖是由參考服務員擔任圖書選擇工作，書單交由技術服務部進行訂購作業。一九八〇年代初，台灣的各大學圖書館組織，大概分為採訪、編目、典藏、閱覽四組，名稱稍有不同。當時師大圖書館亦依例，分採錄、編目、典藏、閱覽四組。一九八三年二月至七月，我擔任師大圖書館系統分析師兼採錄組主任，及後來一九八三學年和一九八四學年，擔任歷史系講師兼圖書館採錄組主任；採錄組職責是負責承辦全校圖書資料選書、訂購、登錄三項主要工作。

擔任師大採錄組主任，負責全校共同圖書和期刊的訂購，但因國內採訪工具書缺乏，書評書目之刊物不齊全，選書須依圖書代理商或出版商提供的零星資訊，不能有效作書目控制。此外，師大各系所皆有獨立經費預算購買該系所圖書資料，各系所自擬所選書單後，交由圖書館採錄組統一採購，再經編目組分類編目後，交由各系所館或院分館典藏流通。採錄組主任對各系所自擬書單有審核同意權，主要是查核複本，並不對各系所購書細目加以限制或干預。採錄組另有學校編列的專款，負責全校共同使用圖書資料，如參考工具書籍與期刊之選擇與訂購，典藏於圖書總館，供全校使用。印象中最深刻的是，我擔任師大採錄組主任二年半期間，台灣商務印書館推出一套《文淵閣四庫全書》影印本，當時總價高達新台幣一三八萬餘元。既然各系所採購經費有自主權，因此師大除為圖書總館訂購一套外，校內各系所分館亦有個別訂購一套的。我以採錄組主任職責所在，有查核複本權，但如某系所堅持，也未必能阻止其購買某書為其系所圖書館典藏。以圖書與經費整體考量，師大一校即購買數套如此大部頭高金額的《文淵閣四庫全書》，殊為浪費公帑。

國內圖書資料（圖書、期刊、錄音資料、錄影資料等）受制於政府採購與登錄法規的規定，依「行政院財物分類標準」，在公家機關保管組登錄為「財產」、「非消耗品」、「消耗品」等名目。例如，圖書被視為「財產」，須登錄，十年才能報廢；且每年報廢額度，當時是千分之一，後來才提高為千分之三。在我接任採錄組主任前，適逢審計部查核財產，師大保管組出示的圖書記錄與圖書館的圖書登錄簿，二者細目不相符合。是故，師大圖書館被審計部要求重新編製圖書登錄簿，務必與保管組的圖書記錄吻合。此一工作即耗費我採錄組一位館員一年的時間。此種誤差乃理所當然，因登錄時間先後而產生。此後，保管組與圖書館協調，彼此協定以後師大只出示一本圖書財產登錄記錄給審計部查核，即不再發生上述問題。

師大圖書館，以我從美國回來服務的來看，相當上軌道。我個人從館內同仁處聽聞得知，大家相當佩服前任館長張鼎鍾教授的營運和改造。而我個人最敬佩的是她任內編印的《國立台灣師範大學圖書館工作手冊》，在其「序」中，開宗明義的指出：精確性、完整性和一致性是圖書館管理過程中所恪遵的原則。良好的圖書館，必須具備有為讀者服務的熱忱精神和科學化有系統的管理方法。工作手冊的製訂，就是達到圖書館作業精確、完整和一致的科學管理方法之一。[2]這就是我在美國服務時，學到的機構管理，必須重視「標準作業程序」（SOP, Standard Operation Process）。換言之，工作要求精確性、完整性和一致性，才能保證服務品質。

在師大二年半期間，除前半年擔任採錄組主任外（一九八二學年下學期），後二學年（一九八三學年、一九八四學年），我的專職是歷史系講師，必須教課。由於兼任採錄組主任行政職務，授課時數從原來講師之十小時減至四小時。二年間，我擔任過的課，有全校共同必修的「中國通史」與「中國現代史」二門，各門皆二學分，授課二小時。「中國通史」，我倣效大學在台大讀書時，夏德儀教授的教課方式，不再如國中或高中歷史課，從古到今，平鋪直述方式授課；而是將中國歷史長流，劃分成專題式分題講述。如此，「中國通史」則有別於國中或高中歷史課，提高學生上課興趣。「中國現代史」涵蓋清季鴉片戰爭迄今，史實千絲萬縷，複雜萬端，我亦採較有系統的解析與講述，以致史實條理分明，使學生易於學習。因以上二課為校必修課，我二年之間，教過的班級有生物系、物理系、體育系等。師大學生很優秀，教課使我很有成就感，我和學生也建立了一份師生情誼。迄今我研究室中還擺著一份當年物理系一九八七年畢業級乙班全體同學贈送給我的「吾愛吾師」黑色大理石圓盤，上雋刻一段感人文字：「長者吾師也，他的心胸中有萬有文庫，講起書來徵引繁富，妙語如珠，能解上下數千年也。……可敬的吾師啊。」[3]

師大歷史系教師陣容堅強。每月其中一個星期三，安排教授作研究心得報告。我因資淺，輪排下來，在我任教第二年將結束時，輪到一次。我將我在美國芝加哥大學遠東系一九七〇年六月畢業的碩士論文修改過，增加新資料，以「漠河金礦」為題，與同仁分享。其後分別以英、中文二篇論文發表於《師大歷史學報》："The Moho Gold Mines, 1885-1910"（英文）和〈清季的官營礦業〉（中文）。[4]

三、台灣大學教職

專任（四十一至六十歲，一九八五至二〇〇四年）

退休兼任（六十至六十八歲，二〇〇四至二〇一二年）

在師大任職期間，我亦被台大圖書館學系（簡稱台大圖館系）[5]延攬為兼任講師，講授「西文圖書分類與編目」（簡稱西編）課。因我在美國印州南灣市圖主持過圖書館圖書資料自動化作業，將OCLC系統轉換成CLSI之PLUS系統，對USMARC格式與AACR2編目規則非常熟悉；故上課時，除本班必修同學外，不少圖書館館員也要求我准許他們前來旁聽。或因此課之故，一九八五學年度，一九八五年八月起，我被聘任為台大圖書館學系專任講師，於是離開了師大歷史系專任及圖書館兼任職位。在台大則不兼行政職務，全心教書。

一九七〇年代的台灣情勢，因一九七一年我國退出聯合國與一九七九年中（台）美斷交，台灣局勢被認為不甚穩定，故我們那一代留學生學成回台服務的人數不多，大多滯留海外。一九八〇年代，仍承襲此風。我家舉家回國服務，當時乃屬少數。一般而言，一九五〇年代到一九七〇年代，台灣留學生赴美研習人文學與社會科學的，因獲得獎學金困難，很多靠打工賺取學費，生活非常辛苦。圖書館學能讀到博士學位的，亦是人數有限。一九八三年回國後，我以二個碩士學位，先後得以任教師大與台大，至感幸運。到一九九〇年代，台灣留學生大多學成後歸國服務，不再滯留海外，歸國博士人數增多，想要在國內大學任教，必須擁有博士學位。

大凡在大學任教，中外皆然，大學教師必須肩負三項任務：教學、研究與服務。我回國甚晚，三十八歲才從海外歸來。其時，我大學同學留在國內發展的，大都升任正教授了，我則才剛從講師職位開始。為了初聘和升等，我一共寫了並出版了三本書。《The Imperial Printing of Early Ch'ing China, 1644-1805》，於一九八三年出版，作為進台大受聘為專任講師的著作。《圖書館規劃之研究》一書於一九八八年出版，作為講師升副教授的升等著作。《現代圖書館組織結構理論與實務》一書，於一九九四年出版，作為副教授升正教授的升等著作。至於出版期刊論文，我在專任期間（一九八三至二〇〇四年），共計近百篇，幾乎全部都是我本人為單一著者。此外，我個人

二〇〇四年六月十八日，
作者退休茶會一。

或與人共同主持國科會的專案，有十二種，個人參加研討會發表的論文有七篇。（見附錄二、盧秀菊著作目錄）教學方面，我頗受學生歡迎，具體事蹟是一九九九學年度，我榮獲台大優良教師之表揚。[6]

在台大，一九八五年八月，我被聘任為台大圖書館學系專任講師。一九八八年八月升專任副教授，一九九四年八月升專任教授，迄於二〇〇四年七月退休。退休後，二〇〇四年八月起，繼續在圖資系兼任，以迄於今。一九九八年九月，本系改名為台灣大學圖書資訊學系（簡稱台大圖資系），因此我退休時之職稱是台大圖資系教授。

在台大專任期間，除前已講授「西編」課外，尚陸續開授其他課程。「圖書館史」是大一必修課，涵蓋西洋圖書館史和中國圖書館史。「專門圖書館」是大三和大四選修課，講授專門圖書館和資訊中心的經營和管理。「社會科學文獻」是大三和大四選修課，為增強學生修習「中文參考」和「西文參考」課後，在社會科學領域中相關參考資源的學養。「中文圖書分類與編目」（簡稱中編）是大二必修課，

一九九八年三月圖書館學系研究室（文學院側樓）。

二〇〇四年六月一八日，作者退休茶會二。

涵蓋基礎的中文圖書分類與編目技能。我升任副教授後，由於開授「人文科學文獻」的教授退休，我乃接教此課；原來我所教的「社會科學文獻」則改由其他教授教課。「人文科學文獻」是大三和大四選修課，為增強學生修習「中文參考」和「西文參考」課後，在人文學領域中相關參考資源的學養。我升任正教授後，又教過以下課程。「圖書館學導論」是大一必修課，涵蓋圖書館學理論與實務，是本系的入門課，亦開放成為全校選修的通識課。「讀者服務研討」是研究所碩士班必修課，以研讀和討論圖書館讀者服務相關圖書和論文為主，並繳交一篇學期報告。「公共圖書館研討」是研究所碩士班選修課，以研讀和討論公共圖書館相關圖書和論文為主，期末繳交一篇學期報告。二〇〇四年七月退休後，從二〇〇四年八月起，我在台大圖書資訊學系，改聘為兼任教授，上下學期各教一門課，「人文科學文獻」與「公共圖書館研討」，各三學分。（見附錄四、盧秀菊台大授課課程。）

在以上所教過的課程中，以下幾門課對我具有特殊意

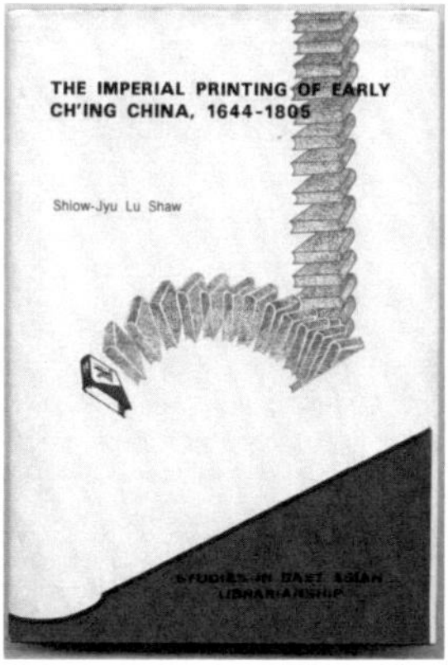

左：作者著作一。
下：二〇〇一年台大圖資系四十週年慶教師著作展。

義。一九八八學年度至二〇一〇學年度，共二十二個學年度（一九八八至二〇一〇），我持續教授「人文科學文獻」一課。該課原設計為三門必選課之一，其他二門是「社會科學文獻」及「科技文獻」。因此「人文科學文獻」課的選修學生皆是志願來上課的，學習意願高。該課涵蓋哲學、宗教、語言與文學、視覺藝術、表演藝術五大門類。由於該課口碑甚佳，二〇〇〇學年度起，由系上同學實習課提供初步技術支援，我自己規劃設計並提供內容資料，於二〇〇二年二月完成「西洋人文學文獻」網頁，放在網路上，與公眾分享。該網頁包括四部份：簡介、教師、課程、相關資訊；除列有我上課大綱，選擇的紙本書目外，還提供人文學電子資源相關訊息和連結。因這網頁的完成，引起學生關注我個人，觸動我製作我個人網頁的想法。二〇〇二年七月完成「盧秀菊個人網頁」，分成三大部份：教學與研究、簡傳與隨筆、生活與旅遊。教學與研究部份包括研究領域、著作目錄。簡傳與隨筆部份包括四篇學生和雜誌對我所作的訪問稿、十七篇有關親情和旅遊的隨想和感懷。生活與旅遊部份包括四十五

作者著作二。

作者著作三。

作者著作四。

張生活照集錦。[7]

「中編」與「西編」是我在台大圖館系與改名後的圖資系多年來任教的必教課目。我教的班次，有大二與大三雙號班的「中編」與「西編」。此外，我系研究所碩士班，除招收大學本科系畢業生外，還招收大學本科系外畢業生，包括文、理、工、農、政、法、商等院系畢業生，期望其大學主修科目的學科專長可補圖館系畢業生學科素養的不足。然而，他們進來後，研一時，須補修若干門課，以彌補其圖書館專業素養之不足。「中編」與「西編」是其中二門課，零學分，各二小時；後來「中編」與「西編」合併成一門課，零學分，三小時。自一九八五學年我進入台大，至二○○三學年，我退休為止，二十年（一九八五至二○○四年）間，所有非本科系畢業而進入本所的碩一學生，我都教過，其中人才輩出，如今仍在圖書館及圖書資訊領域中，或為中層幹部，或引領風騷，所在多有，不一一列舉他們的大名。

至於二門研討課，「讀者服務研討」和「公共圖書館研討」是開授給研究所碩士班學生，以研讀和討論相關圖書和論文為主，並繳交一篇學期報告。「讀者服務研討」是碩一必修課，每年級一班約十五人；課程目的在訓練學生閱讀我預先選出的英文文獻，閱讀後寫簡短的中文作業九篇，上課時每位學生用六分鐘作口頭報告；期末報告一篇則自選題目，依本系採用的引註和書目格式（Chicago Style 或APA格式）撰寫，最後三週分批作口頭報告。「公共圖書館研討」是碩士班選修課，作業要求與「讀者服務研討」相似；只是學生人數較少，每次約二至五人，故上課時間充裕；往往學生期末報告，後來可發展成其碩士論文。

四、教職相關專業服務

（三十九至六十八歲，一九八三至二〇一二年）

大學教師的主要職責，除教學、研究外，尚包括服務。國內與圖書資訊學事業相關的學會及活動繁多。我自一九八三年回國就業以來，不論在師大或台大專任時，都積極參加各類專業活動。退休後，投入更多時間在專業活動方面。

（一）專業學會

中國圖書館學會是圖書館相關學會中，歷史最悠久的。該會前身為中華圖書館協會，一九二五年創設於北平，已近一世紀歷史；一九五四年在台復會以來，也有五十餘年歷史。由於名稱與中國大陸的「中國圖書館學會」名稱相重覆，台灣復會的名稱於二〇〇六年起改稱「中華民國圖書館學會」。我在學會中，幾乎每年皆當選為理事或監事（一九八三年迄今）；有數屆擔任常務理事（二〇〇〇至二〇〇二）或常務監事（二〇〇八至二〇〇九）；也曾擔任過國際關係委員會召集人（一九九一、一九九二、一九九四、一九九五）。

中華圖書資訊學教育學會，於一九九三年成立。辦理國內圖書館學與資訊科學的教育研究與發展活動。並舉辦「海峽兩岸圖書館學與資訊科學研討會」，一九九三年迄二〇一二年，共辦十一次，在大陸之上海、北京、武漢、大連、廣州、南京等地，與大陸重點大學之圖書館學與資訊科學領域的系所合辦，共同推動兩岸學術合作與交流。在學會，我除多年擔任理事或監事（一九九三至二〇一〇）外，亦曾擔任過兩屆學術交流委員會主任委員（一九九六至一九九九）。

美國資訊科學學會（ASIS，後改名ASIST）台北分會，自一九八三年在台北成立以來，積極推動台灣資訊科學與技術的研究與發展，並積極與美國總會合作。我擔任台北分會一九九三年會長（一九九三至一九九四）時，舉辦「索引典理論與實務研討會」。[8]該年台北分會榮獲美國總會嘉獎褒揚。

（二）政府部會

行政院教育部或文化建設委員會（文建會）是國內公共圖書館的二個上層主管機關。有管轄台灣各級公共圖書館經費、人員與館藏，以及輔導其業務與服務的職責。我自二〇〇一學年度，台大教授休假年度時，參與輔導縣市及鄉鎮圖書館的活動以來，持續不斷的參加各項活動。二〇〇一至二〇〇四年國家圖書館專案、二〇〇五至二〇〇七年國立台中圖書館專案、二〇〇八至二〇一一年國立台中圖書館與國立中央圖書館台灣分館的專案，輔導巡訪縣市文化局及鄉鎮圖書館的活動，我全都以委員身分參加。粗略統計，全省二十一縣市文化局圖書館，我全到過不只一次；三百零九所鄉鎮中的圖書館，我大概訪視過三分之一以上。二〇〇一至二〇〇四年，國家圖書館三年專案，其第二、三年（二〇〇三、二〇〇四）評鑑鄉鎮圖書館，所採用的評鑑手冊，乃由委員會委託我所擬定的〈台灣地區公共圖書館營運績效評量表〉[9]作為評鑑的依據。該評鑑手冊，也是台灣地區，第一次施用於全省鄉鎮圖書館的評鑑手冊，頗受好評和肯定。

經濟部中央標準局，我被延聘為「國家標準起草委員會」委員（一九九五至二〇〇三），其後亦被延聘為經濟部標準檢驗局「一般及其他國家標準技術委員會」委員（二〇〇五至二〇〇八），參與國家各項標準的審查討論。中國圖書館學會在其「標準委員會」主導下，通過四十餘項有關圖書資訊學領域的國家標準，我皆參與起草或審查工作。

檔案管理局，我擔任「檔案應用服務推廣諮詢委員會」第二、三屆委員（二〇〇四至二〇〇六，二〇〇六至二〇〇八）。協助審查各項專案，並受邀為其機關刊物撰稿，探討檔案使用者服務之績效評估議題。[10]

(三) 圖書館

我國三大高層圖書館，我皆積極參與其活動。國家圖書館是國內圖書館的領導。我因長年在台大教「圖書分類編目」課程，所以自二〇〇四年以來，被其聘請為「技術規範諮詢委員會諮詢委員」。舉凡圖書館技術規範的編訂審查等工作，如中國編目規則、中國圖書分類表、中文標題表等，皆全程參與。此外，另二所圖書館，我亦受聘，如，國立中央圖書館台灣分館，我被聘請為「圖書館事業研究發展委員」（一九九一至二〇〇六，二〇一二）；國立台中圖書館，我則被聘請為「專業人員評審委員會委員」（二〇〇六至二〇〇八）。

二〇一〇年十二月五都建置以前，我國二所直轄市圖書館，台北市立圖書館，我長年擔任「館務發展顧問」（一九九〇年迄今），高雄市立圖書館，我則被聘為「館務發展諮詢委員」（二〇〇五至二〇〇八）。由於我的學術專長之一是圖書館規劃與評鑑，以上二所圖書館評鑑時，皆曾聘我為館外評鑑委員，高雄市立圖書館是二〇〇三年與二〇〇四年，台北市立圖書館是二〇〇八年。

總言之，我自一九八三年返台任教以來，從講師升副教授、到正教授，重心以教學和研究為主。直到一九九四年升任正教授後，教學和研究壓力稍減，校外邀約和參與則日益增多。二〇〇一學年度，我蒙台大核准「教授休假」，除收集和研讀資料，撰寫休假論文，後發表成〈圖書館學之理論基礎〉長文[11]之外，開始參加公共圖書館的活動；從此開展了我對台灣公共圖書館的投注。我在美國十四年（一九六八至一九八二）間，除讀書六年（一九六八至一九七四）外，服務於南灣市公共圖書館有六年（一九七六至一九八二）之久。因有感於美國公共圖書館的優良制度與服務，想將經驗引介並應用於國內。除在研究著述時，將國外公共圖書館營運著作，介紹給台灣外，遇有機會，即隨國家部會及各級圖書館主持的公共圖書館輔導團下鄉，巡訪縣市級圖書館和鄉鎮級圖書館，散佈公共圖書館營運的理念與實際運作的方法。上述〈台灣地區公共圖書館營運績效評量表〉在二〇〇三年和二〇〇四年的被採用，是我個人認為我投注此項活動的最大收穫。此後，台灣每年皆有公共圖書館，尤其是鄉鎮圖書館的自評或上級評鑑。在鄉鎮圖書館的推廣理念上，我尤其強調推廣閱讀和加強地方文獻蒐求的二項基本功能，這些言論和實際投入，我相信應有一些成果，亦被訪問報導所肯定。參見「盧秀菊退而不休，為圖書館找新價值」一文。[12]（見附錄一訪談四）

（四）國內研討會

在台灣舉辦的研討會，我參加甚多，如僅受邀擔任主持人，此處不列。以下專就參加研討會中，曾經發表論文的，摘要記述。[13]至於與大陸兩岸學術交流，所參加在大陸舉辦的研討會，將在下第八章概述。

一九八三年三月二十七日，中央研究院歐美研究所主辦之「美國圖書館之教育功能研討會」，我宣讀「美國公共圖書館行政人員教育課程之探討」論文。

一九九五年十二月九日，中國圖書館學會主辦之「圖書館營運之規劃與評估研討會」，我宣讀「圖書館規劃」論文。

一九九七年五月二十六至二十八日，中國圖書館學會主辦之「海峽兩岸圖書館事業研討會」，我宣讀「談圖書館學與資訊科學教育大學部學程及學科專長問題」論文。

二〇〇二年十月二十四至二十六日，台北市立圖書館主辦之「公共圖書館經營管理國際研討會」，我宣讀「我國台灣地區公共圖書館行政組織體系概述」論文。

一九九三年美國圖書館之教育功能研討會。

二〇〇二年十二月十二至十四日，行政院文化建設委員會主辦之「二〇〇二年海峽兩岸公共圖書館實務研討會」，我宣讀「公共圖書館發展與其文化背景之關係」論文。

以上五篇研討會宣讀之論文，後來全部改寫，發表於圖書館學領域之相關期刊上。[14]

五、台灣生活

（三十九至六十八歲，一九八三至二〇一二年）

（一）回台定居

一九八二年，我揮別住滿十四年的美國，於十二月二十三日回到台灣。在美國托運貨櫃還未運到台北，我家亦尚未覓妥新居前，暫借住永和鎮國中路我父母家中。

小兒漢儀回台灣時已經八歲了。他在美國讀完小學三年級上學期。回國後，因該學年上學期還未結束，為不荒廢時日；十二月三十一日起，我將他送進永和鎮父母家旁邊的私立

二〇〇二年公共圖書館經營管理國際研討會，作者。

育才小學借讀，讀到一九八三年一月二十六日參加小學三年級上學期的期考後，學期結束。二月二十四日小學三年級下學期開學時，他因具僑生身份，得經僑務委員會分發，進入素有輔導雙語兒童經驗，位在和平東路上的台北省立師範專科學校附屬實驗國民小學（簡稱北師專附小）就讀。回國前，一九八一年夏天六月二十一日至八月十八日，我們全家回台灣住了一個暑假，我已將他送到永和私立育才小學借讀一年級暑期班，學會了國語注音符號。回美國後，我便自己採用台灣國民學校的小學國語課本，在家裡教他學習中文。這種自學式中文學習，進度很慢，又無同學互動，效果有限。但漢儀中文程度還算差強人意，在北師專附小編班考試時，考小學三上國語，非常勉強通過。我衡量之後，因恐漢儀日後學習太受挫折，自動對學校建議，讓他降轉，從小二下開始就讀。反正他是九月出生，在美國本是早一年入讀小學，如今回台，降讀一年也無妨。此項決定，日後證明是對的。他進北師專附小，後來又遇到二位非常好的老師，所以漢儀回台灣就讀小學，未發生任何問題。

一九八九年慶祝作者母親節。

梅儀滿三歲時回台灣，她當時英語和國語都在牙牙學語階段。她回國之初，脾氣突然變得易怒，因為她半懂不懂的小心靈裡，時時訝異，為什麼環境一下子全變了。她所熟悉的保姆媽媽爾凡（Mrs. Irvine）女士和玩伴都一下子消失了。困惑中，她會對著我叫「噠拉」（Dara），似在找尋什麼人。起初我不解，後來恍然大悟，她在找「莎娜」（Sarah），她的小玩伴，保姆媽媽的女兒。她同時會唱一首童謠，“Ring A-round The Roses”[15]。她口齒不清，唱時童音甜美，模樣可愛，還連帶著表演動作，她外公每次逗她，要她唱時，那種疼愛外孫女神情，慈祥非常。借住永和父母家這一個月，我就近將梅儀送去就讀附近的永達幼稚園。

後因我任職於國立台灣師範大學（簡稱台師大），一九八三年二月起，梅儀進了負有盛名的台師大的家政系附屬幼稚園，從小班開始讀起。[16]為了儘快適應台灣的學校，我們決定不與她說英語，專門只說國語，以免她小腦袋混淆。等她適應了幼稚園，慢慢會說國語了，大約一年後，才讓她開始跟我們聘請來，擔任家庭教師的的美籍留台學生，學習英語。此時她原有的一點英語根底，似乎又復活了。因此她學得很快，而且發音標準，沒有華語腔調。

回到台灣後，千頭萬緒。在我的工作和二位子女就學安排的同時，我們尋妥新居。設籍台北市敦化南路後，為佈置新居，二月四日到南昌街添購衣櫃及書架等傢具時，天雨鞋滑，在某傢具店內下樓梯時，我不慎摔倒，下巴碰撞某一傢具尖角，頓時血流如注。立刻飛車駛往忠孝東路的宏恩醫院急診，經醫生以小針細心縫合下巴傷口後，於二月十一日拆線，幸未破相，是為萬幸。

（二）子女讀書與就業

漢儀回國時，我們雖設籍敦化南路，但他得以僑生身份分發到有輔導海外歸來小僑生職責的北師專附小，讀二下到五上（一九八三至一九八五）；後因遷居到仁愛路四段，乃轉學到離家較近的仁愛國小，讀完小五下到小六下（一九八五至一九八七）；國中則就近讀仁愛國中（一九八七至一九九〇）。梅儀學前讀完台師大附幼（一九八三至一九八五），國小六年就讀住屋學區內的仁愛國小（一九八五至一九九一）。國中時，我們購買政府配售的青田街寓所，梅儀就進入學區內的金華國中（一九九一至一九九四）就讀。

當初我們舉家回國目的之一，就是希望兒女能受完整的中文正規教育。在國外，上週末華語班，蜻蜓點水，又無日常練習的環境，很難將中文學好。經過國小與國中階段，兒女中文有了基礎。同時，我個人也深入瞭解到國內教育的優缺點，體察到國內教育不如國外的重視啟發與鼓勵創新。應二個兒女要求，高中教育可轉往美國教育體系就讀。但我家的唯一交換條件是，高中暑假要將國內教科書，高中國文六冊讀完，凡有圈點的古文篇章，必須背誦默寫。我們聘請一位北一女國文教師來督導上課，使他們具有高中生起碼的中文讀寫素養。

我家二位兒女出生在美國，美國國籍法採屬地原則，因此具有美國國籍。漢儀高中時，回到美國麻州一所寄宿學校（Prep School）私立的Northfield Mount Hermon School就讀，此校名被中國同學譯成美麗的中文名：「北原荷夢山」。美國高中學制，乃四年制九至十二年級（9-12Grades）。漢儀英文根底不錯，不用讀台灣已讀過的國中三年級（相當於美國的九年級），可直接讀十年級。但漢儀在國內讀小學和國中，一共七年半（一九八三至一九九〇），在全用中文的教育體系，突然間又轉回到全英文體系的高中讀書，第一年是非常辛苦的。還好他全力以赴，高中畢業成績不錯，得以進入父母親的母校，芝加哥大學。漢儀在芝大，大學前二年依規定，修習課程以通識課程課目為主，後二年則自主選擇政治學與東亞研究為雙主修，經四年（一九九三至一九九七）學習，獲得學士學位（一九九七年六月）。因大學時選修了日文，對日文及日本文化發生興趣，所以他大學還寫了一篇有關中日釣魚台爭議的學士論文。畢業後，又花半年時間（一九九七年九月至一九九八年一月），到京都日本研究中心（Kyoto Center for Japanese Studies, KCJS）進修。同時修改釣魚台論文，其後發表在知名的期刊上。[17]

一九九九年秋，漢儀正欲入學已被錄取的哥倫比亞大學國際公共事務研究院（School of International Public Affairs, SIPA）之際，偶然至紐約的麥克世界博覽會（MacWorld Expo），於會場中，漢儀以Microsoft Office長期使用者自居，提供一些對於產品的建言。美國微軟公司（Microsoft）因重視漢儀對Microsoft Word的深入瞭解，多年因個人興趣而培養的設計專長，以及對於Unicode的瞭解，以高薪聘請他進入位於西雅圖的微軟總部工作。我本反對，要他先讀完哥大碩士學位再去工作。所以，漢儀原來只想去工作一年的。但後來非常喜歡微軟公司的研發工作，就繼續工作下去。一直到二〇〇八年一月，漢儀重新申請哥倫比亞大學國際公共事務研究院，並再次錄取。因漢儀堅持回哥大取得需兩年的碩士學位，但微軟希望他留職，他乃決定轉哥大東亞研究所（Weatherhead East Asian

Institute），一面工作一面攻讀學位。漢儀以一年時間，往返西雅圖與紐約兩地修完課程。雖然仍有微軟全職工作，但他全力以赴，竟然十門課有九門A，又以半年時間寫完碩士論文，於二〇〇九年五月獲得東亞研究碩士學位。漢儀的碩士論文為中日釣魚台爭議，由於其中有他自日本各重要史料館及公文館，取得的新發現的歷史文獻，此論文後來又經改寫發表在一份重要的年報刊物上。[18]漢儀論文發表後，回國參加會議時，於二〇一〇年十二月三十日被馬英九總統召見，深入垂詢有關釣魚台諸問題。迄今，漢儀在微軟公司，職位歷任產品項目經理（Program Manager）及資深產品項目經理領導人（Senior Lead Program Manager），為產品Microsoft Word for Mac二〇〇四、二〇〇八、二〇一一的領導人。現職為首席用戶體驗兼創意總監（Principal User Experience Manager），負責Office for Mac的整體用戶體驗設計，工作非常投入。而漢儀工作之餘，就以釣魚台為其學術研究的業餘興趣（hobby），經常回國參與相關學術會議，發表有關釣魚台爭議研究的論文。

梅儀與漢儀兩兄妹相差五歲。梅儀小時候頗以哥哥為競爭和模仿對象。所以也依循漢儀模式，轉換教育體系讀書。高中時，

一九九七年錢存訓教授參加邵漢儀芝大學士畢業典禮後。

我捨不得送她去美國讀寄宿高中，就留她在台灣讀台北美國學校（Taipei American School, TAS）。梅儀回台灣時才三歲，英文根底與漢儀回國時已八歲，不能相比。我們雖同樣聘請美籍留台學生為家庭教師，但漢儀在國中畢業時英文程度非常好。梅儀則較遜於漢儀。因此梅儀在TAS讀高中，從九年級（相當於台灣的國三）讀起。反正她年齡比同年同學小，因她十一月出生，讀國小一年級那年，各校有不少餘額，所以台北市教育當局就讓他們九月以後出生的兒童進入小學讀一年級。此時，梅儀的正規教育是美國高中教育，同樣的，高中四年暑假，她也必須讀完國內高中國文課本六冊所有課文，並會背誦默寫所有圈點的古文篇章。

梅儀經過四年（一九九四至一九九八）美國高中教育，成績優異，得進入美國著名女校Wellesley College（衛斯理學院）。這所女校以出女強人聞名，中國過去有蔣中正總統夫人宋美齡，美國當今有國務卿希拉蕊・克林頓（Hillary Clinton）。但梅儀讀了一年大一，卻對這所波士頓郊區的女校生活有些乏味。大二轉到長春藤盟校的賓夕法尼亞大學（賓大，University of Pennsylvania, U Penn）。大三選讀賓大的「海外學程」（Overseas Program），到京都日本研

二〇一〇年Philip Kuhn孔復禮教授參加邵梅儀哈佛博士畢業典禮後於午餐棚場。

二〇一〇年邵梅儀博士學位照片，於John Harvard銅像。

二〇一〇年邵梅儀博士學位照片。

究中心（ＫＣＪＳ），研習日本文化與文學。大四時，回賓大讀完大學（一九九八至二〇〇二），以政治學與東亞研究雙主修，獲得賓大授與的學士學位。畢業後，二〇〇二年九月，參加美國一個基督教團體ＥＳＩ到中國大陸教英文，被分派到北京石油化工管理幹部學院任教。不幸，次年（二〇〇三）四月，北京爆發SARS（非典型肺炎），學校立即關閉，學員遣散。梅儀不得已，轉赴上海。二〇〇三至二〇〇四年，梅儀以英文個人教師工讀身分賺取生活費，在復旦大學中文系選課，同時填寫煩瑣的申請文件，準備回美國直攻博士學位。

二〇〇四年九月，梅儀被錄取進入哈佛大學東亞系，主修中國現代文學與日本現代文學。二〇〇七年九月考完學科考試，取得博士候選人資格後，為精進日本語文，到日本東京三年，由日本東京大學日本教授督導收集論文資料，同時由哈佛大學本身的指導教授督導撰寫博士論文。[19]終於在二〇一〇年五月二十七日，哈佛大學畢業典禮上，梅儀戴上了她的博士冠冕，獲得了博士學位。自二〇一〇年九月起，應聘在中國大陸上海交通大學擔任教職。

（三）在台生活

我家於一九八二年十二月二十三日返抵台灣，尚未覓妥新居前，暫借住我父母家。一九八三年二月一日，我家租賃房屋於敦化南路，一九八五年七月一日租賃房屋於仁愛路四段，一九九一年六月二十七日遷入青田街自購之寓所，迄今時光流逝，不知不覺的前後過了二十九年整。本節將在台生活作一概述。

一九八二年底剛回台灣，十二月二十六日就有機會回桃園舊時故居，因堂姊秋菊也正從僑居地馬來西亞吉隆玻回台灣省親。一時之間，伯母與母親輩，我們一輩堂兄弟姊妹，與我們下一代一輩子女，二十多人歡聚，在我少年曾寄居五年（一九五五至一九五九）的日式房屋內來一次家族大團聚。不久，農曆新年，依據台灣習俗，與二家親人團聚。二月十二日除夕回屏東外子父母家，二月十四日初二回我永和父母家，這是我在海外羈旅十四年後回國的第一個農曆新年，兩家父母和一對兒女特別高興。

剛回國時，台灣物質生活和美國尚有些落差。當時國外進口的家電用品價錢昂貴。我們因舉家回國服務，獲准由貨櫃運回在美國生活時已用過的家中所有家電用品，如冰箱、電視、微波爐、洗衣機、烘衣機等，省去增購新物品的麻煩，且馬上可用。然而，居住空間是最大的問題。台北市是大都市，我們租屋於敦化南路與仁愛路交界的圓環附近，學區良好，是高品質住家地段。但窩居於十四層高樓的其中一戶，室內空間和美國印州南灣市的獨棟房屋無法相比。尤其對兩個幼年子女，美國舊居的前後大草坪庭院，成了他們夢中追尋的舊影，作父母的至感抱歉，安撫之後，不久，他們有了新的生活和玩伴，也就隨遇而安了。

台北市是我出國前住過八年（一九六〇至一九六八）的城市，但此時東區的迅速興起與西門町的遲滯發展，使我的生活空間轉移了。除了到綢布莊剪絲質衣料訂製旗袍外，很少前往西門町。看電影也轉往統領商圈或頂好商圈等新式小型電影院了。一九八七年十月三

一九九〇年十二月金馬獎頒獎典禮後全家攝於國家劇院。

十一日，中正紀念堂兩廳院開幕後，我和梅儀是座中常客，漢儀因已上國中，功課繁忙，較少前往。以下所附是一張一九九〇年十二月金馬獎頒獎典禮後，全家攝於國家劇院的照片。

事實上，我自一九八三年回國以來，一直是大學專任教師。生活非常忙碌，但心情上是愉快的。畢竟回到國內，教育自己子弟，可謂不枉平生。而子女能受完整的中文與英文教育，可生存於東方與西方兩個世界，並為東西方文化交流與傳播盡一份心力，更可堪告慰。此點在我給梅儀大學畢業賀辭中，摘記數語，可作為註記：「你是中國的梅兒，你是美國的玫兒。漢美雙語，中西合璧，梅玫兼美。」（見附錄三隨筆七）

回到台灣，見到年邁的父母。雖不住在一室，但得以常常相聚，聊盡為人子女的孝道。父親於一九八七年三月二十四日病逝，享壽七十三歲，歸葬於國防部五指山國軍示範公墓，與他同袍弟兄共眠斯土。母親身體素弱，但能帶病延年，於二〇〇六年一月三十日（農曆

二〇〇一年作者母親八十壽宴前於二女蘭菊家中。

正月初二）病逝，享壽八十六足歲，與父親合葬。

我自己身為職業婦女，公私兩忙，時常覺得心力交瘁。所幸我自幼秉承庭訓，受父母身教影響，養成吃苦耐勞的習慣與簡樸生活的常規。並以此教導兒女，使兒女生活正常，學業按步就班。如今也都自立自足了。

最後，必須一提的是我人生的至大傷痛，即是十年前發生婚變，我與邵玉銘仳離。此事發生之時，親友皆默默對我寄以莫大的同情，我亦視之為我人生的一大憾事。然而，隨著時間的推移，我漸漸的以基督徒的想法，將此負擔放下了，我選擇接受和面對。我因有了宗教信仰，精神上有了依靠與仰望，就又重新熱切的面對人群和我的人生際遇。

近十年來，我每週日到懷恩堂做禮拜，希望聆聽牧師的講道，反省平日週間自己的作為，自我惕勵。但因恐學習基督教義未精，又沒積極參與團契活動，達不到基督徒行為標準，迄今尚不敢正式領洗，但心理上我認為我已皈依上帝了。此外，我自幼受儒家思想薰陶，又受我父母行事為人質樸善良與克勤克儉的影響，中國傳統道德教條與思想亦深植我心。我終生以教育事業為職志，因此，我只期望有生之年，做一個俯仰無愧的知識分子，於願足矣。

註

1 〈Proceedings of The First Asian-Pacific Conference on Library Science〉(13-19 March 1983, Taipei), Taipei: National Central Library, 1983, pp.260-269.

2 《國立台灣師範大學圖書館工作手冊》。（台北：該館編印，民國六八年四月），頁一，「序」。

3 全文是：「長者吾師也，他的心胸中有萬有文庫，講起書來徵引繁富，妙語如珠，能解上下數千年也。能夠詮釋縱橫千里，琢磨我們一顆顆璞玉，如像珍珠拭去塵埃。待我們有如手足情深，使我們心上閃出永恆的光芒，可敬的吾師啊。」

4 Lu, Shiow-jyu, "The Moho Gold Mines, 1885-1910." 《師大歷史學報》 第一一期 （台北：國立台灣師範大學歷史學系，民國七三年六月），頁三一五至三四一。

盧秀菊，「清季的官營礦業」，《師大歷史學報》第一三期（台北：國立台灣師範大學歷史學系，民國七四年六月），頁一七一至二〇〇。

5 台灣大學圖書館學系（簡稱台大圖館系），成立於一九六一年九月，一九六一學年是第一學年度。至一九九八年九月（一九九八學年度）改名為台灣大學圖書資訊學系（簡稱台大圖資系）。

6 「國立台灣大學八十七至九十二學年度教學傑出及優良教師名錄」，頁一三。八八（學年度）．文學院圖書資訊學系．盧秀菊．教授．教學優良http://www.aca.ntu.edu.tw/aca/aca/teacherall.htm（上網日期：二〇〇六年二月一五日）

7 「西洋人文學文獻」網頁，網址：http://www.lis.ntu.edu.tw/~sjlu/humanities/

「盧秀菊個人網頁」，網址：http://www.lis.ntu.edu.tw/~sjlu/personal/

8 研討會印行〈索引典理論與實務〉手冊，（民國八三年一〇月一七至一八日舉行），影印本，一九二頁。

9 〈台灣地區公共圖書館營運績效評量表，二〇〇三年〉。（國家圖書館委託專題研究計畫。盧秀菊，主持人；顏祺、曾詩穎，研究助理。）。台北：國家圖書館，民國九二年七月。電腦列印本，一三六頁。

〈台灣地區公共圖書館營運績效評量表，二〇〇四年〉（國家圖書館委託專題研究計畫。盧秀菊，主持人；顏祺、曾詩穎，研究助理。）。台北：國家圖書館，民國九三年四月。電腦列印本，一三六頁。

10 盧秀菊，〈檔案使用者服務之績效評估初探〉，《檔案季刊》一卷三期（台北：檔案管理局，民國九一年九月），頁七七至八六。

11 盧秀菊，〈圖書館學之理論基礎〉，《圖書與資訊學刊》四四期（台北：國立政治大學圖書館，民國九二年二月），頁一至四六。

12 李欣如訪問，〈盧秀菊退而不休 為圖書館找新價值〉，《書香遠傳》五三期（台中：國立台中圖書館，民國九六年一〇月），頁八至九。全文，見：附錄一訪談四。

13 詳見「附錄二：盧秀菊著作目錄，四、研討會論文」。

14 詳見「附錄二：盧秀菊著作目錄，二、期刊論文」。

15 “Ring A-round The Roses”歌詞如下：

Ring A-round the Roses
A pocket full of posies
Ashes! Ashes!
We all fall down

16 《幼稚園與家庭》九期（台北：國立台灣師範大學附設實習幼稚園，民國七四年一月一日），我曾撰文記錄梅儀回國，由英語轉學國語的經過。

17 Han-yi Shaw, “The Diaoyutai/Senkaku Islands Dispute: Its History and an Analysis of the Ownership Claims of the P.R.C., R.O.C., and Japan,” in *Occasional Papers/Reprints Series in Contemporary Asian Studies*, No.3, 1999 (152). 1 v. (148 pp.)

18 Han-yi Shaw, “Revisiting the Diaoyutai/Senkaku Islands Dispute: Examining Legal Claims and New Historical Evidence Under International Law and the Traditional East Asian World Order,” in *Chinese (Taiwan) Yearbook of International Law and Affairs*, vol.26 (2008), ed. by Ying-jeou Ma, pp. 95-168. London: CMP Publishing Ltd, 2010.

19 May-yi Shaw, “Wartime Diaspora: The Reworking of Cultural and National Identity Among Chinese and Japanese Writers in 1930s and 1940s Wartime China.” Ph.D. Dissertation, Harvard University, May 2010.

第八章 大陸學術交流與探親

（四十九至六十八歲，一九九三至二〇一二年）

一、台灣與大陸學術交流

中華圖書資訊學教育學會，於一九九三年成立。除辦理國內圖書館學與資訊科學的教育研究與發展活動外，並舉辦「海峽兩岸圖書館學與資訊科學研討會」，一九九三年迄二〇一〇年，已辦十次。在上海（一九九三）、北京（一九九四）、武漢（一九九七）、廣州（一九九八）、成都（二〇〇〇）、哈爾濱（二〇〇二）、大連（二〇〇四）、廣州（二〇〇六）、武漢（二〇〇八）、南京（二〇一〇），與大陸重點大學之圖書館學與資訊科學領域的系所合辦，共同推動兩岸學術合作與交流。在十次學術交流中，我參加了三次。另外，還參加了一次不算在十次之內的一次，也是由中華圖書資訊學教育學會舉辦的兩岸會議。

台灣其他單位與大陸的學術交流，近十幾年來，也非常頻繁。我因公私兩忙，與我教學研究職責無甚直接相關的，則較少參加。唯一的一次，是我恩師捐贈書刊給南京大學，特舉辦錢存訓圖書館開館典禮，並舉辦學術研討會，我義不容辭前去參加。

（一）海峽兩岸第一屆圖書資訊學術研討會，上海

第一屆海峽兩岸暨香港地區圖書資訊學術研討會，於一九九三年十二月十二日至十五日在上海華東師範大學舉行。由中華圖書資訊學教育學會理事長胡述兆，以及華東師範大學圖書館情報學系主任吳光偉與大會秘書處秘書長王世偉，聯合發邀請函，邀集大陸、台灣、香港的專家學者約五十餘人參加。會議主題有五，涵蓋圖書資訊學教育、管理、分類編目、自動化等議題。我有一篇論文發表：〈台灣地區圖書館行政組織體系之現況〉。[1]

一九九三年上海會議合照，左四作者。

一九九三年上海會議，右一作者。

（二）海峽兩岸第三屆圖書資訊學術研討會，武漢

第三屆海峽兩岸暨香港地區圖書資訊學術研討會，於一九九七年三月三十一日至四月二日在武漢市武漢大學人文科學館北廳舉行。研討會主題是「圖書資訊學核心課程」。大會由武漢大學圖書資訊學院院長馬費成與中華圖書資訊學教育學會理事長李德竹共同開幕。我方每篇論文，基本上是由博士生執筆，教授指導，共同掛名寫成。教授每人發表合作的論文一篇，另主持會議一場。回程時，四月四日途經廣州，參觀拜會中山大學，並作學術交流。

（三）中華圖書資訊教育學會二〇〇一海峽兩岸研討會，杭州

中華圖書資訊教育學會二〇〇一海峽兩岸

一九九七年武漢會議合照，作者前排左一。

一九九七年作者（中）於武漢會議。

研討會，不算在已辦的十次兩岸研討會之內。二〇〇一年九月十四日至十五日在杭州浙江大學舉行。開幕式由台灣薛理桂和大陸魯世傑兩位教授主持。會議包含現代資訊傳播、兩岸資訊交流與合作等五主題。我主持一場分組討論：「現代資訊傳播及人才培育」。會議一共一天半時間。是較小規模的海峽兩岸研討會。

（四）海峽兩岸第八屆圖書資訊學術研討會，廣州

海峽兩岸第八屆圖書資訊學術研討會，於二〇〇六年六月十九日至二十二日在廣州舉行。開幕式由中山大學資訊管理系主任程煥文與中華圖書資訊學教育學會理事長楊美華主持。會議主題是圖書資訊學教育與課程、數字時代圖書館事業與資訊服務變革、數字時代圖書館事業發展趨勢等。此次特別的是，有資深

二〇〇一年杭州會議合照，作者前排左四。

二〇〇六年，作者於廣州會議。

教授論壇，由兩岸資深教授胡述兆與吳慰慈主持。我為五位台灣代表與談人之一；大陸代表有資深教授七位為與談人。研討會共五場論壇，我亦主持一場，「談數字時代圖書館與信息服務的變革」。最後一場是兩岸圖書館事業與教育合作座談會，探討師生交流、館際合作、圖書館參訪活動、交換館員等議題。

大會安排參觀活動，包括中山大學圖書館與中山大學資訊管理系，以及深圳圖書館新館、深圳大學城圖書館等。中山大學擴充極快，有數個校區。深圳因商業繁榮，大肆發展文化事業，其新館佔地大，館舍建築新潮；其大學城更建立大陸名校之分校，有大型圖書館，正施工興建中。

二○○七年，作者於南京大學錢存訓圖書館。

二○○七年，作者於錢存訓圖書館開幕研討會。

（五）中美文化交流與圖書館發展國際學術研討會暨錢存訓圖書館開館典禮，南京

大會由南京大學圖書館、南京大學人文社會科學高級研究院、南京大學資訊管理系、南京大學出版科學研究所主辦；美國芝加哥大學東亞圖書館協辦。

二〇〇七年十月三十一日報到，與會者下榻於南京新紀元大酒店，位於南京鼓樓南京大學附近。錢存訓教授本人年事已高，近百歲之齡，未能親自從美國搭飛機來參加，由家屬晚輩代表。十一月一日會議開幕式及錢存訓圖書館開館剪綵後，隨即舉行研討會，當日有三場，主持人為鄭炯文、李華偉、盧秀菊。

十一月二日有四場，主持人為陳豫、馬泰來、邱炯友、張寶三。十一月二日下午閉幕式由周原主持，節目有以下二項：⑴錢存訓（錢孝文代表）對中美文化交流和圖書館工作的回顧（播放ＤＶＤ）；⑵張志強代表會務組致閉幕辭。在十一月二日，我發表完我的論文[2]後，抽空去參觀南京總統府，以及中央圖書館南京舊樓。

二〇〇七年，作者於南京總統府子超樓。

大會安排的會外活動，非常精彩。十一月二日晚，觀賞經典崑劇摺子戲南京大學專場演出，三齣摺子戲為「占花魁·湖樓」、「牡丹亭·尋夢」、「鳳凰山·百花贈劍」。地點在江蘇省崑劇院之蘭苑劇場。十一月三日，安排揚州旅遊。上午由南京專車赴揚州，途中經世界第三之長江二橋；在揚州瘦西湖，先乘坐豪華畫舫遊覽水上線路，欣賞湖光山色，次步行遊覽湖岸各風景點。中午在揚州百年老店之富春大酒店享用特色中餐。下午赴揚州「雙」博館，遊覽揚州博物館和印刷博物館。其後，在揚州名店食為天大酒店享用特色晚餐後，於傍晚專車駛返南京市。

十一月四日，與會學者陸續離開南京。大會還特意安排於下午搭乘飛機或火車離開南京的學者，利用上午分乘兩輛小客車，遊覽中山陵和靈谷寺二名勝。我雖去年六月才來過中山陵和靈谷寺，但同團乃同道學者，我還是興高采烈的隨同遊覽。下午，則分別搭機，與會者各自賦歸，我個人經香港轉返台北。[3]

二、大陸探親

（一）北京探親

一九三七年七七事變發生時，外祖父于永寬任職於平漢鐵路，派駐在湖北省漢口市，當時我父親亦在漢口市擔任軍職工作。母親經大伯母友人介紹相親，與我父親締結良緣。父母親於一九三八年六月十七日（農曆五月二十日）在漢口市結婚。外祖父原籍北平市郊豐台鎮（今北京市豐台區），為平漢鐵路起點。於抗戰爆發後，外祖父恐戰爭波及他們鍾愛的三女（我的母親），在從漢口遷回老家豐台前，將母親嫁給父親，因此于家僅留一人在南方。外祖父母到漢口市任職時，母親上有二位姐姐和一位哥哥，因年齡稍長，已經婚嫁，皆留在北平原籍，只有母親和一位弟弟隨著外祖父母居住漢口。如今，母親嫁給南方江西籍的父親，乃是抗日戰爭促成了這段婚姻，也是當時中國南北通婚的佳例。婚後，抗日戰爭節節敗退之際，母親隨父親工作單位進入四川省，居住於抗日戰爭大後方的國府陪都重慶市。

抗戰勝利後，父親隨國民政府復員，一九四七年返回首都南京任職。居住南京時，母親本欲返回北平老家省親，因染患傷寒病，身體不佳，又生育大妹，一時耽擱下來。不料戰後四年，大陸政局不穩，國府軍事失利，一九四九年父母親隨國府撤守台灣。母親自嫁給父親後，離家鄉、別父母，隨著父親在中國南方輾轉遷徙，最後來到台灣。母親是于氏家族中唯一嫁給南方人士，隨國府來台的唯一家族成員。母親自嫁入盧家，即未再與外

一九九五年作者於盧溝橋。

祖父母見過面。一直到政府開放大陸探親後，於一九八九年初秋，整整離開大陸四十年後，才能回北京省親。其時，母親已六十八歲，外祖父母早已辭世，[4]只見到了尚健在的哥哥與弟弟二人，其姐姐二人亦已逝世。

一九八九年第一次探親後，母親又於一九九〇年和一九九二年回北京探親二次。我們三個女兒，都因服公職，不能陪伴母親回去，心中至感歉疚。一九九五年九月，母親年事已高，我與蘭菊大妹排除工作困難，欲陪伴母親返鄉，辦完手續後，母親卻因體弱不能成行。我與蘭菊大妹只得自行前去。我倆第一次回北京探親，母親晚輩侄甥，即我的表兄弟姊妹，以及他們的下一輩，共三十餘人來聚。談起母親一九四九年離開大陸後，他們種種遭遇，以及日後政治運動中，因母親「海外關係」受到牽累，遭盤查訊問等情事，我只能以大時代悲劇，無言以對。

回顧母親於一九四九年來台，到一九八七年十一月二日政府開放大陸探親後，共回北京探親三次。母親自一九三八年嫁入盧家，以十八歲之齡，在漢口與外祖父母一別，即終生未見。我父親則於一九八七年三月逝世後，同年十一月二日政府才開放

一九九五年作者大舅二舅，北京。

大陸探親。因此一九九二年我悼念父親逝世五週年隨筆中，才有「望鄉台上，故園迢遙」之句。（見附錄三隨筆八）父親自一九四九年來台，有生之年，終未能親返大陸，是其遺憾。

一九三七至一九四五年抗日戰爭和一九四九年共產黨佔據大陸，兩次事件造成多少親人骨肉離散。我父母親個人的離散，親身見證了政治變動的人間傷痛，我等後人回顧這段往事，怎能不為這大時代悲劇同聲一哭。

（二）南京探親

一九四九年，大陸局勢逆轉，大伯與我父親二家隨政府遷台。姑媽盧雪英以姑丈已逝，不願來台，大陸淪陷時，攜帶獨子袁表哥遷回江西萬載原籍生活，含辛茹苦撫養獨子，袁表哥日後成為放射科醫生。一九九三年十二月十二日至十五日，我參加「第一屆海峽兩岸暨香港地區圖書資訊學術研討會」，在上海召開，會後，十二月十六日至十八日，參訪南京大專院校。整個大會行程結束後，我約同蘭菊大妹多留二天，在南京與表哥一家相會。袁表哥當時住在江西景德市，他與表嫂，會同二位女兒女婿

一九九五年於北京人民大會堂，左一作者。

開車前來南京，在我們下榻的古南都酒店見面。相見時，我和大妹真是「少小離家」，如今皆年屆老年，我已是五十四歲，離開南京四十九年之後。

我們兩家暢談別後種種，無限感慨。我和蘭菊大妹終於完成父親遺願。父親來台，終身未能返鄉，長眠斯土。逝世前，仍念念不忘他唯一留在大陸的親人，我的姑媽和袁表哥。姑媽與父親同年逝世。一九八七年三月，我父親在台灣去世，姑媽同年六月在大陸去世。袁表哥告訴我們一九四九年以後，他們母子返鄉之後在家鄉的種種經歷，以及他成長的歷程。

二〇〇一年，九月十六日至二十八日我和蘭菊大妹又第二次探親。乃趁參加中華圖書資訊教育學會二〇〇一海峽兩岸研討會，杭州會議結束後。此次去江西景德市，中國有名的瓷都，與袁表哥一家歡聚。袁表哥有子女五人，分枝散葉，枝繁葉茂，子女事業有成。回憶當年，雪英姑媽以姑丈已逝，不願來台，大陸淪陷時，返原籍居住，因而與她二位兄長（我大伯及父親）離別，終身皆未能再相見。人生際遇，在大時代翻天覆地之際，常隨一念之想，而有天壤之別。人生的選擇，冥冥中亦似有定數，也容不得個人扭轉乾坤，對抗時代洪流。

三、大陸旅遊

(一)上海、蘇州、南京

海峽兩岸暨香港地區圖書資訊學術研討會，一九九三年十二月十二日至十五日，在上海舉行。研討會結束後，十二月十六日至十八日，由大會安排大陸旅遊。

在上海市區觀光，遊完剛新建成的南浦大橋後，即搭乘火車到蘇州。十七日，在蘇州，遊覽了虎丘，是春秋時代吳王夫差葬父處，傳說甚多，名勝古蹟有千人石、劍池、憨憨拳、試劍石、真娘墓等。蘇州拙政園是中國士大夫的四大名園之一，園內景色宜人，建築精巧，是江南園林代表。遊覽寒山寺，大雄寶殿、鐘樓、長廊、江楓第一樓。留園，前身為寒碧山莊，園內觀雲峰、五峰山館設計著名。獅園，又名獅

一九九三年，作者於南京中山陵。

子林，以假山石及文人墨寶著名，有桃源十八景、宋代四大名家墨寶。

從蘇州搭乘火車到南京，參觀南京大學後，十八日全日遊覽南京市。遊中山陵，登百級階梯，向孫總理中山先生三鞠躬。參觀靈谷寺，松木參天，有無樑殿，三絕碑。遊歷明孝陵、棲霞山。抵中華門，見此建築多樣，結構複雜，大陸少見的古城門。登上中共建政後引以為傲的長江大橋，全長六千多公尺，以鋼樑建造，分上下兩層，是著名的長江三大橋之一。遊玄武湖時，已近黃昏，匆匆拍照留念。

南京是我童年時居住過的城市，離開時，依依不捨，自不在話下。其後我約同蘭菊大妹多留二天，在南京與袁表哥一家相會，於二十日搭機轉香港回台。

（二）長江三峽

海峽兩岸第二屆圖書資訊學術研討會，一九九五年八月下旬在北京舉行。我因小兒漢儀讀芝加哥大學

一九九三年，作者於南京玄武湖。

大二，暑假回台，研討會人數已夠，乃決定不參加會議。但會後安排長江三峽旅遊，機會難得，於是排除萬難，參加此次旅遊，因恐三峽大壩興建後，破壞天然景觀之故。短短五天（一九九五年八月二十九日至九月二日）遊歷，卻使我終生難忘三峽美景。而今，大壩興建完成啟用，許多古蹟已永沈江底，不見天日。

因單獨行動，我是獨自一人，從台北搭機，經香港，抵達重慶北碚機場，到揚子江飯店與團員會合。我出生於重慶，一至二歲時住於此城。

第二天，從重慶朝天門登船，搭乘專為外籍和港澳同胞的豪華客輪「三峽號」。我未能在重慶市區遊覽，上船後，在船尾以重慶為背景拍下照片，聊表到此，我的出生地一遊之意。船上用午餐後，抵達豐都，下船遊玩鬼城。夜，船泊萬縣。

第三天，船從萬縣出發，經雲陽張飛廟後，即進入雄偉險峻的瞿塘峽，兩岸主要勝景以粉壁石窟為主。客輪到達巫山港，換乘小船遊覽小三峽。龍門

一九九五年，作者在以重慶為背景的江輪上。

峽，深厚峻險，古棧道遺跡，熊貓洞，回龍洞，襯托出龍門之首。巴霧峽，急流險灘，讓人驚心動魄。滴翠峽，崢嶸秀麗，峰壁高聳。小三峽景色較大三峽，有過之而無不及。

第四天，清晨觀看幽深秀麗的巫峽，著名的神女峰，景色迷人。進入西陵峽，長江十彎九折，在此表露無遺。午餐後，客輪進入長江大壩：葛洲壩，親身體會過閘。隨後參觀葛洲壩水利工程，利用三峽水力資源。傍晚，客輪抵達沙市，在此下船，改搭陸上巴士，夜間抵達武漢。夜宿武漢麗江酒店。

第五天，早餐後，遊長江大橋。此乃中共建政後，長江上架起的第一所大橋，長江三大橋之一，當年廣為宣傳。武昌橋頭南面建有公園，紀念當年建橋經過。隨後至辛亥首義烈士之墓，無人管理，陵園荒廢，鐵門虛掩，內可見陵墓及紀念碑。隨後參觀江南三大名樓之一的黃鶴樓，建築雄偉，氣勢恢宏，已成武漢市的標誌。其後，由武漢搭機經香港回台北。

(三) 武漢、廣州

第三屆海峽兩岸暨香港地區圖書資訊學術研討會，於一九九七年三月三十一日至四月二日在武漢市武漢大學舉行。會前一天，三月三十日，抵達武漢當日，即先安排參觀連接龜山及蛇山而長達一六七〇公尺的長江大橋，探訪黃鶴樓，並繞行市區觀光。

會後，又安排旅遊活動。四月二日下午，大會安排遊覽武漢大學校園；遊東湖，登楚天樓，我因風景而感懷，乃有〈楚天闊〉一文，摘錄數語如下：[5]

在夾道古木中，步上層層階梯，登上高聳入雲的楚天樓，時近黃昏，極目遠眺，見湮水茫茫，林木蔥蔥，不禁憶起柳永詞「雨霖鈴」中之名句：「念去去，千里煙波，暮靄沉沉楚天闊」。次日我即將離此歸去，在蒼茫大地，故國河山裡，突生去國懷鄉之悲涼情緒，更慨嘆在歷經「蒼茫大地，誰主沉浮？」的數十年統治後，回到當年父母之結緣締結婚姻的武漢三鎮，已是白雲蒼狗，世變滄桑，怎不令人與今昔之感。

回程時，四月四日途經廣州，參觀拜會中山大學，並作學術交流。其前一日，四月三日在廣州，參觀陳氏書院。參訪黃花崗七十二烈士紀念墓，國父親手所植之樹，皆留影存念。同時，品嚐中國八大菜系之一，真正道地的廣東佳餚。

一九九七年，作者於黃花崗七十二烈士墓。

（四）黃山、千島湖、上海、杭州，

中華圖書資訊教育學會二〇〇一海峽兩岸研討會，九月十四日至十五日在杭州浙江大學舉行。會前，九月八日至十三日，台灣代表團安排黃山、千島湖、上海、杭州旅遊。

九月八日，搭飛機經香港抵黃山，驗關後，在桂麗酒店晚餐，當夜住黃山之國際酒店。

九月九日，乘汽車至雲谷寺纜車站。搭纜車至白鵝嶺站。中午在旅館獅林酒店休息。下午，爬黃山，登光明頂（標高一八六〇公尺），至石猴觀海、飛來石等勝景。可惜山上於下午時分起大霧，大部分時間看不清楚景物。夜宿獅林酒店。

九月十日，在黃山早起，到石猴觀海附近，天候不佳，未見雲海。早餐後，離開黃山，走一段山路時，陽光才偶而露臉。到白鵝嶺站搭纜車下山。上午，遊暢敘園，看石硯（徽硯）。遊屯溪市，乃宋城

一九九七年，作者於廣州國父所植之樹。

建築。下午，遊千島湖，此湖乃富春江、新安江的水庫。傍晚，訪梅嶺、海瑞祠。晚間，在千島湖小鎮逛街。夜宿海外海酒店。

九月十一日，上午從千島湖鎮，搭乘巴士行駛國道G320，經建德市、桐廬縣、富陽市，到杭州。中午，在杭州天外天餐廳進食。下午，訪靈隱寺、船遊西湖、到岳王廟。晚餐，於樓外樓，品嚐西湖醋魚、東坡肉、蓴菜羹等杭州名菜。夜宿新世紀酒店。

不料，至今回憶，仍極感驚恐的是，當晚八時四十分與九時零五分，在酒店房間看電視時，親眼目睹美國紐約市雙子星世貿大廈遭恐怖攻擊，兩座大廈終於倒下，震驚全世界。世稱九一一恐怖攻擊（911 Attack）。[6]

九月十二日，上午，從杭州出發，乘汽車經桐鄉、吳江縣，到周莊。中午、遊周莊這江南水鄉。下午，抵上海圖書館，由王世偉副館長接待。晚間，遊外灘，在和平飯店聆聽老人爵士樂團演奏。夜宿新雅酒店（Ramada Inn）。

九月十三日，上午，逛上海書城、城隍廟、豫園。午餐，在城隍廟「綠波廊」吃上海湯包。下午，從上海回杭州，經過三小時汽車車程，抵達望湖賓館，準備迎接次日的中華圖書資訊教育學會二〇〇一海峽兩岸研討會。經過三天的會議，九月十六日，我們會議團成員回台北，準備開學上課。我因「教授休假」一學年，則約同大妹蘭菊，由杭州到上海，轉赴江西省景德市探親，已詳見前節，此不贅述。

（五）南京、揚州

二〇〇六年農曆大年初二（國曆一月三十日），母親仙逝，我非常悲痛。乃乘參加海峽兩岸第八屆圖書資訊學術研討會在廣州開會之前，先去南京。南京在我童年三歲至五歲時，曾隨父母親寄居過三年。思念母親，乃想到我幼時居城尋訪舊夢。六月十四日，從台北搭機經香港，抵達南京祿口國際機場，乘計程車到夫子廟，下榻於狀元樓酒店。

六月十五日，參加旅行社安排的南京一日遊，遍遊南京勝跡朝天宮、中華門、西園（瞻園）、東園（白鹿洲）、梅園新村等地。惟國民政府時代的總統府，僅經過，未入內。並重遊一九九三年已到過的玄武湖；中山陵則登其三九二級階梯，直到頂端。晚間，搭計程車去新街口書城，晚餐吃小吃後，在書城購買與南京相關書籍。

六月十六日，參加旅行社安排的揚州一日遊。南京出發，經浦口，到揚州，走寧通高速公路，約一百公里路途，二小時車程。在揚州，先參觀大明寺，號稱天下第一觀，乃佛、藏佛、道三教合一。寺內有平山堂，乃宋歐陽修所修。有鑑真和尚院與揚州鑑真和尚書畫院，乃梁思成仿唐建築樣式所建。並有九層塔，鐘鼓樓。其後參觀个園，乃明末黃志筠所建，竹子有一百多種，奇者如銀宵花附銀杏孤木，園內另有太湖石洞。至於久負盛名的瘦西湖，湖形秀美，有划船處、朱紅橋、二十四橋、白塔等景。

六月十七日，自由行，上午去明孝陵。下午我僱狀元樓酒店門口排班計程車，出去閒逛。逛三牌樓大街，已改名筒子巷，似為我童年所居街道。在南京大學（前金陵大學）大門口與東南大學（前中央大學）大門口照相留念。南京師範大學（前金陵女大）則進入校園照相。回程經莫愁湖門口，瞥見有勝棋樓；經南京大屠殺紀念館門口，已無時間入內參觀，只待他日再來。（見附錄三隨筆九）

六月十九日上午，去國府總統府，匆匆走一遍，留影數張，記到此一遊。下午，乘飛機赴廣州，參加學術會議。

（六）上海世界博覽會

二〇一〇年十月二十七日至十一月五日，我到上海探視甫受聘於上海交通大學任教的小女梅儀，順便趁最後幾天參觀世博。

第四十一屆世界博覽會，於二〇一〇年五月一日至十月三十一日在上海舉行。本屆主題是「城市，讓生活更美好（Better City, Better Life）」。共有二百五十六國家和地區及國際組織參展，吸引世界各地七千三百零八萬人次參觀者。大陸中央政府在上海世博會的總投資額達到四百五十億美元，是世界博覽會史上最大規模的一次。吉祥物「海寶」（Haibao）乃「四海之寶」之意，由來自台灣的設計師巫永堅所創作。上海世博會場地位於黃浦江兩岸，南浦大橋和盧浦大橋之間，用地範圍五點二八平方公里。世博園區分為五大區，擁有一軸四館和十一個聯合館、四十二個租賃館、四十二個國家自建館等，投資總額達三百億元人民幣，創世界博覽會史上最大規模。[7]

我和小女梅儀分二次前往遊覽。第一次整日，以歐美區和亞洲區各館為主；另看了城市文化館、中國紅色官帽館等，都擇要走馬看花一番；傍晚登上飛碟形狀建築的世博文化中心，觀賞夜景，見南浦大橋和盧浦大橋之間之黃浦江兩岸，燈光璀璨，夜空下一片繁華景象。第二次半日，再回展場，看了台灣館。晚間搭渡輪到黃浦江對岸看了明日世界科技的日本等館。

實際到現場觀看的意義，「親臨」的參與感，大過館場本身的吸引力。正如梅儀邀我去上海時的「遊說詞」：在媽媽一生中，重回童年時曾遊歷過的上海，親身看中國舉辦的世博，不是很有意義嗎？是的，中國經歷上世紀整整一個世紀的苦難，重回世界舞台，是值得高興的。而在二〇一〇年四月三十日晚上八至十時，台北電視實況轉播上海世界博覽會開幕典禮時，我百感交集，寫下「上海世博頌」隨筆，現摘錄部份於此，明顯可見我當時興奮的心情。（全文見附錄三隨筆十）

世博的冠冕，
在東方之珠頂上綻放光彩，
東西方文明的重逢，
黃浦江，江河情緣與世界同歡。

東西方樂曲的薈萃，
梁祝與藍色多惱河樂音壯麗，
杜蘭多公主徹夜未眠，

快樂頌，見證上蒼對中國的祝福。

噴泉煙火大秀，
金樹銀花照亮了夜上海，
奼紫嫣紅映照了黃浦江，
世博，使上海重回世界舞台。

二〇一〇年，作者於上海世博中國館。

註

1 盧秀菊，〈台灣地區圖書館行政組織體系之現況〉，宣讀於「第一屆海峽兩岸暨香港地區圖書資訊學術研討會」。上海：華東師範大學，一九九三年十二月一三至一五日。二〇頁。

2 盧秀菊，〈中外學者對近代圖書館學理論之論述〉，宣讀於「中美文化交流與圖書館發展國際學術研討會暨錢存訓圖書館開館典禮」。南京：南京大學主辦，二〇〇七年一〇月三一日至一一月四日。一一頁。（見〈中美文化交流與圖書館發展國際學術研討會暨錢存訓圖書館開館典禮會議論文集（預印本）〉，頁八五至九三。）

3 盧秀菊，〈中美文化交流與圖書館發展國際學術研討會暨錢存訓圖書館開館典禮紀要〉，《中華民國圖書館學會會訊》一五：三．四＝一四六．一四七期（台北：中華民國圖書館學會，民國九六年一二月），頁一至七。

4 一九六三年三月十四日秀菊日記記載：我母親透過香港友人，寄回老家北平豐台一信，舅舅回信說：我的外公與外婆二人，已先後於一九五八年逝世。當時我讀大一下，感受母親當時的悲哀心情。卻不料此信牽累母親大陸親人，在日後政治運動中，因「海外關係」名目，遭盤查訊問等情事。

5 盧秀菊，〈楚天闊〉，《中華圖書資訊學教育學會會訊》八期（民國八六年六月），頁六至七。

6 二〇〇一年九月一一日，美國遭恐怖份子攻擊，暴徒劫持四架民航機自殺式衝撞，造成紐約世貿雙子星二座大樓崩毀，華盛頓國防部五角大廈重創。據美國官方公佈，罹難人數為三〇五二人。

7 「中國2010年上海世界博覽會——維基百科」http://zh.wikipedia.org/zh-tw/上網日期：二〇一一年二月一四日。

第九章　反思今生

我出生於大陸，受教育於台灣，留學於美國，最後又回台灣服務。個人一生之心與情，繫於中、美、台三地。自一九八二年底回台迄今，在台灣已住滿二十九年，是一生連續所居最長的地方。個人在台灣的教書事業與相關學術交流、子女的教養與教育、個人的生活與旅遊，已於前二章述及。本章將簡單敘述一些回台灣後與出國前，人事物的相互對照；在台灣這些年的平日休閒娛樂；兼及所思所想的吉光片羽；如今將其記錄下來，一鱗半爪，不成全貌，就算是自我反思今生的絮語吧。

一、訪舊

（一）西門町憶舊　寫於二〇一〇年三月二十七日

我自一九六〇年春天，搬到台北市大直居住，到一九六八年秋天出國留學，住在台北八年中，最常走動處，是北一女和台大周邊。中學六年在北一女讀書時，前三年半（一九五六年九月至一九六〇年一月）家住桃園鎮，搭火車走讀通勤。每天從火車站走到北一女，有時穿過新公園，有時走懷寧街或重慶南路。懷寧街和衡陽路交叉口，新公園西出入口附近有不少飲食店。我第一次在西門町飲食，是一九五六年六月參加台北省中聯考完，父親來接我時，在其中一家店裡喝冷飲。大酷暑日，那清涼的舒暢感，至今難忘。

衡陽路上銀樓林立，如今尚在的「同泰銀樓」和其他銀樓，父母和親友曾買了不少金飾送我做出國禮物。白光攝影社是那時有名的照相館，門口櫥窗裡陳列的美女俊男，經過的行人佇足觀賞，令人印象深刻。我上大學時，大妹蘭菊有一陣子工作辦公室在博愛路和永綏街口一棟三層樓西洋式洋樓（博愛路九十六號）內，永綏街是一條短街，另一端通中山堂廣場。迄今，那棟漂亮的洋樓還在，但已不如當年那樣醒目。大妹中學時讀夜間部學校，白天上班，非常辛苦。在此工作時，公司隸屬中央信託局產物保險處輸出保險科，辦公室有中文和英文打字機。她高中讀商校，會中文打字。我出國前一年，常借用她辦公室的英文打字機，自己練習英文打字。

至於重慶南路是初中搭火車通勤時，每天來回二次走路的路線之一。重慶南路上書店最多，我中學時所有課外讀物，以及大學時教授指定必讀書與參考書，皆在這些書店中購得。衡陽路和博愛路上的綢布莊，留下的回憶，是與母親和妹妹們一同選購布料，請裁縫師傅剪裁時髦洋裝的快樂時光。我家教收入，大部份就這樣送進了書店和綢布莊。出國那年，衡陽路上正大興土木，建造如今尚聳立的交通銀行大樓，但該行已與中國國際商業銀行合併，成了現今的兆豐銀行。

西門町電影街，更給我帶來美好的回憶。和同學或家人一同逛街看電影。一九六七年夏天，名片「齊瓦哥醫生」（Doctor Zhivago），即是和友人在當時很豪華的一輪影片電影院中看的。中華商場的「點心世界」是電影散場後吃宵夜的地方。而西門町走到邊上，可沿著淡水河的河堤上散步，觀賞美麗的河畔夜景。然而出國十四年後，一九八三年後再回西門町，已是往事如煙，人事全非了。我出國十四年，換得一個婚姻，二個兒女，二個碩士學位，一份穩定的工作。回國後，往日浪漫情懷只能夢中追憶，生命的步伐已踏入哀樂中年了。

（二）南海學園憶舊　寫於二〇一〇年三月二十六日

位於南海路的南海學園，為一文教區。其建築大多是一九五〇與一九六〇年代建造，仿中國古典樣式。如仿中國宮殿式建築的，有歷史博物館、教育資料館和舊中央圖書館。仿北京天壇建築的，有科學教育館。南海學園對面的建國中學，長久以來是台北高中男生之第一志願。另外，南海路和泉州街口有美國新聞處，一九五八年十二月成立，有相當豐富的外文圖書期刊館藏。

我以一個中學讀北一女和大學讀台大的學生，和南海學園應沒有淵源。其實不然。和此處結緣，乃由於大學時代，除了在台大圖書館看書外，就是來舊中央圖書館查書、看書、溫書了。和建國中學相關，乃由於大二時，有一年時間，擔任一位建中教數學的吳老師，他孫兒的家庭教師，每週三個晚上，到位於建國中學校園內的老師宿舍教課。至於美國新聞處圖書館，是我們那一代，要出國留學申請學校前，來查抄美國大學現況和申請獎學金等各項資料的地方。

今日來歷史博物館看梵谷繪畫展覽，行經上述地點，不禁憶起大學時點點滴滴。時光不饒人，我已步入年長樂齡歲月。建國中學仍在原址，但當年的吳老師及其孫兒早已失去聯絡。舊中央圖書館已遷離此處，原建築尚在，那些我摸挲過的古籍書本早已搬走。我回國後，最初幾年，還以講師身分來央圖舊樓參加中國圖書館學會的分類編目會議，隨著它搬到中山南路新址，我就不再踏進這座中國宮殿式的建築了。至於那棟位於兩街交叉口的美國新聞處圖書館，現是空屋，雖然西洋古典式建築仍獨自映照在豔陽下，卻顯得孤單沒落。

離我讀台大時，短短四十幾年，南海學園對我而言，已是新天換舊地了。我看完梵谷繪畫展覽，不再留念，趕緊匆匆快走離去。

（三）南京尋訪舊居　寫於二〇一〇年四月九日

南京，這六朝古都，十朝新市。我童年三至五歲時，曾居住於此。歷代興亡盛衰，南京皆親眼目睹。《桃花扇》悲唱：「眼看他樓塌了，……那烏衣巷不姓王，莫愁湖鬼夜哭，鳳凰台棲梟鳥。」抗日戰爭時，日軍大屠殺；國府撤守時，共軍進駐總統府；政權交替，也不過是歷史重演。然而，物換星移，我於一九四九年隨父母離開，再回來時，已是一九九三年，整整四十四年後。一九九三年十二月，我參加「第一屆海峽兩岸圖書資訊會議」，在上海召開，其後參訪南京大專院校。會後我約同蘭菊大妹多留二天，在南京與滯留大陸未隨政府來台的大姑媽之子袁表哥一家相會。那次，並未尋訪舊居。

二〇〇六年農曆正月初二日，母親仙逝，我非常悲傷，乃在六月十四至十九日造訪南京市。當時旅館住狀元樓，曾僱計程車司機尋訪舊居名稱「三排樓」，司機帶我去一處叫「筒子巷」的街道，但他亦不敢十分肯定。

二〇〇七年十一月一日至二日，我因參加「中美文化交流與圖書館發展國際學術研討會暨錢存訓圖書館開館典禮」，重回南京，因會議安排十分緊湊，沒有時間尋訪舊居。

今日上網查詢發現，顯然二〇〇六年六月尋訪舊居，計程車司機帶我去的地方是錯的。網上資訊顯示，今日南京尚有一條「南京市鼓樓區三排樓大街」。只不知是否當年舊居所在，還需未來做進一步查證。

（四）桃園尋訪舊居　寫於二〇一〇年十一月十九日

一九八二年十二月二十三日抵達台灣。因尚無住屋，暫時寄居在父母親永和家中。十二月二十六日，適逢星期日，因堂姊秋菊亦由馬來西亞僑居地回台省親，乃相約在桃園鎮大同路舊居，來一次家族大重聚。

這一棟日式建築，我於小五下住到高一上共五年（一九五五至一九五九）之久，收藏了我中學時的諸多回憶，亦是我開竅努力學業的故居。在此，八個堂兄弟姊妹，一同生活了五年。當時，這一區五大棟國防部工兵署軍官宿舍，四周尚是稻田，五百公尺外是縱貫線鐵路。我初一上至高一上，與堂姊秋菊二人結伴搭火車到台北走讀北一女中，是一生中非常美好的記憶。每日上下學在火車上各一小時的捧書自習，奠定我日後學業優異、作息定時的良好基礎。至今，我仍喜愛那隆隆火車行駛聲。因此，當我讀到徐志摩的〈滬杭車中〉那首詩時，特別喜愛。「匆匆匆，催催催，一捲煙，一片山，幾點雲影。……催催催，是車輪還是光陰？催老了秋容，催老了人生。」是的，就這樣，在火車聲中，我送走了我的初中。不久，在高一下，我家就搬到了台北大直，揮別那一段晨昏搭乘火車上下學的日子，也離開了大伯一房的堂兄弟姊妹。

當天聚會，大伯母做了滿桌的美味飯菜。重聚人數，連同我們這一代的子女，三代同堂，枝繁葉茂，伯母和母親慨嘆他們老了，但看到子孫滿堂，她們喜不自勝。此後，記憶中，不再有哪一次，盧家伯母和我們兩房的人，再在這棟老宅子裡聚集那麼多人。隨著二位老人的年邁，聚會都選在餐廳，省去做飯之苦，但再也尋不回青少年時，伯母、母親輩親手調製的佳餚，和在家聚會的溫馨熱鬧氣氛了。

（五）台北大直尋訪舊居　寫於二〇一〇年三月六日

二〇一〇年春日正午豔陽下，我一個人回到大直，尋找一九六〇至一九六八年，我居住時的舊址。我從大直捷運站，沿著北安路向舊居方向走去。經過大直國小，已不見當日狹小的校園，現擴建成一大片教室的大校園了。我家三姊妹中，唯一讀過此校的是小妹晚菊。猶記剛搬來大直時，她小小身影，就讀小學四年級。如今她去世將近五年了，三姊妹中居然她最先離開人世，真令人不勝唏噓。

沿著大直國小一長片院牆走著，向左邊看，還看見當年大直街上的小菜市場，擠在新起的高大房舍間。當年被視為漂亮現代的西洋建築，聖保祿天主堂仍在原址，但在背後一大片高聳新建公寓襯托下，顯得那樣矮小寒酸。經過左邊的大直橋，是我出國後才興建的。此橋跨越基隆河，直通松山，省去當年我們家要去松山機場，必須繞行一大圈路途的麻煩。那時，我已出國，蘭菊大妹也已出嫁，不住大直。我手邊一張父母親和晚菊小妹，在橋前合影；到如今，三人都已作古，只見橋身仍在，人事已非，我眼中泛淚，趕緊匆匆向前走去。左手邊大直派出所還在，大直國中校門亦如當年模樣。

我沿著北安路右邊院牆繼續向南走。當年北安路旁邊，三軍大學教官眷舍「東園」不見了。再往前走，三軍大學亦不見了，原址上正大興土木，我向內望去，遠遠一大片土堆和興建一半的大樓，[1]門口豎立的木牌上寫著正興建的大樓名稱，將是「陸軍司令部」。再繼續向前行，經過北安路四〇〇巷路標，當年我們的圓山二村、西園、力行新村的聯外道路，已由北安路四〇七巷改成通北街了。經過北安路四〇〇巷和通北街口，來到北安路上原陸軍指揮參謀大學（一九五九至一九六九，簡稱陸參大）舊址，也在大興土木，將改建成「空軍司令部」。對面一大片大宅（平房）原是軍官外語學校及高階將領的官舍。陸參大一片黃土，大興土木，我不見原校，心中頗為惆悵。那時候，我們下學回家，為了不想走北安路四〇七巷長長彎彎的巷子，會情商陸參大大門守衛讓我們穿過陸參大校園，直通後山，此捷徑很快就到圓山二村了。那時治安良好，守衛們也知道我們不是閒雜人等，是住在後山他們同事的子女，也就通融了。後山三個眷村：西園是三軍大學教官眷舍，圓山二村是陸軍各中央單位軍官眷舍，力行新村是海軍總部軍官眷舍。連同傍著北安路上的三軍大學教官眷舍東園，一共四個眷村，子女都被家長嚴加管束，後來成了社會中堅，沒有聽說誰混太保太妹的，可見家庭教育和居家周邊環境的重要。

通北街可通西園、圓山二村和力行新村，專駛的四二路公車仍在，還是半小時一班。在正午豔陽下，我未走進通北街。因為我將看不到圓山二村，該處已於一九九三、一九九四年間改建成高樓住宅了。約十幾年前，我曾與蘭菊大妹來過一次，尋訪舊居，已不見當年眷舍蹤跡了。

古人云：滄海桑田。五十年前遷入大直，我高一下到研二（一九六〇至一九六八年），住了八年的舊居，已面目全非了。如今我家父母親早已作古，連小妹晚菊都盛年猝逝，只剩我和蘭菊大妹了。看著原三軍大學和原陸參大舊址，正在大興土木，建造新廈，將來一片新象，我應該高興才是。但今日為訪舊而來，心情惆悵，反而想起雪萊〈奧茲曼迪亞斯〉詩中，所描述古埃及王拉默西斯二世陵墓，黑色花崗石坐像已傾倒，昔日榮耀不在，埋沒在荒涼寂寞的漠漠平沙之中。而現在是豔陽高掛日正當中；然而，我看著原三軍大學和原陸參大舊址大興土木，到處堆積如山的黃土，使我悼念起我記憶中當年的二所軍校，還真有千古沈默死寂的心境。此詩用來比喻二所軍校舊址，雖有些不倫不類，但還真能描述我念舊的蒼涼心情，二處舊址雖在，但在我心中，卻已是在漠漠黃土中，杳無蹤影了。

時光匆匆，再訪舊地，距我離家出國時，已是四十二年後，我自己也正步入我人生的黃昏時分了。

二、懷想

（一）京劇與崑劇

京劇教忠教孝，講求仁心恕道，一九四九年大陸淪陷前叫平劇。我家長輩喜愛京劇，我們晚輩無形中受到影響。在大陸時期，重慶抗戰大後方不論，抗戰勝利後還都南京，住南京時，每次週末舉家去上海，除為了我們這些小孩，去逛繁華商城和遊樂區，去大世界看哈哈鏡外，大人們有時則去看他們喜愛的平劇。

初到台灣，顧正秋劇團在台北永樂戲院演出「貴妃醉酒」時，我已五歲，也吵著與大伯和父親二家人一起去。我只記得熱鬧非凡，舞台擺滿了花籃，並灑了當時流行的一種香水，品名「明星花露水」的，整個戲院香極了。大人看門道，我去湊熱鬧，開場後不久，在優美繞樑的唱腔中，我居然就睡著了，最後是被父親抱著熟睡的我回家的。我父母親喜好平劇，終身未變，父親晚年退休後，二大嗜好便是集郵票和聽平劇。

平劇總不外忠孝節義，戲文優美，曲調婉轉，無形中成為民間庶民的德育教材。「玉堂春」當然是最為人熟知的一齣戲。我自己從小即背會「蘇三起解」那朗朗上口的「西皮流水板」一段唱詞：「低頭離了洪洞縣，將行來在，大街前，……」。我長大讀元曲雜劇劇本，也深受戲詞吸引。

但從小到大，忙於升學與留學並沒有多少閒情逸緻觀看平劇。在台灣時，偶而隨父母親觀看軍中劇團的平劇表演，在美國則暌違久矣。回台灣後，最初幾年，每日忙得如陀螺打轉，更無暇欣賞。直到一九八七年末，一日觀賞了顧正秋的「新文姬歸漢」，那「胡笳十八拍」層層疊疊，委婉幽怨的唱腔，才使我重新拾回了對平劇的興趣。其後開始盡情收看電視平劇或到劇院現場觀賞。一九九〇年代以來，大陸新編京劇，如「孫臏與龐涓」等，我去觀賞後，從此上癮。大陸京劇團來台，如北京京劇團、天津京劇團、上海京劇團等，我一定抽空前往劇場觀賞，幾乎所有的名角戲，我都看過。但我因退休前，教職工作非常繁忙；因此，我是看戲而不迷戲，作為休閒方式之一。對真正京劇迷而言，我多少還停留在看熱鬧階段。但我每次看戲，總有心得，所以京劇對我，也並非十分外行。兒女長大後僑居美國讀書就業，但受我影響，回國趕上公演，也與我一同前去觀賞。「孫臏與龐涓」在國家劇院演出時，即是漢儀與我一同前往觀賞的。小兒漢儀喜愛歷史，研讀政治學與東亞史，「孫臏與龐涓」述及人性的部份，他也有所感悟。

對崑劇，原本陌生。對其產生興趣，是一九九〇年代，公共電視台開播後，我觀賞其播出大陸浙江崑劇團的「十五貫」，這齣劇早年（一九五六）因編演成功，在大陸被譽為一齣戲救活了崑劇這一個劇種，居功厥偉，大陸崑劇從此復甦而新生。台灣崑劇，我最喜愛的一齣是「陸游與唐琬」，這齣劇是新編崑劇，配上華麗的舞台佈景，製作精美，劇情動人。劇中展現出陸遊身處南宋偏安時局，以詩詞寄託愛國情操的悲憤無奈，以及對他與表妹唐琬不幸婚姻的低徊嘆息。那次小女梅儀正好回國，隨我前往觀賞。梅儀喜愛文學，研究中國與日本比較文學，以及東亞歷史，也從此啟發了她對崑劇的喜愛與興趣。

京劇和崑劇歷經大陸和台灣兩岸的改革，受到新式舞台表演藝術的影響，有不少舊唱改成新編，頗受年輕觀眾喜愛。我自己則新編或舊唱都喜歡。我常思我自己立身處世，多少也受這非正規教育系統外，傳統戲劇的影響。但我個人，對忠孝節義的感動總超過對風花雪月的頌讚。加以自己大學研讀歷史，總覽文學與藝術必須在歷史背景的大架構下，才能更深一層的觸動人心。因此，近年新編的崑劇，「牡丹亭」超越生死的情愛，我固然喜歡，但我更喜愛「陸游與唐琬」真實人物的此情不渝，以及「桃花扇」借離合之情，寫亡明之痛。陸遊終生追憶一段年輕時被拆散的婚姻，八十老翁猶念「傷心橋下春波綠，疑是驚鴻照影來」，他和表妹唱和的二闕詞〈釵頭鳳〉更是千古傳唱。至於「桃花扇」血濺桃花，李香君終未能忘故國明亡之痛，鮮血化作桃花的家國大愛，更使我淚流滿襟。

我自己幼年經歷一九四九年天崩地裂的政治變局，長於憂患不安的台灣，負笈美國留學工作十四載，又回台灣服務二十餘年。在這一個離亂的大時代中，漂泊是我人生的寫照。我一生雖未真正經過烽火，面對戰爭與死亡，但時代離散氣氛的感染，這份憂患意識卻伴隨我一生。因此，在觀賞戲劇時，我全神貫注，也不過是暫時忘記自我生活的煩憂，借他人故事澆個人的塊壘，借他人英勇長自己的威風，如是而已。

（二）音樂與舞蹈

我於北一女中初二參加軍樂隊後，漸漸啟發我對西洋音樂的興趣。在讀高中、大學及研究所時，深夜常收聽收音機播出的西洋古典音樂。寧靜的夜晚，一面讀書，一面聆聽，掃去一日繁忙生活的浮躁心緒。高中大學時，偏好小提琴、鋼琴等單一樂器的小品曲目，等到海外芝城留學時，歷經風霜雨雪的異國寒冬，孤單寂寞的寒窗苦讀，才能欣賞眾樂器齊發洶湧澎拜的交響樂曲目。在芝城，清寒留學生靠獎學金渡日，偶爾豪華一下，也欣賞過票價不菲的著名芭蕾舞劇表演和交響樂團演奏。當時正趕上民歌流行，也是我留學生涯宿舍中，留聲機上經常播放的曲目。如Joan Baez, Peter Paul Mary等的黑膠唱片，仍是我今日的部份珍藏。

中學至大學在台灣時，我追求「時尚」，有「崇洋」傾向，很少觀賞華語電影。西洋片是我們「摩登」青年的選擇。一九六〇年代，台灣經濟困頓，很少國外現代舞團來台表演。我喜愛現代芭蕾舞劇，可溯源於，在芝城觀賞了後來投奔自由的蘇聯芭蕾舞巨星紐瑞耶夫的「天鵝湖」舞劇。回台後第一年，一九八三年十一月三日觀賞台灣本土劇團，林懷民雲門舞集的「紅樓夢」，使我深深喜愛上現代舞蹈，也十分感佩雲門的編曲、編舞與表演。當日未進場前，我曾懷疑，如何以西洋現代舞表演中國古典名著《紅樓夢》。但當我看完了全劇，在六幕的繁花似錦到冷峻敗落的舞動意象中，展現了大觀園人事的興亡盛衰，真深深受到震撼與驚奇。從此，一路追隨著觀賞雲門集目，從「白蛇傳」、「薪傳」、「流浪者之歌」到「水月」，我每次都深受感動。而愛女梅儀也每每相伴，從此啟發了她對觀賞舞蹈的愛好。至於芭蕾舞劇，回台後，一九八〇年代末，當紐瑞耶夫來台表演，我再次觀賞，已感覺到他寶刀漸老，不如當年在芝城表演時的青春奮發，飛旋跳躍的英姿。

喜愛上百老匯音樂劇則是稍後的事。年輕時看了不少百老匯音樂劇改拍的電影，「真善美」（Sounds of Music）是最為膾炙人口的。梅儀自小最愛這部影片，百看不厭。當「歌劇魅影」（Phantom of the Opera）在世界各大都市巡迴演出時，我和梅儀是在一九九七年夏，在舊金山的劇院中觀賞的。一九九八年，梅儀出國讀大學後，我每次去訪視她，不論在費城、紐約、或波士頓，總與她坐在劇院中，觀賞過的音樂劇，如「西城故事」、「悲慘世界」、「美女與野獸」、「歌舞線上」、「獅子王」等，都帶給我們母女無限美好的回憶。梅儀自幼學習鋼琴，並參加仁愛國小與金華國中兩校的合唱團，唱會「歌劇魅影」與「貓」劇中的幾首名曲。

台灣兩廳院，自一九八七年開幕以來，我是其中座上常客。尤其一九八〇年代末與一九九〇年代，國外著名音樂與舞蹈團體來台表演，我總前去欣賞，伴我渡過許多美好時光。來台著名團體中，記憶所及，有維也納兒童合唱團、美國芭蕾舞團（ＡＢＴ）；個人名歌唱家，如三大男高音多明哥（Domingo）、帕華洛帝（Pavarotti）、卡雷拉斯（Carrearas）；著名華人音樂家，如馬友友、李鋼、林昭亮、胡乃元等。我是一個孤寂的學術研究者，在理性冷靜的學術文章中，真如一首歌曲中所說，音樂的歌聲琴韻，伴我渡過好時光。世間如果沒有音樂，人生將是一片死寂的黑夜，心靈將是永恆靜止的沈默，會是非常乏味的。

(三) 港劇

出國十四年，一九八三年剛一回國，即風聞回國前不久，港劇「楚留香」風靡全台的情況。「楚留香」劇是從古龍的同名武俠小說改編而成。我原本是不看武俠小說的。在芝城留學時，芝大遠東圖書館（今名東亞圖書館）中有不少港台雜誌。香港《明報》雜誌，為中國留學生爭讀的，倒不是時論文章，而是連載的金庸武俠小說。我出身「正規」的文史學生，那時對武俠小說是頗為「不屑」一讀的。

因此，剛回台灣時，我自己才就任新職，二兒女又年幼，忙得人仰馬翻之際，是無閒情看這些「閒書」的。不久安定下來，也受到感染，開始租借當時流行的港劇錄影帶。當然是從當時最流行的金庸武俠小說改編拍攝的三部曲「射鵰」、「神鵰」、「倚天」開始。從此喜歡上港劇。在剛回國那幾年，兩個孩子中，漢儀較年長，也跟著我們大人在寒暑假看一些港劇；梅儀長大些，也跟著湊熱鬧，看了租借來的「寶芝林」、「新紮師兄」、「小李飛刀」、「武俠帝女花」等港劇。漢儀自小頗有語言長才，會模仿他喜愛的西洋警匪片中黑人英語，對港劇武俠劇劇情片中的粵語歌曲也能唱好幾首。

我自己最喜歡的一部武俠港劇是「武俠帝女花」。該劇是一部以歷史為背景的武俠劇，以明末崇禎帝亡國吊死煤山，其女長平公主斷臂傳說而引伸出來的故事，從一齣著名的粵劇改編而來。此劇以長平公主和其駙馬周世顯為主軸，舖陳兩人堅貞不移的愛情。為增添戲劇效果，另杜撰了長平公主之妹昭仁二公主，以及明季守北邊遭讒言被崇禎帝以極刑處死的忠臣袁崇煥之子大俠袁若飛。長平公主嫺靜守禮，昭仁公主則刁蠻驕縱，周世顯溫文忠誠，袁若飛則桀傲不馴。四位主角在明朝覆亡之後，展開了一段可歌可泣的愛情與俠義。此劇編、導、演都堪稱上乘。在國破家亡覆巢之下，二位公主不幸生於帝王家的哀傷無奈，駙馬周世顯以身殉與長平公主共赴國難的深情厚意，大俠袁若飛愛慕仇人崇禎帝之女長平公主的癡心與矛盾，刁蠻的昭仁公主偏偏鍾情大俠袁若飛而無回應的苦痛與挫折；這些錯綜複雜的故事情節，真將中國古典忠貞不移的的愛國情操與男女愛情表現得淋漓盡緻。我自幼喜愛文學，及長又研讀歷史，最喜愛的故事是人間「小愛」的親情、友情、愛情，穿插在國家民族「大愛」的盡忠、成仁、就義的框架中。此劇，四位男女主角演技自不必說，其佈景、衣飾、配樂亦皆上乘。其主題曲，詞意優美，是歌詠長平公主和其駙馬周世顯的，我頗為大俠袁若飛對長平公主的癡心與俠義抱屈，和了一首，也歌詠讚美袁若飛一番。僅錄數行於下。

（全文見附錄三隨筆十一）

武俠帝女花

主題曲（原作）

（寫長平公主與周世顯駙馬）

哀聲謝我知心

心知你重緣份

為我決守生死約
我心又何忍
生也挽手
死也兩人
今夕還君相思冤孽
悠然淚下
花影滿身

主題曲（和）
盧秀菊（代大俠袁若飛而作）
為洗先父沉冤
隱埋一片癡心
冒大逆刺你父王
真情似無情
生也知己
死也陌路
一朝還君恩怨孽緣

托孤刺仇

獨走天涯

三、落幕

（一）情緣皆盡

二〇〇五年三月十一日晚菊小妹去世，二〇〇六年農曆大年初二，母親大人仙逝；我驟失二位至親，心情極為悲痛。二〇〇七年四月春假，我開始整理我的日記、舊信與舊筆記。用電腦將其摘記打字，以電子檔呈現並存檔。同年七月二十七日，將我感情部份，寫了一篇隨筆〈夢醒、情逝、絃斷〉。（見附錄六隨筆十二）這一隨筆記錄了我從台灣讀大學，到美國讀研究所，再回台灣，一生的道路上，在情緣方面的心境和實情。其中所述的，第一段是我做大學女孩時的一曲青春夢想，第二段是因時空距離我譜出的一段未了情緣，第三段是我的婚姻遭無情風雨摧殘的無奈。如今，三段情緣皆落幕終場，我獨自站在空曠的情緣舞台，昏暗中，回首望去，一片空茫。而我，如今是孑然一身，獨向黃昏。

（二）有主同行

然而，就在我一個人獨行的道路上，我有了宗教信仰。我有了主耶穌作為依靠，沒有跌倒，我只能感恩再感恩。正如《聖經》〈詩篇二十三篇〉所說：

我雖然行過死蔭的幽谷，
也不怕遭害，
因為祢與我同在。

註

1　〈國防部新大樓，廢土飛沙惹民怨〉，《中國時報》，民國九九年一月一四日，C2版。

後記

回顧我平凡的一生，乏善可陳。俯首自思，出生於二十世紀苦難中國大陸的抗戰時期，幼年隨父母遷台。成長於一九四九年後，國府撤守台灣的生聚教訓時期，完成完整的小學至大學研究所教育。負笈二十世紀強盛先進的美國，研習歷史學及圖書館學。最後又回歸奮發圖強時期的台灣，將所學奉獻育我養我的台灣，執大學教鞭迄於退休。

自古以來重男輕女的中國，我以一女子有幸生於開明的現代，與男子並駕齊驅，服務社會，實堪自我告慰，不枉平生。我是二十世紀中國受西方影響後，女性接受高等教育的世代之一。因家庭制度的轉型，變成小家庭制，免受傳統大家庭的束縛，婚姻亦能自主。但職業婦女操持一個小家庭，必須內外兼顧，是非常辛苦的。我寫此回憶錄，主要就是想把我們這一代職業婦女，從求學到就業，從結婚到生兒育女等生活各方面，如實的記錄下來，作為一個大時代的個人小歷史，也為現代婦女的公私兩難，做一小小的見證。

人的一生，積極的說可以留一麟半爪，消極的說是春夢無痕。我的過往，算是認真的活過了，如我信仰的《聖經》上所說：仗已打過了。我的種子既已播下，至於結果如何，猶待天意，非我所能逆料。但是回顧已往，我還是感恩，謝謝所有生命過往中的人事物。辛苦教養我的雙親，親愛的同胞姊妹，可愛的一雙兒女；求學中教導我的師長，共硯同習的同窗；職場上提攜我的長官，一同工作的同僚和部屬；杏壇上相互砥礪的同事，以及親如子姪的學生。一切的一切，我感到非常欣慰，有此一生。

走筆至此，唐錢起詩句「曲終人不見，江上數峰青。」浮上心頭，此生雖盡力譜生命之歌，卻也未盡如人意，雖曲終人散，也期盼留有餘音。然而，轉念一想，唐王維詩句「回看射鵰處，千里暮雲平。」，此刻感受更深。不管我今生做了什麼，能留下什麼，皆無足論。回顧過往，如今只感到我畢竟盡力了，算是對自己有所交代。「回首暮雲平」，還真是我回顧過往人生，此刻心情的寫照。

盧秀菊
台北市青田街寓所
二〇一二年五月一日

全文完

附錄

附錄一、盧秀菊訪談記

（一）人物專訪——盧秀菊教授

許雯逸、林荷鶥訪問　一九九二年四月十四日

原載於：《ASIS台北學生分會會訊》五期（民國八一年六月），頁三至六。

民國八十一年四月十四日下午假文學院教室，我們很高興能訪問到盧秀菊老師。從老師誠懇與平實的談話中，與我們分享許多人生經驗，使我們獲益匪淺。希望藉由本文的傳達，能將這些寶貴的經驗與更多人分享……。

問：請老師談談求學與就業的歷程。

盧教授：我的小學、中學與大學都是在台灣按步就班地接受教育。初、高中讀的是北一女中，之後考入台大歷史系。當時求學的情況與現在有所區別，現在由於教育更形制度化，不論在家庭或學校，都必須接受嚴格的訓練，培養讀書的習慣。在我們的時代，就我而言，小時候求學並未感受到特別的壓力，因為成績一直不錯，也就一路的讀上來，一切還算順利。由於雙親在學業及後來的婚姻與就業上，均給與我相當的自主空間，所以可以自由的發展。高中時代，我開始發現自己在人文學科方面的興趣，特別是歷史與文學，但在其他學科上的表現也不錯，如化學成績一向是全班最高分，也曾有老師希望我讀化學系，經過考慮，還是選擇比較符合本身興趣及個性的歷史系就讀。大學四年，一直相當用功，也受到許多老師的啟發，使我受益匪淺。在四年完整的史學訓練中，我對中國近代史最有興趣，故研究所階段即專攻清季的工業制度。但第二年未完成論文即收到美國芝加哥大學的入學許可與獎學金，經過評量的結果，放棄國內的學位赴美就讀。雖然沒有拿到文憑，但經過這兩年的研究所訓練，使得在芝大的學位很順利取得。畢業之後，也曾考慮是否要繼續攻讀歷史博士學位，經過種種因素的考量，而且本身也對圖書館學產生濃厚的興趣，於是轉到芝大的圖書館學研究所就讀，一方面也在圖書館工作。芝大的圖書館學研究所成立於一九二八年，歷史相當悠久，最早的博士論文均來自該所，一九三〇年至一九五〇年間共有六十八篇圖書館學的博士論文發表（見賴鼎銘「圖書館學研究的典範危機」，圖書館學與資訊科學一六卷二期，民國七九年一〇月，頁七六）。其對研究所碩士班畢業的要求是修滿學分數，並有學位資格考（Comprehensive examination），這項考試包含的範圍相當廣泛，必須花費許多功夫來準備，此外還須提出正式的論文（現在已經刪除）。我在一九七四年拿到碩士學位，畢業後就一直在美國的圖書館界工作，包括大學圖書館一年，公共圖書館六年，然後在民國七十二年初返回國內服務。

問：請老師談談歷史與圖書館學這二門學科在研究方法上的異同。

盧教授：歷史學是人文社會學中相當重要的一門學科，培根（Francis Bacon）曾將人類知識分為歷史、詩歌、哲學三大類；歷史代表人類的記憶，詩歌是人類的想像，哲學是人類的理性，所以歷史是人類知識中相當重要的學問。而圖書館學是一門重視實用的學科，國內將其歸在文學院並不是很適當，國外則稱為Professional School，與醫學院、法學院、管理學院一樣，放在研究所，並不放在大學部。因此兩者有很大的不同，歷史是基礎學科，圖書館學較偏向應用與服務；在治學態度上，前者的研究成果偏重自我治學的成績以及史學方法的探討與研究等，而後者是綜合性的瞭解各學科之後，運用圖書館學的知識與技能提供服務；讀歷史須專且精，依照史料定結論，圖書館學則強調組織知識進而提供服務，不僅是自我的學習，也是服務人群。

問：請老師談談目前的研究方向及對台灣學術環境的感受。

盧教授：我目前的研究方向與工作背景有關，在芝大研究所並未專攻某一學門，但畢業後在公共圖書館工作六年，包括四年的讀者服務部門的參考館員，主要以社會科學、歷史及地方誌方面的學科為主。後來又接任技術服務部門副主任的職位，親身參與規劃圖書館自動化的工作。由於從事過行政工作，對公共圖書館的行政及管理有些心得，且因當時的館長Mr. Donald J. Napoli參與過公共圖書館規劃程序（Planning process）及成效評估（Output）工作，對我們同仁召開許多相關的會議，使我從中獲得許多新觀念。所以回國後就著手撰寫這方面的文章及論文，研究方向以公共圖書館為起點，再旁涉大學圖書館、專門圖書館與學校圖書館，介紹規劃方面的新觀念並從事相關研究，希望引起國內圖書館界注意這項課題。目前正進一步探討規劃的專題，如組織文化、人事管理、財務規劃等。

至於台灣的學術界，自民國七十二年回國服務後，覺得國內的環境一直在進步，並且很有朝氣，圖書館界的進展也很快速，一些陋規及不良的景況也漸漸改善，這都要歸功於許多前輩及同道的努力，才能逐漸跟上時代的潮流，且迅速引進新知識與技術。而學術研究方面也是相當蓬勃發展，惟一的缺憾大概是客觀環境無法完全配合，例如人員的缺乏、經費的限制等，影響新觀念的落實，所以還需要大家共同努力，結合圖書館外的機構、組織來推動。此外，自動化方面，各個單位都在積極籌劃，但進展緩慢，恐怕是整體規劃不夠的緣故。就台灣整體的學術環境而言，頗能與歐美的研究環境互相配合銜接，因國內的經費及設備有時不夠充裕，研究情形不盡理想，但是身為研究者，仍必須全力以赴。總而言之，台灣的學術環境一直在不斷進步之中。

問：據老師的教學經驗，可否比較從前的學生及現在的學生在學習態度上是否有顯著的差異？

盧教授：任教八年以來，由於一直在師大、台大教書，因此覺得同學的素質都是一流的，過去與現在的學生並沒有什麼不同的，主要的差異是在同班同學之間，不是能力的高下之分，而是學習態度的認真與否。台灣的大學教育入學困難，畢業容易，而且專科劃分較細，如果轉系不成，可能難以發展自己真正的興趣及專長，所以有些同學的表現就受到限制，無法充份發揮。此外，教學環境也會影響學生的表現，由於教師與學生是大學中兩個重要的主體，教師的態度、上課方式以及是否以啟發學生興趣的方式教學，對學生的影響相當大。在與學生的關係方面，我是採取主動關心與尊重的態度，希望能適時的引導他們，隨時願意協助同學在課業及生活上的各種問題。

問：以老師的經驗而言，認為大學畢業後應該出國或繼續留在國內唸研究所較好？

盧教授：基本上個人的差異很大，很難給予一個正確的答案。一般而言，必須先瞭解自己的能力、個性及客觀環境，以「隨緣」的心態來面對。所謂「隨緣」，係指配合客觀環境，並依據主觀願望來選擇，隨緣的人順勢而行，把握機會，而不是以一種消極的態度來面對，工作如此，學業如此，婚姻亦然。在當時的環境下作最有益、最有把握的選擇，再全力以赴，相信應該會有好的結果。

問：對於剛畢業的同學，若有一個以上的工作機會面臨抉擇，請問老師是否有更好的建議？

盧教授：我認為首先應考慮興趣的因素，例如在讀者服務或技術服務的興趣如何，至於是大館或小館並非最重要。以我為例，可能會先選擇一個制度比較健全的機構，先學習實務經驗。但也有人比較偏向到小館工作，可以面對全面性的工作，這還是要靠個人的考量。如果並不是很明確的瞭解自己的興趣，可以先決定一個大方向，先工作一兩年，逐漸找出較有興趣的部門，再申請輪調或調職，以嘗試不同類型的工作；但不要更換得太頻繁，以使自己對圖書館的工作能有比較全面性的瞭解；有些工作必須親身經驗才知道是否適合自己，所以要逐步調整，在客觀環境允許及本身性向的考量下，多爭取各種學習機會，必定會有所收穫。

問：請老師為同學在生活、學業及工作方面提出建議。

盧教授：就圖書館學系而言，女同學佔大多數，雖然現今社會中，女孩子與男孩子受教育的機會相同，但無可否認的，面對婚姻問題時，女孩子對家庭、子女的付出要多一些。因此，在大學時代，除了求學之外，應盡量擴展自己的生活領域。社會上男女各有定位，不管女性受了多好的教育，工作表現如何優秀，可以和男生一較長短，在家庭與子女教育方面還是要多擔待。所以學生時代應儘量參加一些活動，結交志同道合的朋友，將來進入社會工作，或有了家庭，如果有這些生活體驗及朋友的協助，可以幫助我們由各種不同的角度衡量與面對問題，這些是很重要的。

工作方面，圖書館學系是屬於就業取向的科系，相信大家都希望找到一個好的工作，可以發揮所學，服務社會。大學四年是充實專業知識與培養良好工作態度的最好時機，不過台大的同學一向被視為優秀但主觀太強，有時反而不易與同事相處，而圖書館的工作是以服務讀者為本，在工作時也應與同事協力合作，這一層的人際關係是相當重要的。所以，除了工作上的表現外，也要多注意與周遭同事維繫良好的關係。

問：請老師談一談自己的人生觀及宗教信仰。

盧教授：我的人生觀可以二個字代表，就是「恬淡」。我認為人應該不忮不求，只要盡心盡力就好，人生的道路很長，許多事起初看起來是負面的結果，但長遠來看並非如此，所謂「山窮水盡疑無路，柳暗花明又一村」也就是這個道理。在一生之中，我們一定會有許多理想、期望，也許在某種情況下無法實現，不要認為是一種缺憾，以相對的眼光來看，「失之東隅，收之桑榆」，也許失去這個，卻獲得其他，就整個人生的道路來看，也就彌補回來了。所以，做人做事要盡全力，至於結果如何，以「隨緣」的心態面對，不要過於懊惱與追悔。

迄今，我尚未皈依任何宗教，但我偏向儒家的處世哲學及佛家的宗教思想。我個人認為，人可以不信教，但應對宗教有所尊重與瞭解，並具有宗教情愫，或許即是相信宇宙有一至高無上的主宰力量，因此做人要謙卑、自省，行事訴諸良知，也就是「敬天法人」，時時自我省察、自我惕勵。

對於選擇以圖書館學教學與研究做為終身事業，我從不覺後悔。同學們常會懷疑，圖書館學到底是不是一門值得投注的學科？我認為是的。圖書館學是一門日新月異的學科，它永遠跟著時代在走，各種新學科的出現及新科技的發展使得圖書館的服務層面不斷翻新，所以我們必須學習新的知識與技能，所謂「圖書館是一個成長的有機體」，即為明證。當圖書館不斷的成長與進步，我們必須隨時激勵自己要跟得上腳步，所以我認為它是可以作為一生的事業來努力經營。同時，站在女性的立場而言，這也是一個很合適的工作，即使將來有了婚姻與家庭，同樣可以雙方面兼顧。所以我非常鼓勵同學堅持的走下去，將圖書館學當作是一生志業！

（二）左「圖」右史，依仁遊藝

專訪台大圖書館學系暨研究所盧秀菊教授
郭怡雯　一九九七年二月
原載於：《圖書與資訊學刊二〇期》（民國八六年二月），頁八八至九二。

大學時曾修習盧老師的專門圖書館、人文科學文獻、及西文圖書分類編目三門課，到研究所時論文的指導教授，一直與老師有著深厚的緣份，因此在主編的邀約下，便很高興地接下了這次訪問的任務。一個暖冬的午後，踏進熟悉的老師研究室，以不同的心情聽著老師娓娓道出她求學、工作、教學的經驗與心得，分享老師的人生哲學。

好鳥枝頭亦朋友，落花水面皆文章

盧秀菊老師出生於重慶，住過南京，五歲時即隨家人來到台灣，在此求學、成長。由於父親對子女教育的重視，在其嚴格督促下，盧老師自幼即臨帖習字。啟蒙的一份字帖，書法雖不是名家手筆，但書的是宋（或元）人翁森的〈四時讀書樂〉，最為令她印象深刻與喜愛，尤其「好鳥枝頭亦朋友，落花水面皆文章。」「讀書之樂樂如何，綠滿窗前草不除。……讀書之樂樂如何，瑤琴一曲來薰風。」等詞句所描繪文人浸潤於琴棋書畫，與大自然融為一體的淡雅恬適氣氛是她所嚮往的，因此盧老師自小就沈浸在閱讀的愉悅中，特別愛好古文、詩詞、小說，期許自己成為恬淡的讀書人。

初中、高中均就讀於北一女的盧老師，在校六年當中，無論數、理、文、史等各科成績均表現優異，還因此被選為該校第一屆軍樂隊的樂手，吹奏伸縮喇叭，培養了她對音樂的興趣。同時，紅樓夢、三國演義、飄、戰爭與和平等中外名著；近代論著如飲冰室全集等，亦伴她渡過中學生涯，老師謙虛的說：「我們那個年代，沒什麼別的娛樂，只有看書。」然而在無形中，或許已奠定了她與書的緣份。

名師輩出的台大歷史系

雖然高中時候，數理成績向來名列前茅，但由於對文史的熱愛，考大學時選擇了台大歷史系為第一志願，並以榜首的成績入學就讀。「當時的台大歷史系真可說是名師輩出，像是研究希臘羅馬史的沈剛伯教授、遼金元史的姚從吾教授、中國近代史的吳相湘教授、西洋史的劉崇鋐教授、及中國上古史的許倬雲教授等。」老師回憶著，「當時歷史系的老師，鼓勵學生在大學四年中要讀完史記及資治通鑑二部史書。因為這不但貫穿了先秦至宋代為止的中國歷史，更是經典的文學作品，」盧老師就在這讀書風氣鼎盛，且有眾多名師指導的環境下，愉快充實地完成大學學業，並於畢業時，發表了「明代南北兩京建置之經過」之論文，指導老師是明代史專家夏德儀教授。

大學畢業後隨即考取台大歷史研究所，修課兩年，在論文尚未完成之際，接獲美國芝加哥大學遠東語言文化學研究所的入學許可及獎學金，權衡之下決定放棄台灣的學位，遠赴美國留學。

理論著稱的芝大

一九六八年，盧老師進入芝大念歷史碩士，師承孔復禮（Philip Kuhn）教授，研究中國清朝末年的工業史，並選修顧立雅（Herrlee G. Creel）教授的中國史、錢存訓教授的中國書目與印刷史等課程，二年後順利拿到學位。在此同時，盧老師為貼補生活費，於芝大的遠東圖書館（今之東亞圖書館）工讀。這個機會，讓她接觸到了另一個完全不同於歷史的學科領域——圖書館學。

獲得歷史碩士學位後，雖也曾想繼續攻讀博士，但因為工讀的經驗，開啟了她對圖書館學的興趣，加上驚嘆於遠東圖書館豐富的館藏，又天性愛書，覺得能在圖書館中工作是件不錯的事，因而決定轉念圖書館學碩士，並繼續在遠東圖書館兼任中文圖書編目員的工作。

「芝大的圖書館學研究所向來以理論著稱，與哥倫比亞大學的注重實務並列為當時美國著名的二大研究所，只可惜現在這兩所研究所均已停辦。那個時候，於芝大任教的名師不少，有專精於圖書館自動化的教授 Don R. Swanson、探討圖書館與社會、傳播的教授 Lester Asheim，而開授圖書館史的 Howard W. Winger 則是當時的所長。」老師繼續談到，「一般來說，美國的圖書館學碩士，只規定把一定的學分修滿即可。然而，芝大的要求特別嚴格，除了修課外，還必須通過長達八小時的學科考試（Comprehensive Exam），再提出一篇正式的論文（Thesis），至少需花三年的時間方能獲得學位。」盧老師就是在這治學嚴謹、首屈一指的學府中紮實地打下圖書館學專業的基礎，尤其是自動化方面的知識。此外，也是在這個位為美國中北部的大城中，老師完成了她的終身大事，與師丈結為連理。

大學城至南灣市

修課完畢後，盧老師曾隨師丈到南卡州教書一年。之後，於一九七三年再遷移到印地安那州的南灣市（South Bend），「那是一個風景優美、民風純樸的大學城」，老師描述了對南灣市的印象。

一九七五年，同時擁有歷史與圖書館學碩士學位的盧老師，開始在天主教大學中極富盛名的聖母大學圖書館（University of Notre Dame Library）任西文編目員。一年後，換到南灣市公共圖書館（South Bend Public Library）任職，該館服務當地的十二萬人口，有五個分館，大致分為三大部門：技術服務部（Technical Services）、公眾服務部（Public Services）、及兒童服務部（Children's Services）。由於具備歷史方面的學科背景，盧老師擔任了四年的歷史學科的參考諮詢服務員，並旁及社會科學。後來，技術服務部有一副主任（Assistant Head）的職位出缺，盧老師因著在芝大修習過自動化課程，並有聖母大學圖書館的實務經驗而出任，負責自動化的業務。「當時在編目上所用的是ＯＣＬＣ線上編目系統，而圖書採購則是與書商直接連線的BATAB線上採購系統。在那兩年中，使原本對參考服務有興趣的我，更熟悉了技術服務的相關業務，並有機會參與館內及館外的各種會議與活動，學習扮演好行政主管的角色。」

舉家回國

一九八二年底，因師丈想回國服務，並顧及一雙兒女的中文教育，告別居住了十四年的美國後，盧老師舉家回到國內。剛回國的兩年，在師範大學任歷史系專任講師，兼圖書館採錄組主任。在此期間，瞭解到國內圖書採購程序與國外的不同，像是比價、招標、圖書報廢等，並恰巧遇上師大圖書館的一件大事，就是搬遷新館，這些經歷更豐富她對國內實務的經驗。

一九八五年，盧老師轉到台大圖書館學系專任教職，不兼行政工作，自講師始，逐步成為副教授、教授迄今。教授過的課程領域相當廣泛，包括：中、西文圖書分類編目、人文科學文獻、社會科學文獻、圖書館史、專門圖書館、公共圖書館研討、及即將開授的讀者服務研討等。「這些課程都與我過去的教育背景，以及工作經驗有密切的關係。」老師認為她過往的經歷，豐富了她的教學內容。

研究興趣

若查看老師所發表、出版的文章及專書，除了歷史相關的主題外，可以發現她的寫作興趣在於公共圖書館及圖書館行政與管理。老師談到了這段因緣，「這是因為受到了 South Bend Public Library 館長 Donald J. Napoli 的影響，由於他當時主持《公共圖書館服務成效評估》（Output Measures for Public Libraries）手冊的編訂，非常重視館中的績效及館員的繼續教育，常在館內舉辦教育與訓練活動。且擔任副主任期間，以副主管的身份參與了多次的全州性圖書館管理及實務研討會，其中包括由著名專家 Hebert D. White 所主講的目標管理（ＭＢＯ）研討會。從這些工作實務與訓練過程中，真切體認到企業管理的理念在圖書館中應用的重要性。」回國後，盧老師發現國內有關此方面主題的論著並不多，因此希望循序漸進地從管理的五大面向：規劃、組織、任用、指導、控制，做有系統的介紹。目前關於規劃與組織部份，已分別有專書問世，而下一步正在著手進行的是人事管理部份，首先想探討的主題是領導。

除了個人的著作是依著興趣取向外，盧老師並曾與其他老師共同執行專案研究，或是自己主持專案計劃。「在專案上，我傾向選擇技術服務方面的主題來帶領同學做研究。」例如已完成的「國家書目中心書目控制之研究」，及正在進行的「中文主題標目之研究」。另一方面，老師也熱心參與各種的專業學會活動，如曾多次擔任中國圖書館學會國際關係委員會主任委員、ＡＳＩＳ台北分會會長、及中華圖書資訊教育學會學術交流委員會召集人。

恬淡自適、不忮不求

說到盧老師的人生哲學，她認為做人應該「恬淡自適，不忮不求。在工作上全力以赴，但對權位則不計較。」從老師的生活中，可以發現她對此一原則的實踐，對工作的認真，表現在研究及對學生的嚴格要求上；對權位的不忮求，則是一度拒辭系主任的職務。至於教學研究之餘，她喜歡沈浸於音樂及藝術的洗禮中。若有閒暇，更會趁機到世界各地旅行，足跡踏遍了東歐、西歐、北美、南美洲，以及多次前往中國大陸，「飽覽天下名山勝景，是人生一大樂事。」而各地的博物館、畫廊、藝術中心、圖書館，更是遊覽的重點。

關於宗教信仰，盧老師雖未皈依任何宗教，但具有宗教情愫，對各種宗教哲學書籍亦有涉略，從西方的基督教，到東方的儒家，佛學等均不陌生。對於《聖經》，由於在芝大讀書時曾參加過四年的查經班，且基督教為西方文明之支柱，因此對《聖經》甚為景仰與推崇，特別喜愛的是哥林多前書十三章的「愛」，及詩二十三篇的「耶和華是我的牧者」。前者的「愛是……凡事包容，凡事相信，凡事盼望，凡事忍耐。」是老師篤信不移的與人相處之道；而後者「耶和華是我的牧者……我雖然行過死蔭的幽谷，也不怕遭害，因為祢與我同在。……」，其詩句的優美，是每當受挫、灰心失意時，心中默念的詩篇。

但在性情上，盧老師自認比較偏向中國的儒、佛。雖相信宇宙有主宰，卻不一定要皈依於特定宗教，但求行事本於良知，為人謙卑自省，遵循「敬天法人」的態度，並相信靠著自發的努力，人人可以成佛。「佛經裡蘊含有極深的哲理，礙於尚無多餘的時間鑽研，因此嚴格說起來，我所奉行的還是儒家思想。」這是老師對她的人生哲學所下的按語。

對後輩的期許

盧老師在回顧過往的經歷時，深深感覺到歷史的學科背景，是她日後在圖書館學領域中工作的重要助力，因此認為學科專長能力的具備對於圖書館員是非常重要的，因此期許後輩，能在學校的正規課程之外，多多充實各類的基礎學科。

「國內因教育制度的關係，把圖書館學系設置在大學部中，因此最好趁還在學時，除了把圖書館學專業學好之外，還必須於課外多加強充實學科背景及語言能力，以免工作後有書到用時方恨少之憾。若已從學校畢業，則須體認到圖書館學與時俱進的特性，它是知識、資訊與技術結合，不斷推陳出新的學科，因此我們也應持續不斷地求變求新、求進步。畢業不是結束而是開始，必須利用各種在職訓練及繼續教育的管道不斷充實自己，並且要有日新又新的認知，及終身學習的精神，如此才能做個稱職的圖書館員，否則很快就會被時代的浪潮所淹沒。」

「但必須切記的是，在圖書館學與資訊科學整合之際，強調學習新的資訊技術並不意味著忘本。圖書館學是著重知識、資訊內涵的學科，電腦、網路科技是輔助工具，兩者應並行不悖，合作無間，圖館人千萬不可妄自菲薄，驚羨科技而自失傳播資訊、傳承知識之立場。」老師的提醒，真是語重心長。

左「圖」右史、依仁遊藝

盧老師以「左圖右史」來形容自己所擁有的兩項專業。這句話原義是說史學家左手執地圖，右手持史書做研究，恰巧可藉地圖的「圖」，來引申老師的圖書館學專業。老師說：「我從不後悔從歷史學轉向圖書館學。歷史是從小的興趣，現在仍是我業餘的閱讀範圍，而圖書館學則是我的工作職業。我很高興於圖書館學內容變化的快速及領域的擴充，提供了我日日新、月月新的動力。」

至於身為一個讀書人，盧老師以《論語》述而篇七章中的「志於道，據於德，依於仁，遊於藝。」自勉，追尋為學之全功在於志道、據德、依仁、游藝的先哲思想，並希望達到依循仁厚無私的最高做人的原則，適情於六藝之間的理想。

結語

對於盧老師面面俱到、講究倫理的做事待人方法，以及嚴謹的治學態度，有些大而化之、不拘小節的學生或許會覺得有些煩瑣或過於嚴格，但仔細深思會發現老師奉守的，其實就是中國先賢所教導的待人處世道理，她只是希望提醒我們，在開創自己新的道路，衝得太快時，先哲的教誨可以拉我們一把，以免人仰馬翻。與老師一席話，除了更深入瞭解像她這樣質樸踏實的學者背後，所走過的人生歷程及所信奉的理念外，另一層收穫則是對於遺忘已久的儒家思想有了不同的體悟，而盧老師提到西方文明支柱，《聖經》詩二十三篇，亦使我們日後遇到挫折時可以從中獲得安慰。

最後願節錄詞句優美的詩二十三篇做為結束：「耶和華是我的牧者，我必不致缺乏。祂使我躺臥在青草地上，領我在可安歇的水邊。祂使我的靈魂甦醒，為自己的名引導我走義路。我雖然行過死蔭的幽谷，也不怕遭害，因為祢與我同在……。」這西方宗教的優美詩篇，一經盧老師解說，儼然已經融入我國傳統重人文的儒家世界之中，令人發為深省。

（三）盧秀菊退而不休　為圖書館找新價值

李欣如訪問

原載於：《書香遠傳》五三期（台中：國立台中圖書館，民國九六年一〇月）頁八至九。

From: http://www.ntl.gov.tw/Publish_List.asp?CatID=2332 上網日期：二〇〇七年一一月二九日

盧秀菊，是擁有歷史學科背景並兼具圖書館實務經驗的專業館員，也是最先集中精力將西方圖書館管理與規劃概念引進台灣地區圖書館的學者。她是國立台灣大學圖書資訊學系教授，儘管二〇〇四年退休後仍然致力於公共圖書館的輔導工作，也因為篤信「多我一個不多，少我一個不少」的哲學，不參與其他熱門領域，而為公共圖書館注入一股新活水。

「多我一個不多，少我一個不少」哲學

約定採訪當天北部大雨斷斷續續發生，可是國立台灣大學圖書資訊系教授盧秀菊卻早已備妥此次專訪的相關資料於研究室靜候，而全身合宜的裝扮也可感受到她對公共圖書館報導刊物的重視。研究室內有她各個時期的照片，一張遠赴日本參加女兒暑期語文班結業典禮的照片……，「這是我最喜歡的衣服，今天也穿了。」靦腆的表情展現她可愛的一面。

擁有美國芝加哥大學歷史、圖書館學兩個碩士學位的盧秀菊笑說：「從專研的歷史工作到圖書館服務，我發現自己相當樂於與外人接觸。」因為在芝加哥大學遠東語言文化學系圖書館（今東亞圖書館）的工讀，而激起想投入圖書館耕耘的興趣。

因而至一九八二年回台灣前，盧秀菊曾在美國大學圖書館擔任分類編目館員、公共圖書館參考諮詢館員，以及技術服務部副主任。尤其是擔任副主任的二年間，因主管業務為經管ＯＣＬＣ（美國線上電腦圖書中心）線上編目業務，以及因職務需求而必須上很多管理課程，而讓她的經歷廣涉圖書館的專業技術、讀者服務與行政管理工作等部分。

回國後，盧秀菊先在國立師範大學專任歷史系講師、兼任圖書館採錄組主任，她不諱言地表示：「教學兼任行政太累，而師大的歷史學系悠久學者多、體制又健全，多我一個不多、少我一個不少。」於是，一九八五年便進入台大圖書館學系（今圖書資訊學系）為自己的所學所用，而奮戰迄今。

因為早在盧秀菊回國前，已有一批海外歸國的圖書館學者，如：張鼎鍾、李德竹等人士就已經為台灣地區圖書館的自動化全力投入，儘管她在美國修過自動化課程、負責過ＯＣＬＣ線上編目業務，可是因考量到「服務為主、行銷導向」的圖書館管理學概念正興起，而決定將重心轉移到圖書館的營運管理。

將精力集中在圖書館營運管理的盧秀菊談到此，還流利地表達將管理學引進圖書館的理念，「圖書館的系統化，需要從規劃與評鑑著手。這也就是機構的經營、管理要設定任務、目標，而在制定政策執行的過程中，也要細部評估成效如何。」過去連續五年擔任國家圖書館與國立台中圖書館主持的公共圖書館輔導團成員的她，集結走訪全台近一百多所鄉鎮圖書館的感想，「活動＋閱讀＝活絡館藏」。

活動＋閱讀＝活絡館藏

近年，台灣地區鄉鎮圖書館經中央補助款的挹注，不僅建置自動化系統，還更新館舍空間，為圖書館發展奠定良好的基礎。「就像過去輔導團訪視過程一樣，久了，大家有合作默契，就交互提出多面向的建議，鼓勵圖書館可以更好。」這次盧秀菊也一樣，在閱讀前幾期本刊的文化臉譜而提出「善用地方資源，創造獨特價值」的想法。

在鄉鎮圖書館館藏建設方面，盧秀菊認為，「應以一般大眾需求的圖書期刊為主，兼具鄉土特色的地方文獻為輔。」她曾在一所鄉鎮圖書館發現一套現今價值近台幣一百四十萬元的《四庫全書》，雖然珍貴性與研究價值都為首選，但是擺放在一般民眾使用率不高的鄉鎮圖書館並不適宜。

「因為鄉鎮圖書館的兩大工作應為，閱讀紮根與建置地方文獻。」而這也是盧秀菊鼓勵各個鄉鎮圖書館，創造出獨一無二價值的精神所在。透過與地方資源，包括：各級學校、地方文史工作者或是在地的民眾，為地方文獻的建置盡一分心力。或許是鄉鎮圖書館與大專院校藉由建教合作，由歷史系學生為在地的歷史溯源、地理系學生分析當地的地形環境；又或許是由地方的文史工作者收集祖譜、歷史典籍……，相互串聯再彼此交流。盧秀菊相信：「人有見賢思齊之心，發展地方特色的良性循環，只要大家有共識應會長久持續下去。」

雖然圖書館是一個成長的有機體，但人的作為卻可以彌補、增強圖書館的服務。盧秀菊因瞭解鄉鎮圖書館實務的困境，而不會將其發展過於理想化，可是訪談過程中，她談到的「運用之妙，各在其心！」八個字，始終迴盪於心，也為未來圖書館發展的樣貌，留下令人無限想像的伏筆。

（四）「圖」「史」兼備、恬淡自適——盧秀菊教授

李韻萱、蔡迪娜（訪問）

原載於：《中華民國圖書館學會會訊》二〇卷一期＝一五八期（台北：該學會，民國一〇一年六月一日），頁四七至五〇。

恬淡自適、不忮不求的盧教授，順著自己的心念走出一條屬於自己的路。一次工讀的機會，使盧教授和圖書館結下良緣，從此，不僅深深愛上了它，更在圖資這條路上貢獻畢生心血、散發迷人光輝。

壹、一項契機，而成就了「她」

盧教授於一九四四年出生於重慶，並曾暫居南京三年，隨後於一九四九年上海淪陷前來台，在台灣接受完整教育。小學階段隨著父親職務調遷，就讀三所不同地區的小學。在「慈父嚴母」的督導下，盧教授於一九五六至一九六二年，就讀台北第一女子中學初中與高中，並以優異的成績考取台灣大學歷史學系與歷史研究所。然於研究所次年論文尚未完成之際，接獲美國芝加哥大學遠東語言文明學系碩士班的入學許可和獎學金，經評估後，決定放棄台灣的碩士學位，於一九六八年赴美留學，並於一九七〇年順利取得歷史學碩士學位。留學期間，為補貼生活費，盧教授在芝加哥大學的遠東圖書館（今東亞圖書館）工讀，使其開始接觸圖書館學領域，對圖書館學產生興趣，並獲取圖書館學碩士學位。

貳、名師輩出的學習聖殿

盧教授始終服膺名校不是以校園大或建物美著稱，而是有「大師」之謂。盧教授求學過程中，所經歷之台灣大學和芝加哥大學皆名師輩出，令其深感大學教育除知識學問的學習外，最重要的是，學習師長的風範，包括他們對真理的探求、做學問的態度，以及對學生的熱情；而這一切，最後都以師長的言行做依歸，亦即教育的金科玉律為「身教重於言教」。

台灣大學是抗戰勝利後，於一九四五年一一月一五日，接收自日治時期一九二八年成立的台北帝國大學。其辦學理念是由第四任傅斯年校長所奠定的，他提出敦品、勵學、愛國、愛人為校訓；堅持學術自由與教育自主；強調不同院間，修習國文、英文、通史、邏輯、數學、物理、化學、動植物、地質、普通經濟學、法學通論等「通習科目」的重要。此辦學理念，在台灣大學以系為主修單位的專才教育制度下，似乎未能完全實現；但他的辦學精神以自由學風為主，迄今為台灣大學所承襲。盧教授就讀時，歷史系名師有研究希臘羅馬史的沈剛伯、遼金元史的姚從吾、明史的夏德儀、中國近代史的吳相湘、西洋史的劉崇鋐，以及中國上古史的許倬雲等教授。

另芝加哥大學於一八九二年建校後，定位以研究院為主，研究院與大學部的學生比例為三比一。其卓越之研究表現，被稱為學術研究的修道院（academic monastery）。迄二〇〇一年，在全球約七〇〇位諾貝爾獎金得主中，和芝加哥大學有淵源的教授、學生及研究員佔七三人，僅次於英國劍橋大學的七七人。

盧教授就讀之遠東語言文明學系（Department of Far Eastern Languages and Civilizations），名師有顧立雅（Harrlee G. Creel）、柯睿格（Edward A. Krack, Jr.）、孔復禮（Philip A. Kuhn）、何炳棣及錢存訓等教授；而圖書館學研究院（Graduate Library School）的名師有專精於圖書館自動化的 Don R. Swanson、探討圖書館與社會及傳播的 Lester Asheim，以及圖書館史的 Howard W. Winger等教授。

參、學以致用，吸收新知

盧教授於一九八二年底回台服務前，曾在美國公共圖書館工作六年（一九七六至一九八二）。美國圖書館事務是由各州管理，專業之圖書館館員須有證照。凡ALA評鑑合格的大學圖書館學研究院，獲得碩士以上學位者，可憑畢業證書申請圖書館員證照。盧教授領有印第安那州（Indiana）圖書館證照後，受聘於南灣市公共圖書館（South Bend Public Library），先任職參考諮詢服務員四年（一九七六至一九八〇）。參考諮詢服務館員任用資格為圖書館學碩士學位，加上另一學科碩士學位或學士學位。除了一般參考資料外，盧教授特別熟習歷史學與相關社會科學參考資料。此外，盧教授也曾任職技術服務部副主任（一九八〇至一九八二），熟習採訪與分類編目工作，負責協助改換自動化系統，由OCLC系統到CLSI公司之PLUS系統。並也因擔任行政職務，有機會學習如何扮演好中級管理者的角色。當時館長拿坡理（Donald J. Napoli）負責編輯出版《公共圖書館服務成效評估》（Output Measures for Public Libraries, 1982），含十二項評量法的手冊，日後盧教授回台灣曾撰文介紹。

肆、理想得以落實

盧教授於一九八二年底回台後，因具備歷史、圖書館學雙碩士，並結合圖書館之工作經驗，首先擔任師大歷史系講師兼圖書館採錄組主任（一九八三至一九八五）。於擔任歷史系講師時，教授過「中國通史」與「中國近代史」二門課程。以及出版The Imperial Printing of Early Ch'ing China, 1644-

1805（一九八三）一書。並因兼圖書館採錄組主任之故，使盧教授嫻熟國內大學圖書館運作。

隨後，盧教授轉任台大圖書館學系任教（後更名為圖書資訊學系），一路從講師、副教授至教授。因在芝加哥大學碩士班修習過「圖書館資料組織評估與應用」一系列（一般總論、人文學、社會科學、自然科學與技術）課程，加上在南灣市公共圖書館服務過程中，因協助圖書館全盤自動化，而熟悉分類編目規則與機讀格式，得以任教「圖書分類與編目」的基礎課程。也因上述課程涉及人文學與社會科學，加上曾任職南灣市公共圖書館參考諮詢服務員，於台灣大學講授「社會科學文獻」與「人文科學文獻」二門課。其中「人文科學文獻」課程長達二十多年，豐富的教學經驗讓盧教授出版了《西洋人文學參考資料選目》一書，以及製作「西洋人文學文獻」網頁。

學術生涯中，盧教授出版《圖書館規劃之研究》、《現代圖書館組織結構理論與實務》二書外，並發表百篇論文，內容涵蓋圖書館管理、分類編目、人文學文獻、公共圖書館等主題。另先後指導二十多位研究生，論文主題包括技術服務、行政管理及公共圖書館。除了教學與研究外，盧教授亦積極參與專業活動，包括參加國內外與海峽兩岸研討會發表論文、專業學會各委員會擔任職務、政府部會與圖書館相關事務擔任委員與顧問等。自二〇〇一年起，盧教授開始參與國內公共圖書館輔導工作，迄今已經訪視過全省二十一縣市文化局圖書館及一百多所鄉鎮圖書館。二〇〇一至二〇〇四年，國家圖書館執行之三年專案中，第二、三年（二〇〇三、二〇〇四）係評鑑鄉鎮圖書館，當時所採用的評鑑手冊即盧教授擬定的〈台灣地區公共圖書館營運績效評量表〉。這也是台灣地區第一次施用評鑑手冊於全省鄉鎮圖書館之評鑑工作。

伍、對圖書資訊學教育與專業的看法

二〇〇四年，盧教授因身體微恙，於耳順之年，決定提早退休。不過，對於青年學子的關心卻不曾減少。對未來圖資界的看法，盧教授說：有鑑於芝大的學習經驗，再加上於國內外圖書館的實務工作經驗，她認為圖書館與資訊中心等為理論落實於實務中的場域。另一方面，從圖書館歷史演進與人類知識資訊傳承角度來審視，當前先進的科技工具是很好的載體。但我們不能被新穎的科技工具所眩目，一味追新。畢竟科技產品只是載體，其所載知識資訊內容才是代代流傳的核心物件，進而達到知識資訊與科技工具並重的理念。

盧教授認為學術與通識應並重，圖書資訊學是重視實務，並以服務為目的的學科。根據盧教授的觀察，台灣將圖書資訊學系放在大學部，大學教育是專才教育而非通識教育，而美國將其置於專業學院（professional school），而非一般純學術的大學部（undergraduate）或研究院（graduate school）。因此台灣圖書資訊學系畢業生，其專業知識及技術優於通識概念及學科素養，當至圖書館相關單位服務時，無法回答一般常識與通識性問題，亦難勝任參考服務之「學科專家」角色。因此，在未來的大學教育下，如何達到專業素養與學科素養並重，是我們共同努力的目標。我們要成為一位有一般常識，通情達理，處世練達的專業人員，而非常識欠缺，知識傲慢，不通人情世故的象牙塔學者。

最後，她提及理念與熱忱應並重，具有圖書資訊學的理念，以及對圖書館和資訊中心的服務熱忱，是圖書資訊機構從業人員最重要的二項要素。有理念與理想，加上服務熱忱和鍥而不捨的堅持與努力，才能成就圖書館員們的專業。然而上述所說皆為她個人理想，有些是制度面先天的缺失，有待年輕一輩的努力，將圖書資訊學的教育理念，以及圖書館與資訊中心服務精神，代代傳遞下去。

陸、知足常樂的人生觀

盧教授生於二十世紀變動中國，受大時代洗禮，受儒家教育體系的思想薰陶，家庭質樸誠信生活的教養，一直克勤克儉，努力向學。有幸留學美國，接受現代圖書館學教育，學成後，回歸台灣，希望盡一己棉薄心力，貢獻所學。盧教授在台大教職的生涯中，一直秉持教學第一的理念，個人研究和專業服務次之。對學生，希望做到身教重於言教，以身作則，尊重學生的個別差異與興趣。對研究，專注自己的興趣與過去工作心得，以圖書館營運、人文學資料、公共圖書館為主要議題。至於服務，亦選擇集中於自己專長的技術服務與公共圖書館等方面。

對於人生觀而言，只希望做到恬淡自適、不忮不求；同時，以《論語》的「志於道，據於德，依於仁，遊於藝。」中所述的讀書人自勉。近十年來，盧教授每週日到教堂做禮拜，從聆聽牧師的講道，反省平日週間自己的作為，自我惕勵。但因恐學習基督教義未精，又沒積極參與團契活動，達不到基督徒行為標準，迄今尚不敢正式領洗，但心理上盧教授認為她是篤信上帝的。盧教授說《聖經》是其自大學時代接觸以來，提供心靈安慰的一部大書，也將其視為是她人生最後生命旅程中的最大依靠，就如詩篇二十三篇所說：「我雖然行過死蔭的幽谷，也不怕遭害，因為祢與我同在。」

附錄二、盧秀菊著作目錄

盧秀菊

國立台灣大學圖書資訊學系暨研究所教授

民國五六（一九六七）至民國一〇一（二〇一二）年

一、專書

Shaw, Shiow-jyu Lu, *The Imperial Printing of Early Ch'ing China, 1644-1805*. San Francisco, Taipei: Chinese Materials Center, 1983. 88 pages.

盧秀菊，《圖書館規劃之研究》。台北：台灣學生書局，民國七七年四月。二九八頁。

盧秀菊，《現代圖書館組織結構理論與實務》。台北：文華圖書館管理資訊公司，民國八三年三月。三八七頁。

盧秀菊，《西洋人文學參考資料選目》。台北：漢美圖書有限公司，一九九七年九月。一四四頁。

二、期刊與專書論文

盧秀菊，〈明代南北兩京建置之經過〉，《史繹》第四期（台北：國立台灣大學歷史學會會刊，民國五六年六月），頁一至一五。

盧秀菊，〈評柯保安先生著中國與基督教〉，《史繹》第五期（台北：國立台灣大學歷史學會會刊，民國五七年六月），頁七五至七七。

費思克（Adele M. Fasick）著，盧秀菊譯，〈資訊時代的兒童圖書館服務〉，《台灣教育》第三九〇期（台北：民國七二年六月三〇日），頁一七至二三。

Lu, Shiow-jyu, "The Moho Gold Mines, 1885-1910."《師大歷史學報》第一二期（台北：國立台灣師範大學歷史學系，民國七三年六月），頁三一五至三四二。

McDonald, Dennis D.著，盧秀菊譯，〈著作權在新科技時代的適存〉，《書府》五期（台北：國立台灣大學圖書館學系，民國七三年六月），頁八六至八九。

盧秀菊，〈戰國策的版本〉，《書目季刊》一八卷四期（台北：中國書目季刊社，民國七四年三月），頁一九九至二〇三。

盧秀菊，〈戰國策的版本〉，《屈萬里院士紀念論文集》（台北：台灣學生書局，民國七四年五月），頁二〇三至二〇七。

盧秀菊，〈清季的官營礦業〉，《師大歷史學報》第一三期（台北：國立台灣師範大學歷史學系，民國七四年六月），頁一七一至二〇〇。

盧秀菊，〈李覯的經濟思想〉，《教學與研究》第七期（台北：國立台灣師範大學文學院，民國七四年六月），頁二二七至二三二。

盧秀菊，〈美國公共圖書館的發展趨勢〉，《書府》第六期（台北：國立台灣大學圖書館學系，民國七四年六月），頁七一至七四。

盧秀菊，〈美國公共圖書館經營的計劃程序〉，《圖書館學刊》第四期（台北：國立台灣大學圖書館學系暨研究所，民國七四年一一月），頁一三三至一五八。

盧秀菊，〈公共圖書館服務成效評估之方法與應用〉，《中國圖書館學會會報》三九期（台北：中國圖書館學會，民國七四年一一月），頁一七至三四。

盧秀菊，〈簡介公共圖書館服務成效評估手冊〉，《書府》第七期（台北：國立台灣大學圖書館學系學會，民國七五年六月），頁二八至三三。

盧秀菊，〈淺談圖書館界目前的幾項新發展〉，《書鐸》第二期（台北：國立台灣大學圖書館學系學會，民國七五年一一月一二日），第三至四版。

盧秀菊，〈淺談公共圖書館員素質的提昇〉，《台北市立圖書館館訊》四卷三期（台北：台北市立圖書館，民國七六年三月），頁二六至二八。

盧秀菊，〈美國公共圖書館的組織〉，《台北市立圖書館館訊》四卷四期（台北：台北市立圖書館，民國七六年六月），頁二三至二七。

盧秀菊，〈圖書館服務效能之評估〉，《書府》第八期（台北：國立台灣大學圖書館學系學會，民國七六年六月），頁六〇至六七。

盧秀菊，〈圖書館服務效能之評估〉，《台北市立圖書館館訊》（台北：台北市立圖書館，民國七六年九月），頁一六至二二。

盧秀菊，〈圖書館策略規劃之研究〉，《圖書館學刊》第五期（台北：國立台灣大學圖書館學系暨研究所，民國七六年一一月），頁六七至九七。

盧秀菊，〈清代私家藏書簡史〉，《蔣慰堂先生九秩榮慶論文集》（台北：中國圖書館學會，民國七六年一一月），頁六三三至六四三。

盧秀菊，〈淺談公共圖書館之服務理念和目標〉，《台北市立圖書館館訊》五卷四期（台北：台北市立圖書館，民國七七年六月一五日），頁九至一一。

盧秀菊，〈清代北京琉璃廠之舊書業〉，《文史哲學報》第三六期（台北：國立台灣大學文學院，民國七七年一二月），頁三九一至四〇二。

盧秀菊，〈圖書館服務之效率與效能〉，《沈寶環教授七秩榮慶祝賀論文集》（台北：台灣學生書局，民國七八年六月），頁一七九至二〇〇。

盧秀菊，〈學校圖書館媒體中心之規劃〉，《中國圖書館學會會報》第四四期（台北：中國圖書館學會，民國七八年六月），頁一一至二五。

盧秀菊，〈清代盛世武英殿刊刻本圖書之研究〉，《圖書館學刊》第六期（台北：國立台灣大學圖書館學系暨研究所，民國七八年一一月），頁一一五至一三四。

盧秀菊，〈圖書館之規劃〉，《國立中央圖書館館刊》新二三卷一期（台北：國立中央圖書館，民國七九年六月），頁一至一八。

盧秀菊，〈清代盛世之皇室印刷事業〉，《中國圖書文史論集》（台北：正中書局，民國八〇年），頁二七至五五。

盧秀菊，〈公共圖書館規劃之回顧與前瞻〉，《台北市立圖書館館訊》一〇卷二期（台北：台北市立圖書館，民國八一年一二月一五日），頁五至一〇。
盧秀菊，〈圖書館之未來發展初探〉，《圖書館學刊》第八期（台北：國立台灣大學圖書館學系暨研究所，民國八二年一一月），頁五五至七〇。
盧秀菊，〈台灣地區圖書館行政組織體系之現況〉，《中國圖書館學會會報》第五二期（台北：中國圖書館學會，民國八三年六月），頁七一至八一。
盧秀菊，〈美國公共圖書館行政人員教育課程之探討〉，范承源主編，《美國圖書館論文選集》（台北：中央研究院歐美研究所，民國八三年六月），頁一四五至一六八。
盧秀菊，〈現代圖書館概說〉，《當代圖書館事業論集》（台北：正中書局，民國八三年七月），頁一二三至一三二。
盧秀菊，〈圖書館組織之研究〉，《圖書館學刊》第九期（台北：國立台灣大學圖書館學系暨研究所，民國八三年一二月），頁一至三四。
盧秀菊，〈圖書館規劃〉，《教育資料與圖書館學》三二卷二期（台北：淡江大學教育資料與圖書館學出版社，民國八四年一二月），頁一七八至二〇八。
盧秀菊，〈圖書館之策略規劃〉，《資訊傳播與圖書館學》二卷二期（台北：世界新聞傳播學院圖書資訊學系暨圖書館，民國八四年一二月），頁二九至四七。
盧秀菊，〈圖書館組織結構之研究〉，《圖書館學刊》第一〇期（台北：國立台灣大學圖書館學系暨研究所，民國八四年一二月），頁一至四〇。
盧秀菊，〈公共圖書館之組織結構與人員編制〉，《台北市立圖書館館訊》一三卷三期（台北：台北市立圖書館，民國八五年三月一五日），頁一至一六。

盧秀菊，〈淺談現代圖書館之資訊技術管理〉，《書府》一七期（台北：國立台灣大學圖書館學系系學會，民國八五年六月），頁一七至二〇。

盧秀菊，〈學校圖書館媒體中心之規劃〉，《高中圖書館》一六期（台北：教育部中等教育司，民國八五年九月），頁一九至二二。

盧秀菊，〈圖書館組織文化與組織結構〉，《圖書館與資訊研究論集》（台北：學生書局，民國八五年九月），頁二一五至二二五。

盧秀菊，〈國家書目中心之書目控制〉，《中國圖書館學會會報》五七期（台北：中國圖書館學會，民國八五年一二月），頁九至三三。

盧秀菊，〈西洋人文學參考資料與服務初探〉，《圖書館學刊》一一期（台北：國立台灣大學圖書館學系暨研究所，民國八五年一二月），頁一至二一。

盧秀菊，〈談圖書館學與資訊科學教育大學部學程及學科專長問題〉，《圖書與資訊學刊》二三期（台北：國立政治大學圖書館，民國八六年一一月），頁一至八。

盧秀菊，〈中文主題標目與標題表〉「中文主題標目與標題表」，《中國圖書館學會會報》五九期（台北：中國圖書館學會，民國八六年一二月），頁二五至四二。

盧秀菊，〈書目控制與資源共用〉，《高中圖書館》二一期（台北：教育部中等教育司，民國八六年一二月），頁三八至四二。

盧秀菊，〈西洋人文學電子資訊選介〉，《國家圖書館館刊》二期（台北：國家圖書館，民國八六年一二月），頁一四五至一六六。

盧秀菊，〈西洋人文學參考資料：電子資訊〉，《圖書館學刊》一二期（台北：國立台灣大學圖書館學系暨研究所，民國八六年一二月），頁一至一七。
盧秀菊，〈我國台灣地區公共圖書館設置之相關法規概述〉，《台北市立圖書館館訊》一五卷三期（台北：台北市立圖書館，民國八七年三月一五日），頁一九至三〇。
盧秀菊，〈現代圖書館組織與圖書館自動化〉，《書府》一八．一九期（台北：國立台灣大學圖書資訊學系系學會，民國八七年六月），頁四至九。
盧秀菊，〈沈迷網際網路之探討〉，《中國圖書館學會會報》六〇期（台北：中國圖書館學會，民國八七年六月），頁二九至三七。
盧秀菊，〈台灣地區公共圖書館行政組織體系之現況〉，《圖書館學刊》一三期（台北：國立台灣大學圖書資訊學系，民國八七年一二月），頁一至三五。
盧秀菊，〈歐美日公共圖書館行政組織體系概述〉，《圖書與資訊學刊》二八期（台北：國立政治大學圖書館，民國八八年二月），頁二二至三六。
盧秀菊，〈公共圖書館之目標與角色〉，《台北市立圖書館館訊》一六卷三期（民國八八年三月），頁七至一三。
盧秀菊，〈台灣地區公共圖書館行政組織體系之探討〉，《中國圖書館學會會報》六二期（台北：中國圖書館學會，民國八八年六月），頁一至二一。
盧秀菊，〈書目控制與館際合作〉，《書府》二〇期（台北：國立台灣大學圖書資訊學系系學會，民國八八年六月），頁一至一一。
盧秀菊，〈圖書館學之理論基礎與研究範圍〉，《資訊傳播與圖書館學》六卷一期（台北：世界新聞傳播學院圖書資訊學系暨圖書館，民國八八年九月），頁七至一七。

盧秀菊，〈試論公共圖書館之未來發展〉，《台北市立圖書館館訊》一七卷一期（台北：台北市立圖書館，民國八八年九月一五日），頁六至二二。

盧秀菊，〈學術圖書館之績效評估〉，《大學圖書館》三卷四期（台北：國立台灣大學圖書館，民國八八年一〇月），頁四至一四。

盧秀菊，〈圖書館學是甚麼樣的科學？〉，《沈寶環教授八秩榮慶祝壽論文集》（台北：學生書局，八八年一一月），頁九九至一〇六。

盧秀菊，〈英美編目規則原則之探討〉，《圖書與資訊學刊》三二期（台北：國立政治大學圖書館，民國八九年二月），頁一六至四四。

盧秀菊，〈英美編目規則之原則與未來發展〉，李德竹編著，《資訊科學與圖書館學》（台北：文華，民國八九年），頁六一至一一一。

盧秀菊，〈中國編目規則之原則與未來發展之探討〉，《中國圖書館學會會報》六四期（台北：中國圖書館學會，民國八九年六月），頁三一至四八。

盧秀菊，〈中國編目規則簡史〉，《圖書與資訊學刊》三三期（台北：國立政治大學圖書館，民國八九年八月），頁一至一〇。

盧秀菊，〈現代公共圖書館角色之調整〉，《書府》二一期（台北：國立台灣大學圖書資訊學系系學會，民國八九年九月），頁一至七。

盧秀菊，〈圖書館目錄之書目關係〉，《國家圖書館館刊》二期（台北：國家圖書館，民國八九年一二月），頁一二三至一三四。

盧秀菊，〈西洋圖書館史略〉，《盧荷生教授七秩榮慶論文集》（台北：文史哲，民國九〇年），頁四七至六八。
盧秀菊，〈知識管理在圖書館管理應用之可行性〉，《台北市立圖書館館訊》一八卷四期（台北：台北市立圖書館，民國九〇年六月一五日），頁三三至四五。
盧秀菊，〈美國公共圖書館規劃：發展與演變〉，《台北市立圖書館館訊》一九卷三期（台北：台北市立圖書館，民國九一年三月一五日），頁三六至四五。
盧秀菊，〈檔案使用者服務之績效評估初探〉，《檔案季刊》，一卷三期（台北：檔案管理局，民國九一年九月），頁七七至八六。
盧秀菊，〈圖書館營運基準及技術規範與圖書館經營〉，《國家圖書館館訊》九一年四期（台北：國家圖書館，民國九一年一一月），頁一一至一五。
盧秀菊，〈從圖書館史談圖書館之意義〉，《中華圖書資訊學教育學會會訊》一九期（台北：中華圖書資訊學教育學會，民國九一年一二月），頁三四至三七。
盧秀菊，〈公共圖書館對資訊技術之因應與管理〉，《台北市立圖書館館訊》二〇卷二期（台北：台北市立圖書館，民國九一年一二月一五日），頁八一至九二。
盧秀菊，〈我國台灣地區公共圖書館行政組織體系概述〉，《公共圖書館經營管理國際研討會論文集》（台北：台北市立圖書館，民國九一年），頁三〇五至三二六。
盧秀菊，〈圖書館學之理論基礎〉，《圖書與資訊學刊》四四期（台北：國立政治大學圖書館，民國九二年二月），頁一至四六。
盧秀菊，〈強化台灣地區公共圖書館營運〉，《教育部圖書館事業委員會會訊》四四期（台北：國立政治大學圖書館，民國九二年三月），頁一至三。

盧秀菊，〈圖書館營運基準及技術規範與圖書館經營〉，《圖書館年鑑：九十一年》（台北：國家圖書館，民國九二年），頁三至一二。

盧秀菊，〈從圖書館史談圖書館之意義〉，《圖書館學研究》二〇〇三年六期，總一四九期（二〇〇三年六月）（長春：吉林省圖書館學會，二〇〇三年六月），頁一一至一三。

盧秀菊，〈圖書館之績效評估〉，《中國圖書館學會會報》（台北：中國圖書館學會，民國九二年一二月），頁一至一九。

盧秀菊，〈圖書館學與資訊科學之關係〉，《王振鵠教授八秩榮慶論文集》（台北：學生書局，民國九三年），頁一五至二三。

盧秀菊，〈圖書館事業之價值與服務〉，《跨越數位時代的資訊服務：張鼎鍾教授七秩榮慶論文集》（台北：文華圖書館管理資訊公司，民國九三年），頁三一至三六。

盧秀菊，〈圖書館事業之價值〉，《圖書與資訊學刊》五二期（台北：國立政治大學圖書館，民國九四年二月），頁一至九。

盧秀菊，〈從圖書館史談圖書館之意義〉，胡述兆、王梅玲主編，《圖書館新定義》（台北：中華民國圖書館學會，民國九四年），頁八三至九〇。

盧秀菊，〈錢存訓先生的學術與事業成就，兼憶我的芝大求學歲月〉《中華民國圖書館學會會報》七四期（台北：中華民國圖書館學會，民國九四年六月），頁三至七。

盧秀菊，〈西雅圖公共圖書館之總館新廈：知識與學習的新里程碑〉，《台北市立圖書館館訊》二二卷四期（台北：台北市立圖書館，民國九四年六月一五日），頁七七至八六。

盧秀菊，〈公共圖書館之績效評估與評量指標〉，《圖書與資訊學刊》五四期（台北：國立政治大學圖書館，民國九四年八月），頁二三至四二。
盧秀菊，〈西洋圖書館發展探析〉，《中華民國圖書館學會會報》七五期（台北：中華民國圖書館學會，民國九四年一二月），頁一至一一。
盧秀菊，〈圖書館之策略管理〉，《台北市立圖書館館訊》二三卷二期（台北：台北市立圖書館，民國九四年一二月一五日），頁一至一八。
盧秀菊，〈我國公共圖書館營運基準與績效評量指標〉，《圖書與資訊學刊》五六期（台北：國立政治大學圖書館，民國九五年二月），頁一至二二。
盧秀菊，〈錢存訓先生的學術與事業成就，兼憶我的芝大求學歲月〉，《南山論學集：錢存訓先生九五生日紀念》（北京：北京圖書館出版社，二〇〇六年五月），頁一六三至一六七。
盧秀菊，〈公共圖書館與多元文化服務〉，《台北市立圖書館館訊》二四卷一期（台北：台北市立圖書館，民國九五年九月一五日），頁一〇至二一。
盧秀菊，〈大都會公共圖書館設置研究圖書館之探討〉，《台北市立圖書館館訊》二五卷一期（台北：台北市立圖書館，民國九六年九月一五日），頁三一至三九。
盧秀菊，〈中美文化交流與圖書館發展國際學術研討會暨錢存訓圖書館開館典禮紀要〉，《中華民國圖書館學會會訊》一五：三、四＝一四六、一四七期（台北：中華民國圖書館學會，民國九六年一二月），頁一至七。
盧秀菊，〈中外學者對近代圖書館學理論之論述〉，張志強、周原主編，《圖書為媒、溝通中西：中美文化交流與圖書館發展國際學術研討會暨錢存訓圖書館開館典禮會議論文集》（南京：南京大學出版社，二〇一〇年），頁一四八至一五九。

三、專案計畫研究報告

李德竹，主持人；吳明德、盧秀菊、陳雪華，協同主持人。〈交通服務資訊分類表〉。台北：國立台灣大學圖書館學系暨研究所，民國八〇年四月。一三三頁。

楊崇森，主持人；楊國賜、顧敏，共同主持人；盧秀菊等，研究委員。〈釐定全國圖書館組織體系〉。（教育部圖書館事業委員會專題研究報告）。台北：教育部，民國八〇年六月。一六五頁。

李德竹，主持人；胡述兆，協同主持人；盧秀菊等，研究人員。〈國立科學工藝博物館附設圖書館規劃方案：營造部份規劃報告〉。台北：國立台灣大學圖書館學研究所，民國八一年五月三一日。八七頁。

李德竹，主持人；盧秀菊，協同主持人。〈由資訊素養研究圖書館資訊服務之意義與內涵〉。（國科會專題研究計畫 NSC 83-0111-S002-006-TL）。台北：國立台灣大學圖書館學系暨研究所，民國八三年七月三一日。一〇三頁。

盧秀菊，主持人；張安明、陳淑美，研究助理。〈國家書目中心書目控制之研究〉。（國科會專題研究計畫 NSC 84-2413-H-002-001-M2）。台北：國立台灣大學圖書館學系暨研究所，民國八四年七月三一日。一五六頁。

盧秀菊，主持人；陳秋枝、郭怡雯，研究助理。〈中文主題標目之研究〉。（國科會專題研究計畫 NSC 86-2415-H-002-044-M2）。台北：國立台灣大學圖書館學系暨研究所，民國八六年七月三一日。一一九頁。

盧秀菊，主持人；黃靖斐、張郁蔚，研究助理。〈我國台灣地區公共圖書館行政組織體系之研究〉。（國科會專題研究計畫 NSC87-2413-H-002-031）。台北：國立台灣大學圖書館學系暨研究所，民國八七年七月三一日。一五五頁。

盧秀菊，主持人。〈圖書館之績效評估〉。（國科會專題研究計畫B類NSC-91-2413-H-002-006）。台北：國立台灣大學圖書館學系暨研究所，民國九二年七月三一日。三一頁。

盧秀菊，主持人。〈二十一世紀圖書館事業之價值〉。（國科會專題研究計畫B類NSC-92-2413-H-002-012）。台北：國立台灣大學圖書館學系暨研究所，民國九三年七月三一日。一三頁。

盧秀菊，主持人；楊玉文、蔡閔蕙，研究助理。〈國家圖書館讀者服務績效評量〉（國家圖書館委託專案）。台北：國家圖書館，民國九六年一〇月。電腦列印本，九頁。

四、研討會論文

盧秀菊，〈美國公共圖書館行政人員教育課程之探討〉，宣讀於「美國圖書館之教育功能研討會」。台北：中央研究院歐美研究所主辦，民國八二年三月二七日。一八頁。

盧秀菊，〈台灣地區圖書館行政組織體系之現況〉，宣讀於「第一屆海峽兩岸暨香港地區圖書資訊學術研討會」。上海：華東師範大學，一九九三年十二月十三至十五日。二〇頁。

盧秀菊，〈圖書館規劃〉，宣讀於「圖書館營運之規劃與評估研討會」。台北：中國圖書館學會主辦，民國八四年一二月九日。二八頁。（見〈圖書館營運之規劃與評估研討會會議論文集〉，頁一至二八。）

盧秀菊，〈談圖書館學與資訊科學教育大學部學程及學科專長問題〉，宣讀於「海峽兩岸圖書館事業研討會」。台北：中國圖書館學會主辦，一九九七年五月二六至二七日。一〇頁。（見〈海峽兩岸圖書館事業研討會論文集〉，頁三三至四二。）

盧秀菊，〈我國台灣地區公共圖書館行政組織體系概述〉，宣讀於「公共圖書館經營管理國際研討會」（單行本）。台北：台北市立圖書館主辦，二〇〇二年一〇月二四至二六日。一七頁。

盧秀菊，〈公共圖書館發展與其文化背景之關係〉，宣讀於「二〇〇二年海峽兩岸公共圖書館實務研討會」。台中：行政院文化建設委員會主辦，二〇〇二年一二月一二至一四日。一〇頁。（見〈二〇〇二年海峽兩岸公共圖書館實務研討會論文集〉，頁八五至九四。）

盧秀菊，〈中外學者對近代圖書館學理論之論述〉，宣讀於「中美文化交流與圖書館發展國際學術研討會暨錢存訓圖書館開館典禮」。南京：南京大學主辦，二〇〇七年一〇月三一日至一一月四日。一一頁。（見〈中美文化交流與圖書館發展國際學術研討會暨錢存訓圖書館開館典禮會議論文集〉（預印本），頁八五至九三。）

五、受訪記錄

許雯逸、林荷鵑訪問，〈人物專訪——盧秀菊教授〉，《ASIS台北學生分會會訊》五期（台北：該分會，民國八一年六月），頁三至六。

郭怡雯訪問，〈左「圖」右史，依仁遊藝至專訪台大圖書館學系暨研究所盧秀菊教授〉，《圖書與資訊學刊》二〇期（台北：國立政治大學圖書館，民國八六年二月），頁八八至九二。

李欣如訪問，〈盧秀菊退而不休 為圖書館找新價值〉，《書香遠傳》五三期（台中：國立台中圖書館，民國九六年一〇月），頁八至九。

李韻萱、蔡迪娜訪問，〈「圖」「史」兼備、恬淡自適——盧秀菊教授〉，《中華民國圖書館學會會訊》二〇卷一期，一五八期（台北：該學會，民國一〇一年六月一日），頁四七至五〇。

以上盧秀菊著作目錄，可參見：「盧秀菊個人網頁」（http://www.lis.ntu.edu.tw/~sjlu/persoanl/）

附錄三、盧秀菊隨筆

一、憶兒時

二〇〇二年五月三十一日凌晨四時
花蓮訪視圖書館，行經兒時明禮國小及舊居外街道，
匆匆一瞥，已人事全非，有感而記之。

幾近半世紀前，
花崗山下明禮國小，
二排教室一片操場，
簡陋的禮堂，
排練童劇大蘿蔔。

猶記當時，
慈父正值壯年，
慈母年華正茂，
三稚齡幼女依依膝前，
父母離鄉背井未久，
思鄉情緒無日不已。

而我年僅十歲，
懵懂不解世事，
每日嬉戲於美崙橋下溪邊，
練單車於花崗山上操場，
登高於忠烈祠旁山丘，
演講錄音於美崙山上電台。

往事依稀，
花東海岸的春朝秋夕，

漫步於花崗山下海邊，
瞭望花蓮燈塔，
拾掇貝殼圓石。

如今年過半百，
慈父見背，
慈母老耄，
而我行過千重山萬重水，
回到了舊地。
昔日的記憶，少年的稚情，
重回心中，低徊不已。

二、蘇花路上

憶花蓮少年歲月
二〇〇四年十月六日

行馳於蘇花公路上，
一樣的藍天、白雲、碧海、峭壁，
秋陽依然耀眼。
追憶少年萍蹤，
歲月匆匆，
轉瞬已是半世紀前。

先父正值壯年，
家母亦是青春美顏。
少年的我，花崗山下，明禮校旁，
校中時日，書聲朗朗，
課後嬉戲，笑聲盈盈。
無憂的歲月，宛如平靜無波的大海，一片蔚藍。

昔日曾站立在花崗山上，
遠眺太平洋彼岸，勾勒人生美景無限。
青年時因緣際會，

揚帆負笈美利堅，朝聖莊嚴學術殿堂。
壯年思感恩圖報，
返國回饋撫育我的故土，列身杏壇。

如今歲屆花甲，早已白了少年頭。
回首前塵，人世滄桑，不必細數舊恨新愁。
而舊地重遊，依然碧海無垠，白雲悠悠，
少年的我，卻如雪泥鴻蹤，追尋無處。

三、異國初秋

賀邵漢儀誕生，
兼憶印州南灣市聖母大學湖畔漫步
一九七四年九月初稿
二〇〇〇年三月五日修改

九月初秋，

你呱呱來到這世界，
是天使帶來人間的祝福。

湖畔的徜徉，
滿是耀眼的秋光，
鴨群在水面嬉戲，
垂柳在岸邊搖曳。

如茵碧草地上，
高大榆樹灑下榆錢片片，
玉蘭花魂雖逝，
海棠艷紅正熱情綻放。

雖是初秋，而你帶來——
西下夕陽前的璀燦，
寒冬來臨前的溫暖。

你是愛，你是希望——
你在異國的秋日，
溫暖了父母的心，
你在世間道上，
圓滿了父母的人生。

四、瓶花

賀邵梅儀誕生，並紀念永恆的瓶花
一九七九年十一月初稿
二〇〇〇年三月十二日修改

你父在異國南灣小城，
覓得這古典中國花瓶，
瓶中插著紅的、黃的、粉的玫瑰。

給你——女兒，
你是中國的梅兒，
亦是寄寓異鄉的玫兒。

在十一月寒冬，淒冷的異國，
你是我們艷麗的冬陽，
亦是孤寂羈旅上的中國心。

五、小小手印

邵漢儀作業（一九七八年聖誕節）
一九七八年歲末初稿
二〇〇〇年三月十二日修改

紅綠色彩繽紛，
瑞雪初降的季節，
你攜回習作，

小小白色手印，
覆印在湖綠的畫圖紙上，
獻給雙親——
聖誕快樂。

它，是你人生路上四歲的手印，
作為永恆的印記，
記你最初的生命裏，
成長的軌跡。

它，將時間停格，
在剎那的形影中，
捕捉住生命的永恆。

六、回去的時候

一九八二年十一月九日於美國印州南灣市

我跨山越海而來追尋理想，
十四載的羈旅，
　孤單、寂寞，埋首在塵封的書堆中，
　忙碌、匆忙，奔走在餬口的工作間。

花開、花落，
春去、秋來，
　老了的不只是少年頭，
而是青春。

異國的深秋鎖住了一院的冷寂，
　幻滅的夢想化作飄萍，
所逝去的不只是歲月，
　而是理想與熱情。

如今我將振羽歸去，

帶著一顆受創的心，
　幻滅的理想，
　破碎的夢。
但願　明朝
　故園的甘露將再滋潤我枯竭的心田，
　故園的芳草將再帶我走進另一個繁華的夢境。

七、邵梅儀大學畢業賀辭

二〇〇二年五月八日
台北赴費城途中

從南灣小鎮到台北都會，
從仁愛國小到賓州大學，
生於雪地的北土，
長於艷陽的南國，
你是中國的梅兒，

你是美國的玫兒，
漢美雙語，中西合璧，梅玫兼美。

你說，你將跨越千山萬水，
回歸祖國千年故都服務兩年，
北京，曾是你祖先世代的基業，
曾是你父母一代的夢土，
於你這一代，將是什麼？
僅是追悼百年悲愴的近代中國命運？
抑是追尋五千年中華文化榮光的足跡？

昔日俱往矣！
新世代應搭起中美文化的鵲橋，
充任化渡苦難中國的使者。

我衷心希望，
古老的中國應融入現代世界的軌道，

奔騰的黃河長江將再現河清的華光。

梅兒，尋夢去吧！
不曾輕狂枉為少年，
沒有夢想枉為青年，
即使頭破血流，
即使理想破滅，
終有一天，
你可以無愧無悔的說，
這艱難的路，我走過了。

八、船過水無痕

先父建國公逝世五週年有感
一九九二年三月十九日

人逝燈滅，是耶？非耶？

來自渺茫之鄉，歸於大荒之境，
走過的道路，行過的山水，
如驚鴻之踏雪泥，如舟船之行江水，
果真無蹤無影，無痕無跡麼？

容忍、恬淡，胸間自有丘壑，
不臧否、不忮求，平凡中見真性情，
甘於清寒、自奉儉約，而遺澤深厚，
貌似文弱、不與人爭，心存多少恕道。

五指山上長眠斯士，
望鄉台上故園迢遙，
遺恨唯未能親返故里，
鄉關雖遠，其魂兮歸去何難！

九、秣陵重到

二〇〇六年六月二十一日

二〇〇六年六月十四日至十九日訪國府故都南京市。南京乃童年寄居三載（一九四七至一九四九年）舊地，自今春年初二（二〇〇六年一月三十日）先母辭世，午夜夢迴，追憶兒時，往事依稀，思念無已，乃有南京之行，為懷舊尋夢之旅，因以為記。

五十七載睽違，
又見古南都金陵。
秣陵重到，
尋訪童年故居，
無處追尋。

中山陵、總統府，
昔日國府重鎮，
已成明日黃花。

明孝陵、中華門，
雄峨古帝都，
空留今人憑弔。

莫愁湖、玄武湖，
勝棋又何益？
不過是千年一瞬。

夫子廟、烏衣巷，
王謝堂前、尋常百家，
不過是過眼煙雲。

遙想父母盛年居此，
一旦倉皇避秦，
客居田橫之島，
長眠於五指山下，

遙望鄉關何處？

我為追尋舊夢而來，
滿載不捨而去。
今朝黯然揮別，
不知何日再來？

秣陵六朝古都，
十朝政權重鎮，
偏安之局總牽動個人命運，
我滄海一粟，
又豈能倖免？

中華五千年歷史長河，
大地見證的，
不過是興亡勝敗。
蒼天俯視的，

不過是螻蟻眾生。

金陵、金陵，
又見金陵，再別金陵，
秣陵、秣陵，
秣陵重到，秣陵重別，
來去匆匆，
不帶走一片浮雲。

十、上海世博頌

二〇一〇年四月三十日，晚八至十時，台北電視轉播上海世界博覽會開幕典禮，感而記之。

璀璨的再現，
歷經半世紀的淪喪，
歷經一個半世紀的努力，
上海，又躍登世界舞台。

歷史的弔詭，
鴉片戰爭戰敗的恥記，
帝國主義侵略的遺跡，
外灘，萬國建築又揚名世界。

世博的冠冕，
在東方之珠頂上綻放光彩，
東西方文明的重逢，
黃浦江，江河情緣與世界同歡。

東西方樂曲的薈萃，
梁祝與藍色多惱河樂音壯麗，
杜蘭朵公主徹夜未眠，
快樂頌，見證上蒼對中國的祝福。

噴泉煙火大秀，

金樹銀花照亮了夜上海，
姹紫嫣紅映照了黃浦江，
世博，使上海重回世界舞台。

上海，祝願你迎向世界。
上海，祝願你走向未來。

十一、武俠帝女花

「武俠帝女花」主題曲
（寫明長平公主與周世顯駙馬）

落花那可蔽月光，
帝苑月色嗟怨深，
含樟老樹借花落，
悼著亡國恨。
哀聲謝我知心，

心知你重緣份，
為我決守生死約，
我心又何忍。
生也挽手，
死也兩人，
今夕還君相思冤孽，
悠然淚下，
花影滿身。

和「武俠帝女花」主題曲
盧秀菊（代大俠袁若飛而作）
一九八五年三月十一日

蘭苑長平意所鍾，
桂苑昭仁情偏多，
琴韻二喬表衷意，

落花流水情。
為洗先父沉冤，
隱埋一片癡心，
冒大逆刺你父王，
真情似無情。
生也知己，
死也陌路，
一朝還君恩怨孽緣，
托孤刺仇，
獨走天涯。

十二、夢醒、情逝、絃斷

二〇〇七年七月二十七日

翻開塵封的日記，
跳躍出的是那遙遠的夢。

你曾是我青春戀曲的綺想，
夢中的王子。
你偶然投影在我的波心，
我倆如平行雙軌，
各奔前程而去。

打開陳舊的信札，
浮現的是當時已惘然的情。
你曾是我真實世界的戀人，
夢繫的舊愛。
你苦苦追逐關山萬里，
我倆仍擦身而過，
人世無常有緣無份。

置身你遺忘的舊園，
面對的是現實的孤寂無奈。
你曾是我患難的姻緣伴侶，

胼手胝足打造家的城堡。
你一朝迷失於莫名的誘惑，
我倆情盡絃斷勞燕分飛，
獨留我苦守這無盡的黃昏。

以上盧秀菊隨筆，可參見：「盧秀菊個人網頁」（http://www.lis.ntu.edu.tw/~sjlu/persoanl/）

附錄四、盧秀菊台大授課課程

課程名稱	授課對象	必／選修	學分數（時數）
七十四學年度至七十七學年度　第一學期			
圖書館實習（一）（上）	大一	必修	○（二）
圖書館史	大一	必修	二（二）
社會科學文獻（上）	大三	選修	二（二）
西文圖書分類編目（上）	大三	必修	三（三）
西文圖書分類及編目（上）	研一	必修	○（二）
中文圖書分類及編目（上）	研一	必修	○（二）
七十四學年度至七十七學年度　第二學期			
圖書館實習（一）（下）	大一	必修	○（二）
專門圖書館	大三	選修	三（三）
社會科學文獻（下）	大三	選修	二（二）
西文圖書分類編目（下）	大三	必修	三（三）

西文圖書分類及編目（下）	研一	必修	○（二）
中文圖書分類及編目（下）	研一	必修	○（二）
七十八學年度　第一學期			
圖書館實習（一）（上）	大一	必修	○（二）
圖書館史	大一	必修	二（二）
人文科學文獻（上）	大三	選修	二（二）
西文圖書分類編目（上）	大三	必修	三（三）
*圖書分類與編目（上）	研一	必修	○（三）
（*由西文圖書分類及編目（上）與中文圖書分類及編目（上）合併而成）			
七十八學年度　第二學期			
圖書館實習（一）（下）	大一	必修	○（二）
專門圖書館	大三	選修	三（三）
人文科學文獻（下）	大三	選修	二（二）
西文圖書分類編目（下）	大三	必修	三（三）
*圖書分類與編目（下）	研一	必修	○（三）
（*由西文圖書分類及編目（下）與中文圖書分類及編目（下）合併而成）			
七十九學年度　第一學期			
圖書館實習（一）（上）	大一	必修	○（二）
人文科學文獻（上）	大三	選修	二（二）

西文圖書分類編目（上）	大三	必修	三（三）
圖書分類與編目（上）	研一	必修	○（三）
＊＊圖書館史（大一必修）停開			
七十九學年度　第二學期			
圖書館實習（一）（下）	大一	必修	○（二）
專門圖書館	大三	選修	三（三）
人文科學文獻（下）	大三	選修	二（二）
西文圖書分類編目（下）	大三	必修	三（三）
圖書分類與編目（下）	研一	必修	○（三）
＊圖書資料徵集	研一	必修	○（三）代課
八十學年度　第一學期			
＊圖書館史	大一	必修	二（二）
人文科學文獻（上）	大三	選修	二（二）
西文圖書分類編目（上）	大三	必修	三（三）
圖書分類與編目（上）	研一	必修	○（三）
＊圖書館史（大一必修）已於七十九學年度第一學期停開			
本八十學年度第一學期乃為畢業要求之補修而開			
八十學年度　第二學期			
專門圖書館	大三	選修	三（三）

人文科學文獻（下）	大三	選修	二（二）
西文分類編目（下）	大三	必修	三（三）
圖書分類與編目（下）	研一	必修	○（三）
八十一學年度　第一學期			
*圖書館史	大學部	選修	二（二）停開
人文科學文獻（上）	大三	選修	二（二）
**圖書分類編目（二）（上）	大三	必修	三（三）西編
圖書分類與編目（上）	研一	必修	○（三）
*圖書館史（大一必修），已於七十九學年度第一學期停開。八十學年度第一學期（大一必修），乃為畢業要求之補修而開。本八十一學年度第一學期起，改為大學部選修，選修人數少，我決定不開。			
**由西文圖書分類編目（上）大三必修三（三）改來			
八十一學年度　第二學期			
人文科學文獻（下）	大三	選修	二（二）
**圖書分類編目（二）（下）	大三	必修	三（三）西編
圖書分類與編目（下）	研一	必修	○（三）
公共圖書館研討	大、研	選修	二（二）
**由西文圖書分類編目（下）大三必修三（三）改來			

八十二學年度　第一學期			
人文科學文獻（上）	大三	選修	二（二）
圖書分類編目（二）（上）	大三	必修	三（三）
圖書分類與編目（上）	研一	必修	〇（三）
八十二學年度　第二學期			
人文科學文獻（下）	大三	選修	二（二）
圖書分類編目（二）（下）	大三	必修	三（三）
圖書分類與編目（下）	研一	必修	〇（三）
八十三學年度　第一學期			
人文科學文獻（上）	大三	選修	二（二）
圖書分類編目（二）（上）	大三	必修	三（三）
圖書分類與編目（上）	研一	必修	〇（三）
公共圖書館研討	大、研	選修	二（二）
八十三學年度　第二學期			
*圖書館史	大學部	選修	二（二）停開
人文科學文獻（下）	大三	選修	二（二）
圖書分類編目（二）（下）	大三	必修	三（三）
圖書分類與編目（下）	研一	必修	〇（三）

八十四學年度　第一學期			
人文科學文獻（上）	大三	選修	二（二）
圖書分類編目（二）（上）	大三	必修	三（三）
圖書分類與編目（上）	研一	必修	○（三）
八十四學年度　第二學期			
人文科學文獻（下）	大三	選修	二（二）
圖書分類編目（二）（下）	大三	必修	三（三）
圖書分類與編目（下）	研一	必修	○（三）
八十五學年度　第一學期			
人文科學文獻（上）	大三	選修	二（二）
圖書分類編目（二）（上）	大三	必修	三（三）
圖書分類與編目（上）	研一	必修	○（三）
八十五學年度　第二學期			
人文科學文獻（下）	大三	選修	二（二）
圖書分類編目（二）（下）	大三	必修	三（三）
圖書分類與編目（下）	研一	必修	○（三）
讀者服務研討	研一	必修	二（二）

八十六學年度　第一學期			
人文科學文獻（上）	大三	選修	二（二）
圖書分類編目（二）（上）	大三	必修	三（三）
圖書分類與編目（上）	研一	必修	○（三）
八十六學年度　第二學期			
人文科學文獻（下）	大三	選修	二（二）
圖書分類編目（二）（下）	大三	必修	三（三）
圖書分類與編目（下）	研一	必修	○（三）
讀者服務研討	研一	必修	二（二）
八十七學年度　第一學期			
圖書館學導論	大一	必修	二（二）
人文科學文獻（上）	大三	選修	二（二）
圖書分類編目（二）（上）	大三	必修	三（三）
圖書分類與編目（上）	研一	必修	○（三）
八十七學年度　第二學期			
人文科學文獻（下）	大三	選修	二（二）
圖書分類編目（二）（下）	大三	必修	三（三）
圖書分類與編目（下）	研一	必修	○（三）
讀者服務研討	研一	必修	二（二）

專題研究	大學部	選修	二（二）
八十八學年度　第一學期			
圖書館學導論	大一	必修	二（二）
*人文科學文獻	大三	選修	三（三）
**分類編目學（二）（上）	大三	必修	二（二）
圖書分類與編目（上）	研一	必修	〇（三）
*由人文科學文獻（上）與人文科學文獻（下），合併而成，改成一學期			
**由圖書分類編目（二）（上），大三必修三（三），改來，改成二（二）			
八十八學年度　第二學期			
**分類編目學（二）（下）	大三	必修	二（二）
圖書分類與編目（下）	研一	必修	〇（三）
讀者服務研討	研一	必修	二（二）
公共圖書館研討	大、研	選修	二（二）
專題研究	大學部	選修	二（二）
**由圖書分類編目（二）（下），大三必修三（三），改來，改成二（二）			
八十九學年度　第一學期			
圖書館學導論	大一	必修	二（二）
人文科學文獻	大三	選修	三（三）
分類編目學（二）（上）	大三	必修	二（二）

圖書分類與編目（上）	研一	必修	○（三）
專題研究	大學部	選修	二（一）
專題研究	研究所	選修	二（一）
八十九學年度　第二學期			
分類編目學（二）（下）	大三	必修	二（二）
圖書分類與編目（下）	研一	必修	○（三）
讀者服務研討	研一	必修	二（二）
公共圖書館研討	大、研	選修	二（二）
專題研究一	大學部	選修	二（一）
專題研究二	大學部	選修	二（一）
專題研究	研究所	選修	一（一）
九十學年度第一學期 九十學年度第二學期 盧秀菊教授休假研究			
九十一學年度　第一學期			
分類編目學（一）（上）	大二	必修	二（二）中編
分類編目學（二）（上）	大三	必修	二（二）西編
人文科學文獻	大三	選修	三（三）
公共圖書館研討	大、研	選修	二（二）

九十一學年度　第二學期			
分類編目學（一）（下）	大二	必修	二（二）
分類編目學（二）（下）	大三	必修	二（二）
*讀者服務研討	研一	必修	三（三）
*讀者服務研討，研一必修，原二（二），本學年度起，改為三（三）			
九十二學年度　第一學期			
分類編目學（一）（上）	大二	必修	二（二）單號班　代課
分類編目學（一）（上）	大二	必修	二（二）雙號班
分類編目學（二）（上）	大三	必修	二（二）
公共圖書館研討	大、研	選修	二（二）
專題研究	研究所	選修	一（一）
專題研究	大學部	選修	二（一）
人文科學文獻	大三	選修	三（三）停開
九十二學年度　第二學期			
分類編目學（一）（下）	大二	必修	二（二）單號班　代課
分類編目學（一）（下）	大二	必修	二（二）雙號班
分類編目學（二）（下）	大三	必修	二（一）
讀者服務研討	研一	必修	三（三）

專題研究	研究所	選修	一（一）
讀者服務研討	在職班	必修	三（三）晚間上課
九十二學年度第二學期結束，盧秀菊退休			
九十三學年度第一學期起，改聘兼任，最多教課四小時			
九十三學年度　第一學期			
*公共圖書館研討	研究所	選修	三（三）
專題研究	大學部	選修	二（一）
*由公共圖書館研討，大、研，選修，二（二），改來			
九十三學年度　第二學期			
人文科學文獻	大三	選修	三（三）
九十四學年度第一學期（未開課）			
公共圖書館研討	研究所	選修	三（三）停開
九十四學年度　第二學期			
人文科學文獻	大三	選修	三（三）
九十五學年度　第一學期			
人文科學文獻	大二、三、大四	選修	三（三）

九十五學年度　第二學期			
公共圖書館研討	大三、大四、研究所	選修	三（三）
九十六學年度　第一學期			
人文科學文獻	大二、三、大四	選修	三（三）
九十六學年度　第二學期			
公共圖書館研討	大三、大四、研究所	選修	三（三）
九十七學年度　第一學期			
人文科學文獻	大二、三、大四	選修	三（三）
九十七學年度　第二學期			
公共圖書館研討	大三、大四、研究所	選修	三（三）
九十八學年度　第一學期			
人文科學文獻	大二、三、大四	選修	三（三）

九十八學年度第二學期			
公共圖書館研討	大三、大四、研究所	選修	三（三）
九十九學年度第一學期			
公共圖書館研討	大三、大四、研究所	選修	三（三）
九十九學年度 第二學期			
人文科學文獻	大二、三、大四	選修	三（三）
一〇〇學年度 第一學期			
公共圖書館研討	大三、大四、研究所	選修	三（三）停開
一〇〇學年度 第二學期			
公共圖書館研討	大二、三、大四	選修	三（三）
*民國一〇一學年度起，「人文科學文獻」被改名為：「人文學資料資源與服務」，盧秀菊停開該課，改授「圖書館史」。			

附錄五、盧秀菊參加救國團營隊

一、民國五十四年二月八日至十三日「高山野營隊」

參加救國團「高山野營隊」，

第二六梯隊（台大學生）。

民國五十四年二月八日，父親送至火車站，說：「女孩子第一次出門，爸爸要送的。」搭火車至台中。轉車至霧社集訓、過夜。

民國五十四年二月九日第一天，行走霧社至昆陽，左腳背扭傷。合歡山見雪景。昆陽過夜。

民國五十四年二月十日第二天，共走二四・五公里：上午，大禹嶺到金馬隧道，一四公里；經碧綠神木，下午到慈恩，一〇公里。晚會唸二篇「總統文告」。

民國五十四年二月十一日第三天，從慈恩到天祥，共走三四・四公里，經過：洛詔、鶴壽居、豁然亭、西寶。惜別晚會，又唸文告。其中一段路，左腳痛，搭經過的便車。

民國五十四年二月十二日，第四天，從天祥到長春橋，共走三小時二〇分鐘，一六・四公里，經過：九曲洞、寧安橋。從長春橋（太魯閣）乘車至花蓮，經太魯鎖幽，「東西橫貫公路」牌樓，共二五・四公里。尋訪小學（明禮國小三、四年級時）同學李、趙二位。

民國五十四年二月十三日，第五天，從花蓮坐蘇花公路車到蘇澳，再換火車回到台北。

二、民國五十六年七月十六日至二十五日，「金門戰鬥營」

民國五十六年七月十六日，一〇：〇〇至一六：一九火車台北至高雄，夜宿大學同學家。

民國五十六年七月十七日，高雄火車站報到，編隊，一二：〇〇上船，登陸艇啟航，晚上七：〇〇艇上月光晚會，夜宿艇上。

民國五十六年七月十八日，上午一〇：〇〇下船，車接至金門中學營址，下午換軍裝，四：〇〇至五：〇〇「訓練概況介紹」，晚上在太武山擎天廳，歡迎晚會，康樂隊演出。

民國五十六年七月十九日，早晨，中正堂讀總統訓詞，後，「暑期青年育樂活動金門戰鬥營第一期始業式」。赴賈村攻擊戰演習。下午，中正堂，簡介金門完，分四隊參觀金門建設。晚，擎天廳觀賞「今日金門」、「玉女軍魂」。

民國五十六年七月二十日，早晨，中正堂讀總統訓詞二至三篇。上午，大陸匪情；參觀山地攻擊演習（黃河部隊）。下午，參觀古寧頭、馬山、鵲山、太武山心戰中心，國民革命軍陣亡將士紀念碑（公祭）。晚上，街上自由活動。

（民國四十二年一月，蔣中正總統巡金門，在太武山勒「勿忘在莒」四字。）

民國五十六年七月二十一日，早晨，中正堂讀總統訓詞，精神講話，打靶（M1式三〇卡柄槍，一五至三〇發，三〇〇碼，二七二・二公尺）。下午，溪邊參觀海蛟部隊，海上特技表演，乘汽艇。晚上在擎天廳，勞軍晚會。

民國五十六年七月二十二日，清晨，緊急集合，填寫受訓心得表。上午，參觀吳公亭、魯王墓、休假中心、六一高地、大智樓。下午，胡世元講「中華文化復興運動」，期末測驗。團體分隊在校門口照相。晚上，自由活動。

民國五十六年七月二十三日，早晨，讀訓心得報告，抽人上台報告。上午，太武山下，比賽爬山行軍，武裝行軍至太武山頂，拍照，宣誓效忠領袖，由山路捷徑下山。下午，自由活動，結訓典禮。晚上，擎天廳看豫劇「香囊記」。

民國五十六年七月二十四日，額外行程，小登陸艇至小金門，分二組參觀。此處看大陸對岸廈門，極清楚。抵料羅灣，中午一二時啟航。風浪大，暈船。晚，甲板上舉行舞會「星光晚會」。

民國五十六年七月二十五日，船上甲板上看日出。預計十八小時航程，清晨六、七時抵達，因海上艦隊操練，至一一時抵達高雄，在同學家吃午飯。下午二：〇〇至九：一〇火車回台北。

附錄六、時代背景史事簡述

我個人和家庭的命運，與二十世紀苦難中國，是相互緊密連結的。本書將我一生，依居住地分成三大篇：大陸與台灣、美國、台灣。此附錄乃擇要簡述當時歷史與時代背景，尤其是那些影響我個人和家庭的史事，將有助於瞭解我生活的全面。

一、大陸與台灣篇

（一至二十四歲，一九四四至一九六八年）

本大陸與台灣篇，是我在一歲至二十四歲（一九四四至一九六八年）間，生於大陸和長於台灣的時期。以下即簡述當時的時代背景和重要史實。

1

中國苦難命運始自清季一八四〇年的鴉片戰爭。一九一一年推翻滿清，成立民國，中國並未因此步入坦途。以後十數年間，北方軍閥割據，清廷復辟等政治情勢下，中國新興革命勢力始終無法達於北方。因此一九二四年，黃埔陸軍軍官學校（一九二四至一九二七）於廣州建立。一九二五年四月十五日，黃埔陸軍軍官學校，開始第一次東征；同年十月十四日，第二次東征。其間，一九二七年四月十二日，蔣中正清黨反共，與俄絕交；同年四月二十日，國民政府（簡稱國府）定都南京。到一九二八年十月十日，東北易幟，終於完成北伐，統一中國。

一般中外史家皆認為，一九二七年國府定都南京後，一九三七年七七事變發生前，這是國府建設的黃金十年（一九二七至一九三七）。可惜被日本侵華戰爭給中斷了。這十年間，國府勵精圖治。南京有中央陸軍軍官學校（一九二七至一九四六），積極建立現代化軍隊；地方則積極推動各項建設。為革新中國民眾習性，一九三四年二月十九日，蔣中正委員長於南昌發起新生活運動。不幸，以上努力，在一九三六年十二月二十五日西安事變後，轉成先攘外後安內，從此在蔣委員長領導下，展開全面八年抗日戰爭（一九三七至一九四五）。

一九四三年十月十日，蔣中正就任國民政府主席，同年參加開羅會議。一九四五年八月二十四日，中國簽署聯合國憲章。一九四五年九月九日，日本投降儀式，由何應欽將軍代表中國政府，在首都南京接受日本投降。一九四六年五月五日，國民政府還都南京。總算結束了苦難的八年。八年抗戰，中國受創至劇。依據《光華雜誌》一篇報導，我國財產損失，總計五五九億四三八四萬四千美元；軍民傷亡，總計一二七八萬四九七四人。[1]所幸收回了割讓給日本的台灣。

一九四六年十月二十五日台灣光復日，國府主席蔣中正笠台，接受台灣同胞歡迎。而在此之前，在一面對外抗日，一面對內剿共的諸次戰役，始終未獲成功，中共於抗戰期間日漸壯大。一九四五年抗日戰爭勝利後，國內情勢並未因八年的苦撐而獲得紓緩。戰前，剿共戰事未盡全功，中國共產黨乘機坐大。不數年國共內戰爆發。

抗日戰爭勝利，國民政府還都南京後，政治情勢複雜。一九四八年五月二十日蔣中正、李宗仁在紛擾中就職中華民國第一任正、副總統。同年三月，東北戰爭失利；十月，淮海戰役又傳敗績；使得全國民眾人心惶惶。在中國東北和華北相繼落入共產黨之手，國共兩黨情勢逆轉的情況下，反蔣聲勢大增。一九四九年一月二十一日，國府將領傅作義投降，一月三十一日共產黨解放軍進入北平，北平淪陷。國府方面，蔣中正總統於一月二十一日宣佈下野，李宗仁於一月二十四日就職「代總統」。經濟方面，由於八年苦戰，經濟衰竭、財政不穩、通貨澎漲。前一年（一九四八）十二月二十四日上海擠兌黃金，引起極大金融風暴，更是重挫江南民心。一九四九年三月，何應欽繼孫科之後為行政院長。國府與共產黨在北平開始和談，初議「劃江而治」，不久和談破裂，共產黨於四月二十三日佔領南京城。李宗仁代總統宣佈遷都廣州。五月二十三日上海失陷。

蔣中正總統於一九四九年一月下野後，以國民黨總裁身分遙控政局。先此，已於一九四八年十二月任命陳誠為台灣省主席，一九四九年一月五日陳誠就職。一九四九年二月四日台灣省宣佈實施「三七五減租」，揭開「土地改革」序幕；五月二十日，宣佈台灣地區戒嚴。[2]同時，蔣中正總裁在幕後佈署戰局，策劃退守台灣。故宮文物、中央圖書館圖書，以及大量政府貨幣準備金之黃金和銀圓，已悄悄往台灣運送。大陸上國民政府方面，於南京淪陷後，亦策劃向廣州和重慶二路撤退。

一九四九年十月一日，共產黨在北平宣佈中華人民共和國成立。十月十二日，國府行政院遷往重慶辦公。共產黨攻打金門，十月二十三日國民黨守軍的古寧頭大捷，暫時遏阻共產黨軍事銳氣。十一月三日，李宗仁代總統離開重慶，於十二月五日赴美就醫後，滯美不歸。國民政府乃於十二月七日正式遷往台灣，由閻錫山擔任行政院長。十二月十一日，二枚國家玉璽輾轉運送來台。一九四九年十二月，國民政府正式播遷台灣，到一九五〇年六月，台灣局勢風雨飄搖，極不穩定。先此，一九五〇年三月一日，蔣中正總統「復行視事」。五月，殘留大陸國軍從海南島大撤退。而正當此時，東亞局勢遽變，一九五〇年六月二十五日韓戰爆發，六月二十七日，美國杜魯門總統宣佈「台灣海峽中立化」，命令美軍第七艦隊巡防台灣海峽，一九五〇年一月，美國恢復對台軍事援助，台灣政局才穩定下來。[3]

一九五〇年後，國府在台灣勵精圖治，積極安定民心士氣。大陸遷台的二百萬軍、公、教人員，配以原在日本統治下而以農、工、商為主的六百萬台灣民眾，共八百萬軍民在政府領導下，在台灣一起重新打造家園。

政治與軍事方面，一九五〇年，台灣實施地方自治，全台劃分為五市十六縣，進行多項地方公職選舉。一九五一年十二月十日，台灣臨時省議會成立。一九五二年四月二十八日，在台北訂定中日合約，全文十四條，八月九日簽署公佈。一九五三年一月一日，政府開始推動第一次「四年經濟計畫」；一月二十六日，公佈「實施耕者有其田條例」，四月二十四日，公佈「實施辦法」。一九五四年十二月三日，簽署「中美共同條約」。一九五五年二月五日，國軍放棄大陳島，國府全面從大陸撤守，僅留金門和馬祖二外島，作為「反攻大陸」跳板。一九五六年十二月一日，省政府遷往中興新村辦公。一九五八年五月十五日，台灣警備總司令部正式成立；八月二十三日，金門八二三砲戰，十月二十五日，中共宣佈「單打雙不打」。一九六〇年三月八日，國民大會審查通過修正「動員勘戰時期臨時條款」，三月十一日，總統公佈實施；[4]三月二十一日，蔣中正、陳誠當選第三屆正、副總統；六月十八日，美國總統艾森豪訪問台灣。一九六五年六月三十日美國經援台灣停止。從一九五〇年以來，十五年間，美援總金額共十五億美元，對台灣各方面建設助益甚大。一九六七年七月一日，台北市改制為院轄市。

交通方面，一九六〇年四月二十六日，中部橫貫公路通車，上距一九五六年七月開工，歷時近四年完工，為台灣中部第一條貫通東部和西部的幹道。水利方面，一九六四年六月十四日，歷時六年的石門水庫竣工。教育方面，一九五四年學年度開始大專聯考。一九六八年九月一日，開始實施「九年國民義務教育」。體育方面，一九六八年八月二十三日，金龍少棒隊首度贏得世界冠軍，引發台灣棒球熱。[5]

2

二十世紀世界局勢是各世代有其特色，政治局面是驚濤駭浪，高潮迭起。兩次世界大戰（一九一四至一九一八，一九三九至一九四五）的慘烈，是人類史上首見。而二十世紀各世代特色，更可簡易稱之，如一九二〇年代是興旺（Roaring）年代，一九三〇年代是經濟蕭條（Great Depression）

年代，一九四〇年代是第二次世界大戰（World War Two）時期，一九五〇年代開始戰後重建與步入冷戰（Cold War）時期，一九六〇年代被稱之為「動盪」或「狂飆」（Swinging）年代。中國自從抗日戰爭（一九三七至一九四五）以來，與世界命運緊密相連。前述中國在第二次世界大戰後，國內的變局皆與世界局勢環環相扣，其間，尤其與美國關係益趨密切。

第二次世界大戰結束，昭示了大英帝國的沒落，代之而起的是，美國和蘇聯兩大陣營對峙，揭開冷戰時期序幕。美國方面，國外大事是捲入越南戰爭（一九五九•九•二六至一九七五•四•三〇），一九六五年二月七日，美國大規模轟炸北越，戰事更趨激烈。國內大事是，一九六三年十一月二十二日，美國第三十五任總統甘迺迪（John F. Kennedy）被刺殺身亡。這位年輕有為的總統，於一九六一年一月二十日就職演說的名言：「不要問國家能為你做什麼，而要問你自己能為國家做什麼。」（Ask not what your country can do for you, but what you can do for your country）傳誦一時，卻在任上被刺身亡。其後美國一九六〇動盪年代展開三大運動：學生運動、反戰運動、民權運動；三者皆有相當成果，為後世津津樂道。

3

一九六〇年代，在台灣的中華民國政府號稱「勵精圖治」，但在施政過程中，因大陸淪陷時，大陸知識分子及學生運動反政府言論的負面影響，使得國府當局採取相當的高壓手段。《自由中國》與《文星》兩大政論與文藝刊物停刊，許多持反對言論的異議份子，受到政府打壓，一時之間，台灣學術界、思想界及文化界為之噤聲。在此氛圍下，當時大學生一畢業，即想立刻出國留學，一則深造，二則潛意識中想擺脫這沉悶的學術環境與政治低氣壓。

4

大陸方面，一九四九年十月一日中華人民共和國成立後，國內外局勢複雜。一九五〇年六月二十五日，韓戰爆發，同年十月，中共的中國人民自願軍即投入「抗美援朝」戰爭，直到一九五八年十月，才從朝鮮撤軍回國。國內方面，自建國後，立刻展開各種政治運動，首先是解放後的整肅和清算鬥爭。其後一九五一年三反運動與一九五二年的五反運動，打出反對貪汙、浪費和官僚主義等口號。一九五四年九月，通過《中華人民共和國憲法》。一九五五年起發起清算胡風運動，總計一九五七年的整風運動，約五十五萬名知識分子、愛國人士與黨內人士被打為右派分子；同時推動「大躍進」與人民公社。一九六四年二月，農村掀起農業學大寨運動；同年七月，文化革命五人小組成立。一九六七年七月，批鬥劉少奇。一九六六年八月，中共八屆十一中全會，通過有關無產階級文化大革命的決定，一九六六年起展開長達十年的文化大革命（一九六六至一九七六）。

大陸在各種政治運動的同時，也推動其他經濟、教育與文藝政策，一九五三年推出第一個五年經濟計畫，出版第一部現代漢語字典《新華字典》。一九五六年四月，宣佈「百花齊放、百家爭鳴」為發展社會主義科學文化事業的指導方針。一九五八年九月，第一個電視台，北京電視台開播。一九五九年八月，首都的十大建設，包含人民大會堂、釣魚台賓館、博物館等建築完成。一九六六年七月，為配合前此中共八屆十一中全會業已通過有關無產階級文化大革命的決定，取消高等學校招生考試，採取推薦與選拔相結合的辦法，確立選拔新生，必須堅持政治第一的原則。雖當時由於「停課鬧革命」，一時並沒有執行，其後還是付之實施。[6]

二、美國篇

（二十四至三十八歲，一九六八至一九八二年）

一九六八至一九八二年，我短暫旅居美國留學和工作時期，趕上美國多變的國內外情勢。以下簡述美國當時情勢，有助於瞭解我這段生活和專業成長歷程。[7]

1

一九六〇年代，美國國內外政局緊張。國內是推動民權運動的年代，美國國內由於黑白種族問題，金恩牧師（Martin Luther King, Jr., 1929-1968）倡議黑人民權與黑白同校等議題，一九六三年八月發表〈我有一個夢〉（I have a dream）演講，強調「人人生而平等，是明顯的真理。」（All men are created equal），全美感動。一九六三年底，十一月二十二日，美國總統甘迺迪（John F. Kennedy, 1917-1963）被暗殺，舉世震驚。一九六四年，美國通過「民權法案」（Civil Rights Act），從此，美國境內所有人民，不論種族，都有被平等僱用之機會（Equal Employment Opportunity），公私機構都積極推動平權行動（Affirmative Action），將民權法案落實。在國外，越南戰爭（一九五九至一九七五）泥沼，美國愈陷愈深；年輕世代反越戰、反傳統、反權威，蔚然成風。

到一九七〇年代，美國又面臨新挑戰。第一次（一九七三至一九七四）及第二次（一九七九至一九八〇）兩次全球石油危機，使美國開始學習樽節用度，珍惜地球能源。幸而一九七五年四月三十日，結束自一九五九年以來，長達十六年的越南戰爭，美國暫時紓緩國內年輕人的反戰情緒。

國外方面，一九七二年二月，美國總統尼克森（Richard Milhous Nixon，1913-1994）訪問中國大陸，中美雙方在上海發表聯合公報，拉開美國與中共正式外交的序幕。一九七九年一月一日，美國與中共建交，又發表建交公報。一九八二年，美中發表美國向台灣出售武器問題的聯合公報，是第三個公報。

前此在一九七〇年，美日兩國達成協議，擬在一九七九年，把美軍在第二次世界大戰時，所佔領的琉球交予日本，其中包括釣魚台列島。此項舉動引起大陸中共和台灣國府雙方不滿，由在美紐約華人發動，於一九七一年一月二十九日，聚集二千多位中國大陸及台灣留美學生在聯合國總部外面示威，訴求「保衛釣魚台」；其後，台灣留美學生在美國東部布朗大學及美國中部密西根州安娜堡皆舉行國是討論會，是所謂的「保衛釣魚台運動」（保釣運動）。在台灣方面，大學校園也與旅美華人呼應，發起保釣運動。

2

一九七〇年代，對台灣政局而言，是壞好參半。一九七一年台灣國府退出聯合國。一九七二年，中美兩國發表上海聯合公報，為台美外交投下震撼彈。一九七三年，行政院長蔣經國推動十大建設，成果具體展現於台灣南北高速公路全線通車，以及桃園中正機場啟用等重大建設。一九七五年，第五任總統蔣中正逝世，嚴家淦繼任總統，蔣經國任國民黨主席。一九七八年，蔣經國當選第六任總統，孫運璿任行政院長。一九七九年一月一日，美國與中華民國斷交，台灣陷入短暫驚恐之後，又重新出發，其後還創造出亞洲四小龍之一的經濟奇蹟。

相較之下，大陸正進行長達十年的文化大革（一九六六至一九七六），知識分子與學生受害最大，直到一九七六年，大陸毛澤東逝世，打倒四人幫；一九七七年十一月，恢復高考制度，五百七十萬青年參加高考，二十七萬餘人被錄取，文革惡夢才接近尾聲。一九七九年一月一日，中美兩國建立正式外交關係，美國國會通過台灣關係法，台美斷交；大陸實行改革開放，文革算是正式結束。

三、台灣篇

（三十九至六十八歲，一九八三至二〇一二年）

在前「美國篇」的時代背景中，我簡述我不曾參與的台灣十年。總括一九七〇年代，對台灣而言，是好壞參半的十年。大陸則綿亙十年的文化大革命結束。一九七九年，中共與美國建交，美國國會通過台灣關係法，台美斷交；大陸實行改革開放。[8]

1

一九八〇年代，台灣在蔣經國主政下，經濟持續成長；大陸亦擺脫毛澤東三十年統治的災難，開啟了正常發展的契機。台灣方面，一九八〇年，新竹科學園區成立。一九八一年，孫運璿行政院長提出三民主義統一中國口號，行政院文化建設委員會成立。一九八四年，蔣經國、李登輝當選第七任正、副總統；「江南案」震驚國際。一九八六年，民主進步黨（民進黨）成立。一九八七年，台灣地區解除戒嚴，開放大陸探親，解除外匯管制。一九八八年，蔣經國逝世，李登輝繼任總統。一九九〇年，李登輝、李元簇當選第八任正、副總統；野百合三月學運，要求廢除萬年國會。一九九一年，制定國家統一綱領，海基會成立；宣告終止動員勘亂時期，廢除刑法一百條。一九九二年，第一屆中央民意代表開始退職。一九九三年，兩岸辜汪會談在新加坡舉行。一九九四年，台灣省縣自治法和直轄市自治法通過。一九九五年，李登輝訪問康乃爾大學，引起中共抗議。一九九六年，第一屆總統直選，李登輝、連戰當選第九任正、副總統；中共對台飛彈演習。一九九七年，國民大會修憲，通過笠年年底精簡台灣省政府組織，凍結省長及省議員選舉。一九九九年，李登輝提兩國論，汪道涵終止訪台；九二一大地震。二〇〇〇年，民進黨陳水扁、呂秀蓮當選第十任正、副總統。二〇〇二年，陳水扁提出一邊一國主張。二〇〇四年，民進黨陳水扁、呂秀蓮當選第十一任總統，選前一天，發生三一九槍擊事件。二〇〇五年，兩岸春節包機直航；連戰及宋楚瑜相繼訪問大陸進行和平之旅。二〇〇六年，國統綱領廢除；施明德領導反貪腐倒扁運動。二〇〇八年，馬英九、蕭萬長當選第十二任正、副總統。二〇〇八年，兩岸舉行海上直航、空中直航、直接通郵的三通啟動儀式；陳水扁因涉及國務機要費，以貪汙洗錢等罪嫌遭羈押起訴。二〇〇九年，兩岸兩會江丙坤及陳雲林在南京會談，簽署三項協議。二〇一〇年，陳水扁所涉諸案中之兩案三審定讞，入監獄服刑。

2

一九七〇年代，大陸方面，一九六六年開始長達十年的文化大革命紛擾於一九七六年結束。在此同時，中共為充實國力，於一九七〇年四月，成功發射中國第一枚人造衛星，為旅美台籍同學做為「祖國」強大的表徵。一九七七年起，恢復高等學校招生考試，停滯十年的教育逐漸恢復正常。

一九八〇年以後，中共步入後文革時代的發展與復甦。一九八〇年，鄧小平任中央軍委主席。一九八一年，中共全國人大主席葉劍英提出和平統一九條聯合方針。一九八四年，鄧小平發表一國兩制談話。一九八九年，大陸民運，發生六四天安門事件，趙紫陽下台，江澤民繼任總書記。一九九七年，鄧小平逝世；香港回歸中國。一九九八年，美國總統柯林頓訪問大陸。一九九九年，澳門回歸中國。二〇〇二年，胡錦濤任總書記。二〇〇三年，胡錦濤任國家主席，溫家寶任國務院總理。二〇〇五年，大陸通過反分裂國家法。二〇〇六年，長江三峽大壩建成；青藏鐵路通車。

二〇〇七年，通過物權法，私人物權受法律保護；中國第一顆繞月探測衛星嫦娥一號發射成功。二〇〇八年，北京首都國際機場三號航站啟用；世運會在北京盛大舉行；四川汶川發生芮氏八級大地震。二〇〇九年，美國總統歐巴馬在北京與胡錦濤舉行雙邊會談，穩定美國與中共兩國關係。二〇一〇年，世界博覽會在上海舉行。

註

1　《光華雜誌》二〇卷八期（民國八四年八月），頁五八。

2　台灣地區戒嚴，到一九八七年七月一五日零時解嚴。

3　國民政府退守台灣這段史實部份，參考以下諸書：
《大江大海一九四九》，龍應台著。一版一刷。台北市：天下，二〇〇九。
《天下》（雜誌），雙週刊四二七期（九八．七．二九至九．二三），主題：一九四九至二〇〇九超越六〇：十二個改變台灣的關鍵）。台北市：天下，二〇〇九。
《存亡關頭：一九四九年的中華民國》（DVD）。台北市：國史館，中天電視公司，二〇〇九年一二月發行。
《一九四九國共內戰與台灣》，曾健民著。初版。台北市：聯經，二〇〇九。附錄一，「民國三十八年國內大事記」（《中華日報》），頁三八五至四一六。

4　此條款到一九九一年五月終止。

5 一九四九年以後，國府在台灣的史實，部份參考：《台灣史小事典》，遠流台灣館編著，吳密察監修。
初版。台北市：遠流，，二〇〇〇，初版。頁一七〇至一八一。

6 一九四九年以後，大陸中共的史實，大部份參考：
《百年大業：中華民國發展史》，李功勤著。 台北：幼獅，民九九。
附錄二，「中華人民共和國大事年表」，頁三一六至三三三。

7 本節資料，美國方面，來自網路查詢。
中國與台灣方面，參考：
《百年大業：中華民國發展史》，李功勤著。。台北：幼獅，民九九。
附錄一，「中國近代（含台灣史）大事年表」，頁三一一至三一五。
附錄二，「中華人民共和國大事年表」，頁三一六至三三三。

8 本節時事參考：
《百年大業：中華民國發展史》，李功勤著。。台北：幼獅，民九九。
附錄一，「中國近代（含台灣史）大事年表」，頁三一一至三一五。
附錄二，「中華人民共和國大事年表」，頁三一六至三三三。

本書參考書目

本書目不含盧秀菊本人著作

參見附錄二，盧秀菊著作目錄

英文專書與論文：

A Child's Garden of Verses, by Robert Louis Stevenson, ill. by Gyo Fujakawa. New York: Grosset & Dunlap, 1957, 1981 printing.

East Asia : Tradition & Transformation, by John K. Fairbank, Edwin O. Reischauer, Albert M. Craig. Boston : Houghton Mifflin, 1978, new impression.

East Asia : Tradition & Transformation, by John K. Fairbank, Edwin O. Reischauer, Albert M. Craig. Boston : Houghton Mifflin Co., 1989, rev. ed

Hutchins' University: A Memoir of the University of Chicago,1929-1950, by William H. McNeill.Chicago: University of Chicago Press, 1991.

Proceedings of The First Asian-Pacific Conference on Library Science(13-19 March 1983, Taipei), Taipei: National Central Library, 1983.

"The Diaoyutai/Senkaku Islands Dispute: Its History and an Analysis of the Ownership Claims of the P.R.C., R.O.C., and Japan," by Han-yi Shaw, in *Occasional Papers / Reprints Series in Contemporary Asian Studies* , No.3 , 1999 (152). 1 v. (148 pp.)

R" evisiting the Diaoyutai/Senkaku Islands Dispute: Examining Legal Claims and New Historical Evidence Under International Law and the Traditional East Asian World Order," by Han-yi Shaw, in *Chinese (Taiwan) Yearbook of International Law and Affairs*, vol.26 (2008), ed. by Ying-jeou Ma, pp. 95-168. London: CMP Publishing Ltd, 2010.

"Wartime Diaspora: The Reworking of Cultural and National Identity Among Chinese and Japanese Writers in 1930s and 1940s Wartime China,"b y May-yi Shaw. (Ph.D.dissertation, Harvard University, May 2010)

中文專書：

《一九四九大撤退》，林桶法著。初版。台北市：聯經，二〇〇九。

《一九四九國共內戰與台灣》，曾健民著。初版。台北市：聯經，二〇〇九。

《大江大海一九四九》，龍應台著。一版一刷。台北市：天下，二〇〇九。

《天下》（雜誌），雙週刊四二七期（九八・七・二九至九・二二），主題：一九四九至二〇〇九超越六〇：十二個改變台灣的關鍵)。台北市：天下，二〇〇九。

《水城台北》，舒國治著。初版。台北市：皇冠，二〇一〇。

《巨流河》，齊邦媛著。第一版。台北市：天下遠見出版社，二〇〇九。

《台灣大學辦學理念與策略》，傅斯年著。台北：台大出版中心，二〇〇六。

《台灣史小事典》，遠流台灣館編著，吳密察監修。初版。台北市：遠流，二〇〇〇。

《百年大業：中華民國發展史》，李功勤著。台北市：幼獅，民國九九（二〇一〇）。

《永遠的外鄉人》，陳少聰著。初版。台北市：印刻，二〇一〇。

《幼稚園與家庭》九期。台北市：國立台灣師範大學附設實習幼稚園，民國七四（一九八五）年一月一日。

《成就的喜悅》，楊弘農著。初版。台北市：星閣文化公司，台灣英文雜誌社總經銷，民國七八（一九八九）。

《存亡關頭：一九四九年的中華民國》（DVD）。台北：國史館，中天電視公司，二〇〇九年發行。

《民主政治的哲學》，江觀綸。水牛，民國八九（二〇〇〇）。

《東亞文明：傳統與變革》，費正清（John K. Fairbank）、賴蕭爾（Edwin O. Reischauer）、克雷格（Albert M. Craig）著，黎鳴等譯。第一版。天津市：天津人民出版社出版，新華書店天津發行所發行，一九九二。

《留美雜憶：六十年來美國生活的回顧》，錢存訓著。台北市：傳記文學出版社，民國九六（二〇〇七）。

《花蓮講古》，林炬璧著。再版。花蓮市：花蓮市公所，民國九七（二〇〇八）。初版，民國九〇（二〇〇一）。

《英詩十三味》，朱乃長編譯。一版。台北市：書林，二〇〇九。

《清朝進士題名錄》，江慶柏編著。第一版。北京市：中華書局，二〇〇七。

《黃埔軍校大傳》，羅國明著。北京：中國青年出版社，二〇〇四。三冊（上、中、下）。

《堅持、無悔》，陳若曦著。初版。台北市：九歌，二〇〇八。

《蔣中正的一九四九》，劉維開著。台北市：時英，二〇〇九。

《讀史閱世六十年》，何炳棣著。台北市：允晨，民國九三（二〇〇四）。香港商務印書館，二〇〇四授權在台灣地區發行。
《國立台灣大學文學院史稿，一九二八至二〇〇八》。台北市：台大出版中心，二〇〇八。
《國立台灣大學第五十四學年度畢業同學紀念冊》。台北市：台灣大學，民國五五（一九六六）。
《國立台灣師範大學圖書館工作手冊》。台北市：該館編印，民國六八（一九七九）年四月。
《國軍眷村發展史：從竹籬笆到高樓大廈的故事》，郭冠麟主編。初版。台北市：史政編譯室。民國九四（二〇〇五）。
《想像台灣：當代小說中的族群書寫》，陳國偉著。台北市：五南，二〇〇七。

中文專書之年表：

本書時代背景，參考引用以下專書之年表。

《台灣史小事典》，遠流台灣館編著，吳密察監修。台北市：遠流，二〇〇〇，初版。頁一七〇至一八一。
《百年大業：中華民國發展史》，李功勤著。台北市：幼獅，民九九（二〇一〇）。
附錄一，「中國近代（含台灣史）大事年表」，頁三一一至三一五。
附錄二，「中華人民共和國大事年表」，頁三一六至三三三。
《一九四九國共內戰與台灣》，曾健民著。初版。台北市：聯經，二〇〇九。
附錄一，「民國三十八年國內大事記」（《中華日報》），頁三八五至四一六。

中文報紙文章：

〈中橫健行團康趣、騰雲駕霧萌愛苗〉，《中國時報》，民國九九（二〇一〇）・一・一八，A4版。

〈台灣糖，白糖甜〉，管東貴，《聯合報》，民國九九（二〇一〇）・一・六，A15版，讀者投書。

〈成露茜病逝〉，《聯合報》，民國九九（二〇一〇）・一・二八，A10版。

〈狂飆六〇、風騷年代〉，林博文著，《中國時報》，民國九九（二〇一〇）・七・一四，E4版。

〈我的一九四九，在台中〉，莊靈，《聯合報》，民國九八（二〇〇九）・一二・二二，D3版。

〈盆栽的蠟梅〉，張系國，《聯合報》，民國九九（二〇一〇）・二・二二，D3版。

〈救眷村淪口號，竹籬笆如廢墟〉，《中國時報》，民國九八（二〇〇九）・四・三，A6版。

〈將軍村搬遷，光陰故事不歇〉，《聯合報》，民國九八（二〇〇九）・三・二三，A10版。

〈國防部新大樓，廢土飛沙惹民怨〉，《中國時報》，民國九九（二〇一〇）・一・一四，C2版。

編後致謝

本書是個人回憶錄。以學術生涯為主軸，以個人編年回憶方式呈現。在當前欣逢民國百年，許多名人與學者先後出版其傳記或回憶錄，眾聲喧嘩之中，本書實在微不足道。本書作者寫此回憶錄之初衷，本不奢望出版，只在為兒女留一份記錄而已。

然而，因緣際會，在今年二月國際書展會場，見到國家書店展品架上，有ＢＯＤ書籍陳列。進而得知有秀威資訊科技公司，提供此種ＢＯＤ出版平台。其後，會見總經理宋政坤先生，出版部部經理邵亢虎先生、出版部主任編輯蔡曉雯小姐，承蒙惠予出版，作者非常感謝。好在本書自始即定位於大時代的小證言，不是鴻著高論，作者也就不忖鄙陋的將之付梓了。

本書在編輯排版印刷期間，特別感謝蔡曉雯小姐擔任責任編輯，王思敏小姐擔任圖文排版，王嵩賀先生擔任封面設計，十分辛勞，特此致謝。

二〇一二年六月盧秀菊附識

血歷史　PC0245

新銳文創
INDEPENDENT & UNIQUE

回首暮雲平
——盧秀菊回憶錄

作　　者　盧秀菊
責任編輯　蔡曉雯
圖文排版　王思敏
封面設計　王嵩賀

出版策劃　新銳文創
發 行 人　宋政坤
法律顧問　毛國樑　律師
製作發行　秀威資訊科技股份有限公司
114 台北市內湖區瑞光路76巷65號1樓
電話：+886-2-2796-3638　傳真：+886-2-2796-1377
服務信箱：service@showwe.com.tw
http://www.showwe.com.tw
郵政劃撥　19563868　戶名：秀威資訊科技股份有限公司
展售門市　國家書店【松江門市】
104 台北市中山區松江路209號1樓
電話：+886-2-2518-0207　傳真：+886-2-2518-0778
網路訂購　秀威網路書店：http://www.bodbooks.com.tw
國家網路書店：http://www.govbooks.com.tw

出版日期　2012年8月　初版
定　　價　400元

Printed in Taiwan

國家圖書館出版品預行編目

回首暮雲平：盧秀菊回憶錄 / 盧秀菊著. -- 初版. -- 台北市：
新銳文創, 2012.08
面； 公分. --（史地傳記；PC0245）
ISBN 978-986-6094-99-6（平裝）

1. 盧秀菊 2. 回憶錄 3. 台灣傳記

783.3886 101012748

讀者回函卡

感謝您購買本書，為提升服務品質，請填妥以下資料，將讀者回函卡直接寄回或傳真本公司，收到您的寶貴意見後，我們會收藏記錄及檢討，謝謝！

如您需要了解本公司最新出版書目、購書優惠或企劃活動，歡迎您上網查詢或下載相關資料：http:// www.showwe.com.tw

您購買的書名：______________________________

出生日期：________年________月________日

學歷：□高中（含）以下　□大專　□研究所（含）以上

職業：□製造業　□金融業　□資訊業　□軍警　□傳播業　□自由業

□服務業　□公務員　□教職　□學生　□家管　□其它______

購書地點：□網路書店　□實體書店　□書展　□郵購　□贈閱　□其他

您從何得知本書的消息？

□網路書店　□實體書店　□網路搜尋　□電子報　□書訊　□雜誌

□傳播媒體　□親友推薦　□網站推薦　□部落格　□其他__________

您對本書的評價：（請填代號　1.非常滿意　2.滿意　3.尚可　4.再改進）

封面設計____　版面編排____　內容____　文／譯筆____　價格____

讀完書後您覺得：

□很有收穫　□有收穫　□收穫不多　□沒收穫

對我們的建議：______________________________

____

____

____

請貼
郵票

11466
台北市內湖區瑞光路 76 巷 65 號 1 樓
秀威資訊科技股份有限公司 收
BOD 數位出版事業部

(請沿線對折寄回，謝謝！)

姓　名：____________ 年齡：________ 性別：□女 □男

郵遞區號：□□□□□

地　址：________________________

聯絡電話：(日)____________ (夜)____________

E-mail：________________________